Jacques Frisch

Facebook für Selbstständige

10 Lektionen für ihren
Geschäftserfolg

Inhaltsverzeichnis

Kapitel 1: Los geht's — 9

1.1 Bei Facebook anmelden 10
1.2 Nutzerkonto einrichten 12
1.3 Das Wichtigste im Überblick 14
1.4 Neuigkeiten-Feed 15
1.5 Freunde finden 17

Kapitel 2: Wer, was, wo – Profil, Page, Place — 19

2.1 Wer – Profil 20
2.2 Was – Page 28
2.3 Wo – Place 31

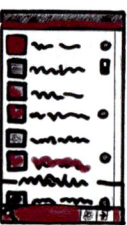

Kapitel 3: Kommunikation in Facebook — 39

3.1 Beiträge posten 40
3.2 Nachrichten 42
3.3 Chat 44
3.4 Eigene Facebook-E-Mail aktivieren 45
3.5 Interagieren mit anderen Posts 47
3.6 Fragen stellen 50

Kapitel 4: Eine Business-Page in 5 Minuten — 53

4.1 Es gibt zwei Möglichkeiten 56
4.2 Die richtige Kategorie 56
4.3 Profilbild, Fans und Info 58
4.4 Page-Titel, URL und Nutzername 64
4.5 Weitere Grundeinstellungen 66

Kapitel 5: Content is King – kreative Inhalte erstellen und posten 75

5.1 Mit populären Inhalten die Fangemeinde erweitern 76
5.2 Die Mischung macht's! 76
5.3 Visuelle Inhalte bevorzugen 79
5.4 Bilder kreativ nutzen 80
5.5 Originelle Status-Updates 91
5.6 Die Fans befragen 94
5.7 Veranstaltungen/Events 96
5.8 Content-Pläne erstellen 100

Kapitel 6: Die Business-Page individualisieren 105

6.1 Facebook-Anwendungen 106
6.2 Eigene Anwendungen 112
6.3 Individuelle Seiten 116
6.4 Ideen für die Nutzung individueller Tabs 125
6.5 E-Commerce-Shops erstellen 131

Kapitel 7: Eigene Gewinnspiele und Promos starten 139

7.1 Was erlaubt ist und was nicht 140
7.2 Eigene Gewinnspiele in 5 Minuten 143

Kapitel 8: Werbung schalten 149

8.1 Werbeanzeigen auf Facebook 150
8.2 Targeting – die richtige Zielgruppe im Visier 154
8.3 Budget richtig planen 156
8.4 Werbeanzeigen testen 161
8.5 Workshop: gute Creatives erstellen 162
8.6 Facebook-Werberichtlinien 163
8.7 Planen Sie eine Facebook-Werbekampagne 167

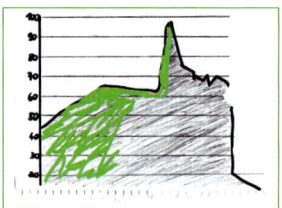

Kapitel 9: Erfolge richtig messen   169

9.1   Aktualisierungen via E-Mail 170
9.2   Facebook-Statistiken 171
9.3   Berichte Ihrer Werbung 181
9.4   Tracking von Links 186
9.5   Eigene Berichte erstellen 192

Kapitel 10: Facebook in die eigene Website integrieren   195

10.1   Facebook-Banner 196
10.2   Soziale Plug-ins 199
10.3   Open Graph Protocol 217
10.4   Facebook mit Google Analytics verbinden 224

Wörterbuch 231
Stichwortverzeichnis 235

In 20-25 years, a generation of „digital natives" who grew up with Facebook/Twitter, search engines, and cell phones will start entering Congress.

Matt Cutts, Head of Webspam team at Google

Vorwort

Herzlich Willkommen zu Facebook für Selbstständige.

Ohne Zweifel ist Facebook innerhalb weniger Jahre nicht nur zu einer der größten und bedeutendsten Online-Plattformen aufgestiegen, sondern hat auch als neues Kommunikationsmedium die Art und Weise wie Menschen rund um den Globus kommunizieren verändert.

Seitdem soziale Netzwerke einen immer größeren Anteil am Marketing-Kommunikationsmix von Firmen haben, gilt Facebook als unentbehrlicher Kanal des sogenannten Inbound-Marketing, um sich mit den Anhängern einer Marke, eines Produktes oder Services zu verbinden und ihnen eine Plattform zu bieten. Mittlerweile dürfte man in Deutschland kaum noch ein großes Unternehmen finden, das keine Facebook-Business-Page betreibt.

Des Weiteren zählt die „Gefällt mir"-Angabe (Like) von Facebook seit Sommer 2011 zu den mitentscheidenden Qualitätsfaktoren für Websites im Hinblick auf das Ranking in Google.

Meine Idee dieses Buchs war es, Selbstständigen sowie kleinen und mittelständigen Firmen das soziale Netzwerk Facebook als Marketing-Instrument näher zu bringen. In zehn Kapiteln werden alle wichtigen Aspekte der Nutzung von Facebook zu Marketingzwecken vorgestellt. Dabei werden die absoluten Basics abgedeckt, aber auch Strategien für fortgeschrittene Nutzer erläutert. Sie finden Informationen zu Facebook-Chronik, Business-Pages, Werbeanzeigen, der Erstellung von Berichten sowie Integrationsmöglichkeiten für die eigene Website.

Die zentralen Fragestellungen lauten:

- Wie kann ich Facebook als Online-Marketing-Tool nutzen?
- Wie kann ich mit einer eigenen Facebook-Präsenz die Bekanntheit meiner Firma und Marke steigern?
- Wie baue ich eine treue Fan-Community auf, die meine Inhalte verbreitet?
- Woran erkenne ich, ob meine Facebook-Aktivitäten erfolgreich sind?
- Wie integriere ich Facebook auf meiner E-Commerce-Website?

Da Facebook mittlerweile einen der Giganten des Internets darstellt, lastet auf Facebook-Chef Mark Zuckerberg der große Druck, dem ständigen Kräftemessen (speziell mit Google) standzuhalten. Google und Facebook stehen immer deutlicher in direkter Konkurrenz zueinander. Dies bedeutet, dass Entwicklungen neuer Funktionalitäten und Features immer schneller vorangetrieben werden, was zuweilen recht verwirrend für die Nutzer der Plattform sein kann. Daher stellt das Verfassen eines Buches über Facebook eine immer schwierigere Aufgabe dar, gerade weil sich die Gegebenheiten dermaßen schnell verändern.

Es kann durchaus vorkommen, dass Sie in einem Kapitel den einen oder anderen Punkt finden, der bereits veraltet zu sein scheint, während Sie das Buch lesen. Alle Facebook-Updates werden berücksichtigt und die entsprechende Stelle im Buch wird auf www.fb-tipps.de zukünftig besprochen werden, um stets den neuesten Stand zu gewährleisten. An manchen Stellen werden Konzepte vorgestellt, die zum Zeitpunkt der Entstehung des Buchs noch in den Kinderschuhen steckten oder nur in Planung waren. Daher können Unterschiede zwischen dem Konzept im Text und der endgültigen Realisierung auftreten. Aber keine Sorge – ich kann Ihnen versichern, dass Sie mit dieser Lektüre alle wichtigen Grundlagen des Facebook-Marketings erfahren, die Sie brauchen.

Ich habe mich bemüht, das Buch so einfach wie möglich (d.h. für Facebook-Laien) zu schreiben. Mit anschaulichen Beispielen wird versucht, dem Leser alle Aspekte deutlich zu machen. Alle in diesem Buch verwendeten Facebook-Nutzerprofile und -Pages sind reine Testseiten und wurden nach der Fertigstellung des Buchs wieder deaktiviert.

Zur Nomenklatur

Ich verwende im ganzen Buch den englischen Begriff „Page" für Facebook-Seiten, da in mehreren Zusammenhängen von Seiten die Rede ist und dies sonst zu verwirrend wird. Alle anderen Facebook-Begriffe werden auf Deutsch verwendet.

Ich wünsche Ihnen viel Spaß beim Lesen!

Jacques Frisch

Für Jess, Rob und meine Eltern

Falls Sie Hilfe benötigen oder Unklarheiten bestehen, falls Sie Fragen oder Anregungen, Meinungen, Lob, Kritik, Ergänzungen und weitere Ideen haben, besuchen Sie die offizielle Website www.fb-tipps.de und die Facebook-Page http://www.facebook.com/fuer.selbststaendige zu diesem Buch oder schreiben Sie mir direkt – jacques.frisch@gmx.de.

www.fb-tipps.de

http://www.facebook.com/
fuer.selbststaendige

Danksagungen und Grüße gehen an:

Daniel Naue

Ricard Coll Fonollosa

Dennis Böhm

Chryssi Rollinger – chryssirollinger.com

Björn Sessar - vivaconagua.es

Jens Jacobsen – jjac.de

Tobias Künzer

Dominik Lessmeister – zdf.de

Michael Rennig - wirtschaftsdynamik.de

Dr. Reinhold Görling und Dr. Timo Skrandies

Dr. Peter Matussek

Dr. Ulrich Welbers

Phd Peter A. Taylor

Diana Scharpenberg

Philippe Morin

Isarrunde – isarrunde.de

Gruenderszene – gruenderszene.de

Sascha Lobo – saschalobo.com

Mario Sixtus – sixtus.net

I think a simple rule of business
is, if you do the things that
are easier first, then you can
actually make a lot of progress.

Marc Zuckerbergh,
Facebook-Gründer
und CEO

Kapitel 1

Los geht's

Mit Sicherheit haben Sie bereits viel von Facebook gehört, sei es aus den Medien, von Bekannten und Freunden oder Sie kennen sich schon bestens aus eigener Erfahrung aus.

Falls Sie schon ein alter Facebook-Hase sind und meinen, über die Grundlagen von Facebook ausreichend Bescheid zu wissen, können Sie die ersten drei Kapitel dieses Buches gern überspringen. Falls Sie noch kein Facebook-Nutzer sind, starten wir jetzt mit einer kurzen Einführung.

1.1   Bei Facebook anmelden

Als Erstes müssen Sie ein Nutzerkonto erstellen.

1. Rufen Sie `www.facebook.com` auf.

2. Füllen Sie unter *Registrieren* die Pflichtfelder mit Ihren persönlichen Daten aus.

3. Klicken Sie auf *Registrieren*.

Hinweis

Auch wenn Facebook nicht kontrolliert, ob es sich bei Ihrem verwendeten Nutzernamen um Ihren echten Namen handelt oder ob Sie ein Pseudonym verwenden, sollten Sie Ihren richtigen Namen angeben, wenn Sie Ihr Nutzerprofil für berufliche und nicht für private Zwecke verwenden möchten.

Sie können Ihren Nutzernamen nur alle drei Monate ändern. Facebook hat einen automatischen Wortfilter, der z. B. spezielle kommerzielle Vokabeln nicht als Namen zulässt.

Außerdem sollten Sie ein reines Business-Profil anlegen, um von Anfang an Privates und Geschäftliches zu trennen. Wenn Sie bereits ein privates Profil haben, erstellen Sie ein professionelles, mit dem Sie z. B. eine Business-Page verwalten.

Generell gilt: Alle persönlichen Daten, die Sie auf Facebook veröffentlichen, werden an Facebook gesendet und von Facebook gespeichert. Geben Sie also nicht mehr Privatinformationen preis, als Ihnen lieb ist.

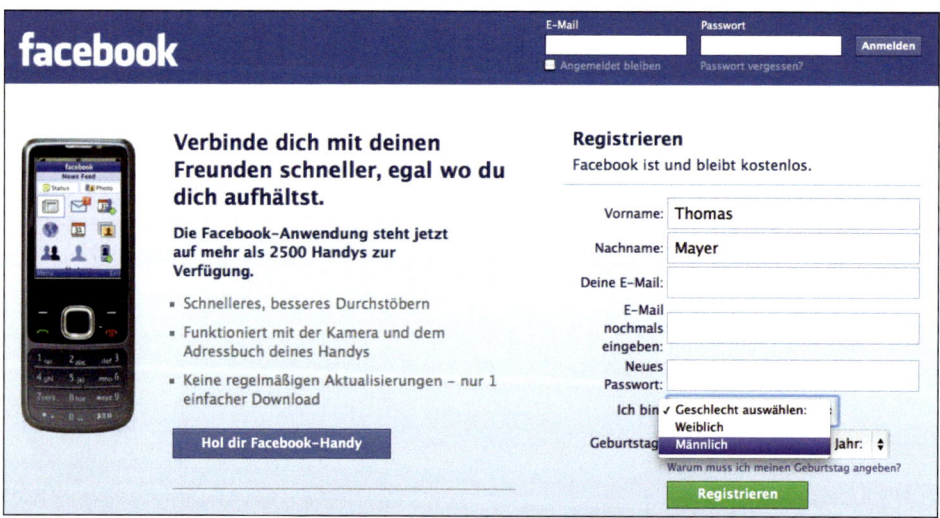

Abbildung 1.1: Bei Facebook anmelden

Nach Ihrer Anmeldung erhalten Sie eine Bestätigungs-E-Mail an die E-Mail-Adresse, die Sie bei der Anmeldung angegeben haben.

4. Rufen Sie Ihre E-Mails ab.

5. Klicken Sie auf den Link in der Bestätigungs-E-Mail, die Sie von Facebook erhalten haben.

> Sie erhalten zusätzlich eine Willkommens-E-Mail von Facebook, in der die ersten Schritte zur Kontoerstellung kurz erläutert werden.

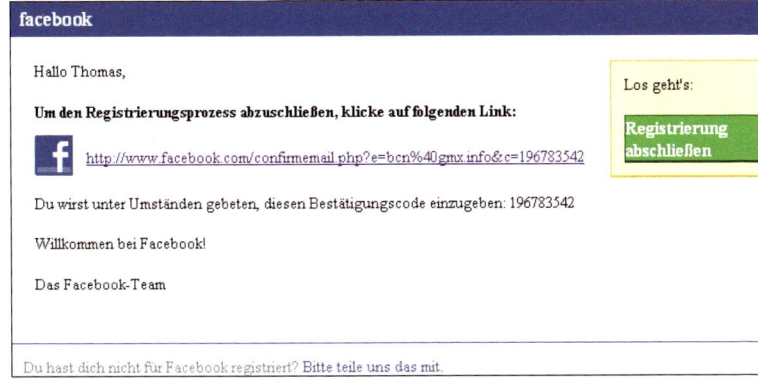

Abbildung 1.2: Bestätigungs-E-Mail von Facebook

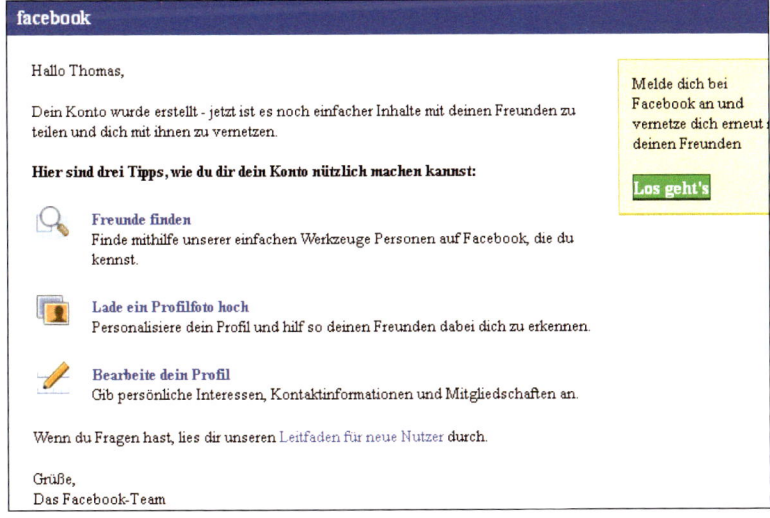

Abbildung 1.3: Willkommens-E-Mail

11

1.2   Nutzerkonto einrichten

Bevor Sie zur *Willkommen*-Seite gelangen, werden Sie durch die ersten Schritte zur Profilerstellung geführt.

Unter *Schritt 1 – Freunde finden* können Sie Facebook das Adressbuch Ihres E-Mail-Dienstes (wie z. B. **GMX**, **Web.de**, **Yahoo** oder **Gmail**) nach Kontakten durchsuchen lassen. Dies bedeutet, dass alle Ihre E-Mail-Kontakte auf Facebook ausfindig gemacht werden können, falls die entsprechende Person sich mit der E-Mail-Adresse in Ihren Kontakten bei Facebook angemeldet hat.

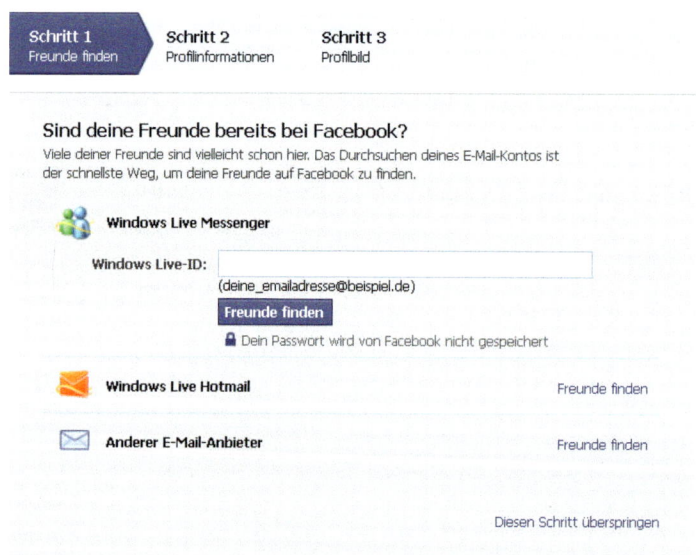

Abbildung 1.4: Freunde über die E-Mail-Adresse finden

Achtung
Seien Sie vorsichtig mit dieser Strategie von Facebook. Auch wenn Facebook versichert, dass das Passwort Ihres E-Mail-Kontos nicht gespeichert wird, erlauben Sie Facebook vollen Zugriff auf Ihr privates Adressbuch. Davon rate ich Ihnen eher ab. Es gibt keinen Grund, Facebook Zugriff auf Ihre privaten E-Mail-Konten zu erteilen.

1.   Klicken Sie auf *Diesen Schritt überspringen*, um diese Option zu ignorieren.

Unter *Schritt 2 – Profilinformationen* können Sie Angaben zu Ihrer Ausbildung hinzufügen.

2.   Geben Sie den Namen Ihrer Schule, Hochschule oder eines ehemaligen Arbeitgebers ein.

3. Wählen Sie im Dropdown-Menü die entsprechende Bildungsanstalt oder den ehemaligen Arbeitgeber aus.

4. Klicken Sie auf *Speichern & Fortfahren*.

Unter *Schritt 3 – Profilbild* können Sie Ihr Profilbild hochladen (bzw. aufnehmen).

5. Klicken Sie auf *Foto hochladen*.

6. Wählen Sie das gewünschte Bild von Ihrer Festplatte aus.

7. Klicken Sie auf *Speichern & Fortfahren*.

Sie landen auf der *Willkommen*-Seite von Facebook, auf der Sie zur Bestätigung Ihres Nutzerkontos aufgefordert werden, falls Sie dies noch nicht getan haben.

Die **Willkommen**-Seite ist nur vorübergehend sichtbar, bis Sie die empfohlenen Grundeinstellungen vorgenommen haben. Alle Grundeinstellungen, die Sie bislang noch nicht festgelegt, sondern übersprungen haben, werden auf der **Willkommen**-Seite als Erinnerung angezeigt.

Falls Sie keine E-Mail erhalten haben, können Sie auf **E-Mail erneut senden** klicken.

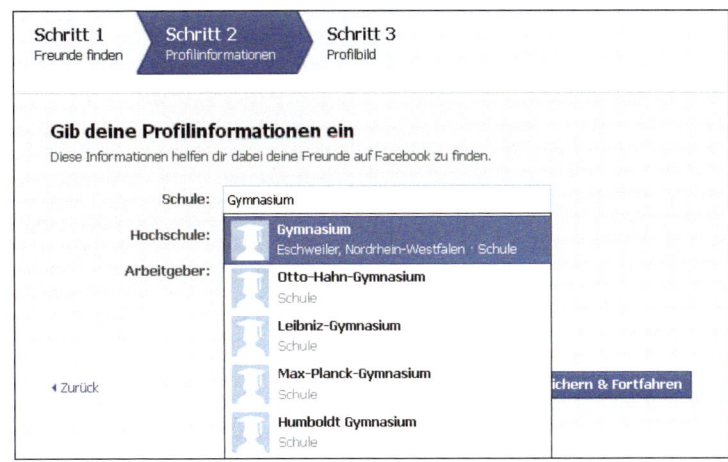

Abbildung 1.5: Ausbildung angeben

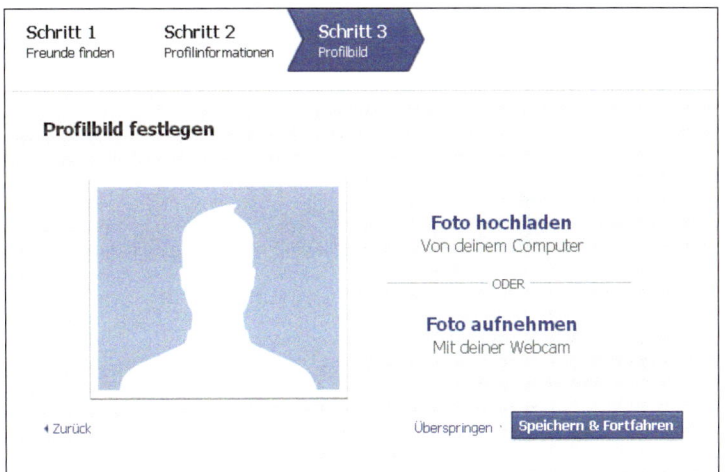

Abbildung 1.6: Profilbild hochladen

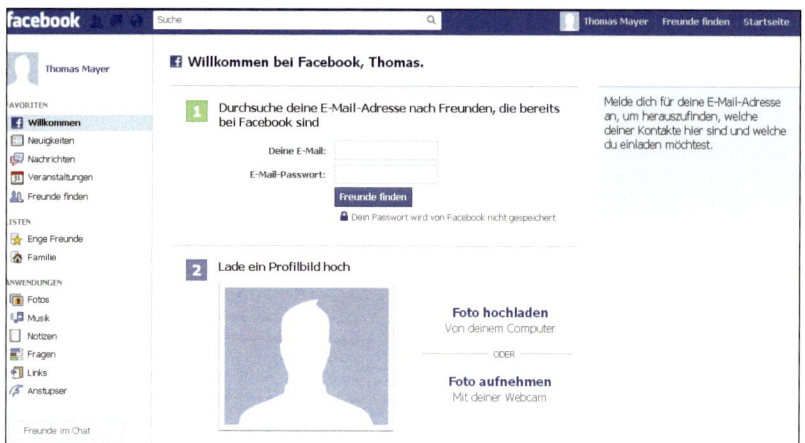

*Abbildung 1.7: Willkommen-Seite
ohne Inhalte*

1.3   Das Wichtigste im Überblick

Unter www.facebook.com erreichen Sie Ihre persönliche Startseite, sobald Sie angemeldet sind. Sie können ebenfalls über *Startseite* (❶) oder durch einen Klick auf das Facebook-Logo darauf zugreifen. Wenn Sie auf der Startseite auf Ihren Nutzernamen (❷) klicken, gelangen Sie auf Ihr persönliches Profil (vgl. *Kapitel 2*). Über die Facebook-Suche (❸) können Sie jede Art von Inhalt innerhalb des Facebook-Netzwerks ausfindig machen.

Alle Benachrichtigungen werden mit kleinen roten Ziffern an den Symbolen für Kontakte, Nachrichten und Meldungen (❹) angezeigt. Die wichtigsten Navigationslinks befinden sich in der linken Seitenspalte (❺). Anzeigen und Meldungen verschiedener Art werden in der rechten Seitenspalte (❻) angezeigt.

Um Konto- und Sicherheitseinstellungen zu verwalten, klicken Sie in der blauen Navigationsleiste auf den Pfeil (❼).

Den Facebook-Chat (❽) können Sie durch Anklicken aktivieren (vgl. *Kapitel 3*).

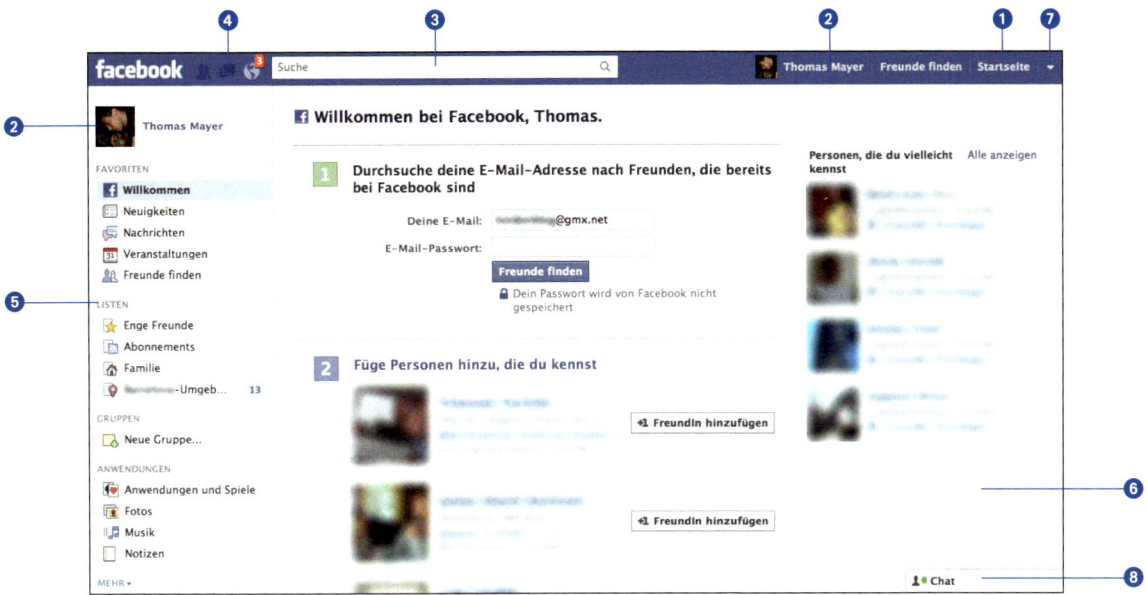

Abbildung 1.8: Beispiel – Willkommen-Seite

1.4 Neuigkeiten-Feed

Die Seite *Neuigkeiten* stellt die eigentliche Startseite von Facebook dar. In der Mitte der Seite werden alle Updates Ihrer Freunde (d. h. deren selbst erstellten Beiträge) und die Pages, die Sie mögen, sowie Ihre eigenen Beiträge chronologisch angezeigt.

1. Klicken Sie in der Seitennavigation links auf *Neuigkeiten*.

2. Klicken Sie auf *Sortieren*, um die Updates nach *Neueste Meldungen zuerst* oder nach *Hervorgehobene Meldungen zuerst* zu sortieren.

> **Hervorgehobene Meldungen** sind Updates von Freunden oder Pages, die Ihnen wichtig erscheinen. Sie werden im Ranking des Feeds anderen Updates gegenüber bevorzugt, wenn Sie nach **Hervorgehobene Meldungen zuerst** sortieren.
>
> Wie wird mein Beitrag ganz oben in den hervorgehobenen Meldungen angezeigt? Facebook hat ein Wertungssystem, den Edge-Rank. Beiträge, die sehr viel Nutzerinterak-tion erhalten (**„Gefällt mir"**-Angaben, Kommen-tare usw., vgl. **Kapitel 3**), werden bevorzugt und weiter oben im Ranking des Neuigkeiten-Feeds angezeigt.

Abbildung 1.9: Hervorgehobene Meldung im Neuigkeiten-Feed

3. Klicken Sie in die Ecke (weiß) eines Updates, um die Meldung hervorzuheben.

4. Klicken Sie in die Ecke (blau) eines Updates, um die Meldung aus den hervor-gehobenen Meldungen zu entfernen.

Abbildung 1.10: Meldung hervorheben

5. Klicken Sie auf den Pfeil, um das Dropdown-Menü für die Optionen zu hervor-gehobenen Meldungen zu öffnen.

Sie können definieren, ob es sich bei einem Update um Spam handelt, ob Sie weniger oder mehr Updates eines Nutzers sehen möchten oder ob Sie keine Meldungen desselben Nutzers mehr in Ihrem Neuigkeiten-Feed erhalten möchten. Bei einer Page können die Updates versteckt, hervorgehoben oder als Spam gemeldet werden.

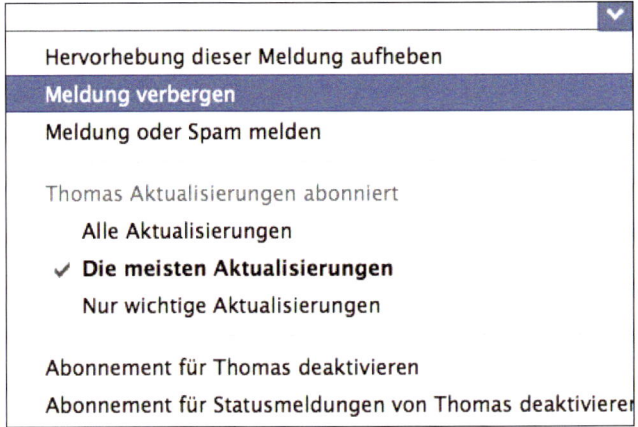

Abbildung 1.11: Optionen zu Meldungen im Neuigkeiten-Feed

1.5 Freunde finden

Im Navigationsmenü links haben Sie (wie in *Abschnitt 1.2* erwähnt) unter *Freunde finden* die Möglichkeit, Personen, die Sie kennen, durch das Durchsuchen Ihrer E-Mail-Adressbücher zu finden. Ich rate Ihnen von dieser Option ab.

Finden Sie die bekannten Personen lieber mit der Facebook-Suche, senden Sie ihnen eine persönliche E-Mail oder eine Chat-Nachricht über **Skype**, **MSN** oder **ICQ** oder weisen Sie sie persönlich darauf hin, Sie als neuen Facebook-Freund hinzuzufügen.

Je mehr Freundschaften Sie auf Facebook schließen, desto mehr Personen werden Ihnen automatisch unter **Personen, die du vielleicht kennst** angezeigt. Dies funktioniert ganz einfach dadurch, dass Ihnen Facebook die Kontakte präsentiert, mit denen Ihre bereits bestehenden Facebook-Freunde verbunden sind. Sie sind Freund von Thomas, Christian, Steffi und Heiko. Alle vier sind mit Kathrin befreundet, Sie aber noch nicht. Egal, ob Sie Kathrin persönlich kennen oder nicht – Facebook zeigt Ihnen Kathrins Profil als Vorschlag für einen neuen Facebook-Freund an.

Das Geheimnis des Erfolgs?
Anders sein als die anderen.
Woody Allen

Kapitel 2

Wer, was, wo – Profil, Page, Place

Facebook bietet zwei Optionen zur Erstellung einer eigenen Onlinepräsenz: ein persönliches Profil (= Chronik) und eine Page für Marken, Produkte, Interessen usw. (vgl. Kapitel 4).

Daneben besteht die Möglichkeit, zu jeder Art von Inhalt, den man entweder auf der Chronik oder einer Page veröffentlicht, einen Standort hinzuzufügen. In diesem Kapitel werfen wir einen näheren Blick auf diese drei Aspekte.

Warum ein Profil?
Sie können keine Business-Page ohne ein bestehendes Facebook-Nutzerprofil erstellen. Jede Page wird von einem Facebook-Nutzer als Administrator verwaltet.

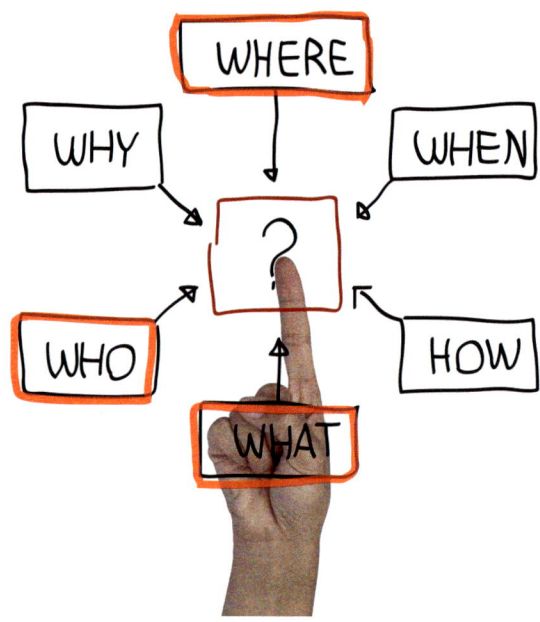

2.1   Wer – Profil

Die neueste Version der Facebook-Nutzerprofile stellt eine Chronik dar (engl.: Timeline), d. h. einen Zeitstrahl, der die persönliche Geschichte des Nutzers anhand aller Facebook-Beiträge erzählt, die von ihm selbst veröffentlicht wurden. Das Ganze gleicht einem Onlinelebenslauf, der sich aber nicht nur auf Beruf und Karriere beschränkt, sondern das Privatleben eines Nutzers in den Mittelpunkt rückt.

Werfen wir einen Blick auf die einzelnen Elemente der Chronik. Die Begriffe „Profil" und „Chronik" werden hier synonym verwendet.

Tipp
Falls Sie aus irgendeinem Grund das neue Facebook-Profil zum Zeitpunkt des Lesens dieses Buches noch nicht verwenden, können Sie **www.facebook.com/about/timeline** aufrufen und auf **Hole dir die Chronik** klicken, um diese zu aktivieren, vorausgesetzt, Sie sind angemeldet.

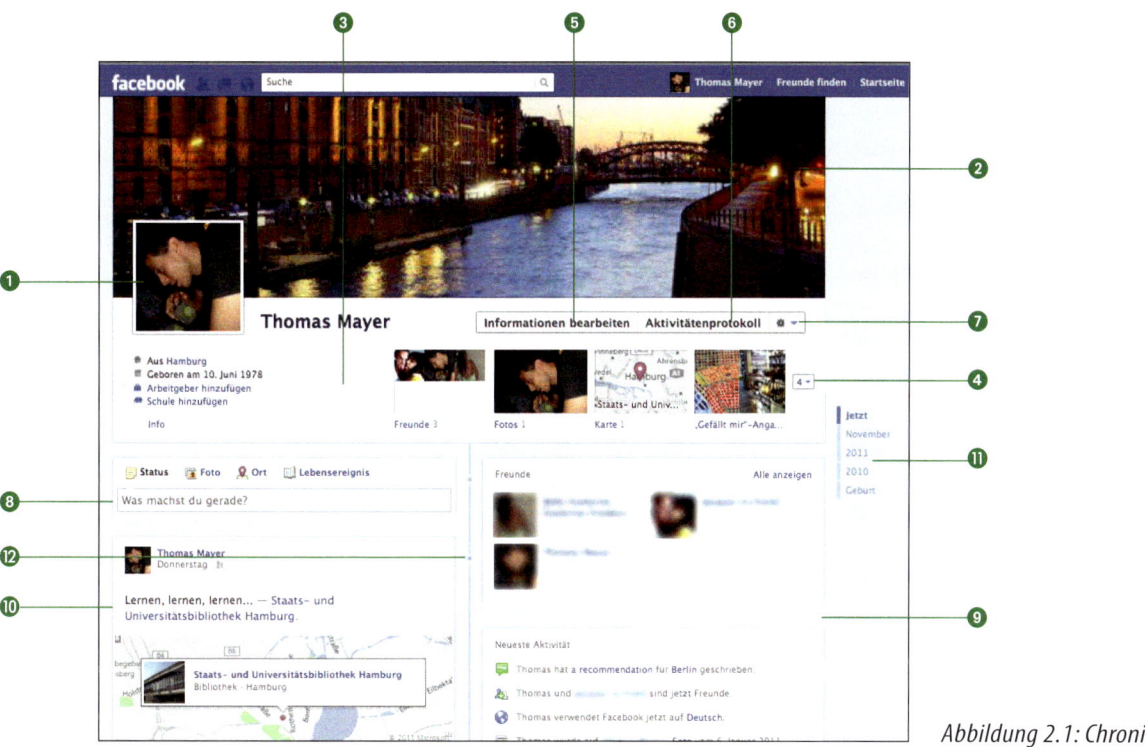

Abbildung 2.1: Chronik – Überblick

Der Header des Profils besteht aus zwei Bildern, die Sie hochladen können: Profilbild (❶) und Titelbild (❷). Beide Bilder können jederzeit geändert werden.

Ihre persönlichen Informationen sowie Ihre Freunde, Fotos, Orte, an denen Sie
sich aufgehalten haben, und Interessen (d. h. Ihre *„Gefällt mir"*-Angaben) werden
als Zusammenfassung angezeigt (❸). Sie können mehrere Kategorien, wie z. B.
Anwendungen, die Sie nutzen, als Dropdown-Menü öffnen (❹).

Sie können persönliche Informationen unter *Informationen bearbeiten* (❺) ändern.
Das *Aktivitätenprotokoll* (❻) ermöglicht Ihnen, alle Beiträge und Aktivitäten einzusehen, die Sie seit Ihrer Erstanmeldung veröffentlicht haben, und alle Beiträge zu
überprüfen, in denen andere Sie markiert haben. Durch Klicken auf das Symbol
für die Einstellungen (❼) können Sie Ihr Profil so anzeigen, wie andere es sehen.

Außerdem können Sie einen Profilbanner für Ihre Website oder Ihr Blog erstellen, mit dem Ihr Nutzerprofil beworben werden kann (vgl. *Kapitel 10*).

Über die Box *Was machst du gerade?* (❽) können Sie neue Beiträge erstellen und veröffentlichen. Freunde, mit denen Sie regelmäßig interagieren, und *Neueste Aktivitäten* werden in zwei weiteren Boxen angezeigt (❾).

Die eigentliche Chronik Ihrer persönlichen Ereignisse beginnt darunter. Sie erstreckt sich zusammen mit Ihren *Hauptmeldungen* entlang einer blauen Linie mit kleinen Punkten (❿). Sie können nach unten an das Ende Ihrer Chronik bis zum Tag Ihrer Erstanmeldung scrollen oder die Zeitleiste (⓫) nutzen, um Sprünge in der Chronik zu machen. Falls Sie Ihr volles Geburtsdatum öffentlich machen, stellt dieses das Ende bzw. den Anfang Ihrer Chronik dar. Einige der Punkte in der blauen Linie (⓬) stehen für verborgene Meldungen. Wenn Sie die Maus über diese Punkte bewegen, wird der Beitrag angezeigt.

Für jeden Zeitpunkt, zu dem Sie entlang Ihrer Chronik nach unten scrollen, wird oben links eine Navigationsleiste angezeigt, die Ihnen Shortcuts zu den wichtigsten Navigationslinks Ihres Profils zur Verfügung stellt.

Abbildung 2.2: Navigationsleiste der Chronik

2.1.1   Hauptmeldungen

Mit Hauptmeldungen sind alle Inhalte gemeint, die Sie aktiv veröffentlicht haben (d. h. *„Gefällt mir"*-Angaben zählen beispielsweise nicht dazu).

Abbildung 2.3: Hauptmeldung auf Ihrer Chronik

Die folgenden Optionen stehen zur Verfügung:

1. Klicken Sie auf das Sternsymbol ★ , um Hauptmeldungen zu vergrößern.

2. Klicken Sie auf das Stiftsymbol ✐ , um Hauptmeldungen zu verbergen oder zu löschen.

Abbildung 2.4: Meldungen hervorheben

Abbildung 2.5: Meldungen bearbeiten

2.1.2 Profil- und Titelbild erstellen

Das Profilbild wird ungefähr im Quadratformat in der Größe 133 x 136 Pixel auf Ihrem Profil angezeigt, kann aber durch Anklicken vergrößert werden.

Das Titelbild wird im Querformat mit den Maßen 833 x 310 Pixel dargestellt. Sie können allerdings (was die Höhe betrifft) ein größeres Bild hochladen und den gewünschten Bildausschnitt durch Verschieben festlegen. Lediglich der 833 x 310 Pixel große Ausschnitt wird als Titelbild dargestellt. Durch Anklicken kann das Titelbild in seiner vollen Größe angezeigt werden.

Profilbild

Falls Sie noch kein Profilbild (wie in *Kapitel 1* beschrieben) hochgeladen haben, gehen Sie wie folgt vor:

> Das Profilbild muss mindestens 180 Pixel breit sein. Sie können Bilddateien wie z. B. **.jpg**, **.png** oder **.bmp** auswählen, allerdings keine animierte GIF-Datei (**.gif**) verwenden.

1. Klicken Sie auf Ihrer Facebook-Startseite unter *Lade ein Profilbild hoch* auf *Foto hochladen*.

2. Wählen Sie die gewünschte Bilddatei von Ihrer Festplatte aus.

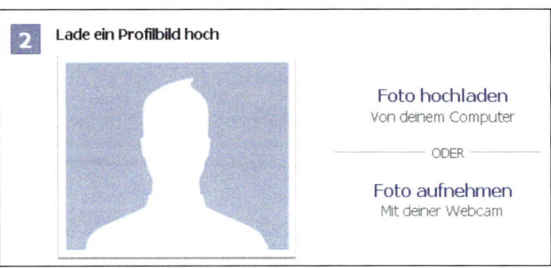

Abbildung 2.6: Profilbild hochladen

Titelbild

1. Klicken Sie in der blauen Navigationsleiste oben auf Ihren *Nutzernamen*, um Ihre Chronik aufzurufen.

2. Klicken Sie im Header auf *Titelbild hinzufügen*.

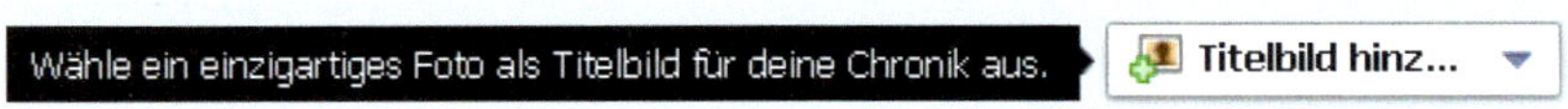

Abbildung 2.7: Titelbild bestimmen

Unter *Foto auswählen* können Sie das Titelbild aus einem Ihrer bereits hochgeladenen Fotos auswählen, während Sie unter *Foto hochladen* ein neues Foto von Ihrer Festplatte hochladen können. Im hier verwendeten Beispiel nutzen wir ein Bild des Hamburger Hafens.

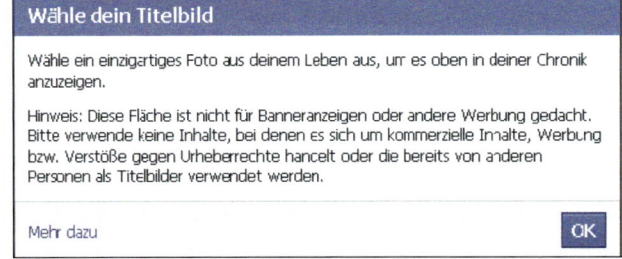

Abbildung 2.8: Facebook-Tipp zu Titelbildern

3. Klicken Sie im angezeigten Pop-up auf *OK*.

4. Wählen Sie das gewünschte Titelbild aus.

5. Verschieben Sie das ausgewählte Titelbild an die gewünschte Position.

Abbildung 2.9: Titelbild an die richtige Stelle setzen

6. Klicken Sie auf *Änderungen speichern*.

2.1.3 Persönliche Informationen hinzufügen

Sie können alle persönlichen Angaben, die Sie mit Ihren Freunden teilen möchten, Ihrem Profil hinzufügen.

1. Klicken Sie neben Ihrem Nutzernamen auf *Informationen bearbeiten*.

2. Klicken Sie in jeder Kategoriebox auf *Bearbeiten*, um Ihre persönlichen Angaben hinzuzufügen oder zu ändern.

3. Klicken Sie unter *Über dich* auf *Schreibe etwas über dich*, um eine Kurzbiografie zu verfassen.

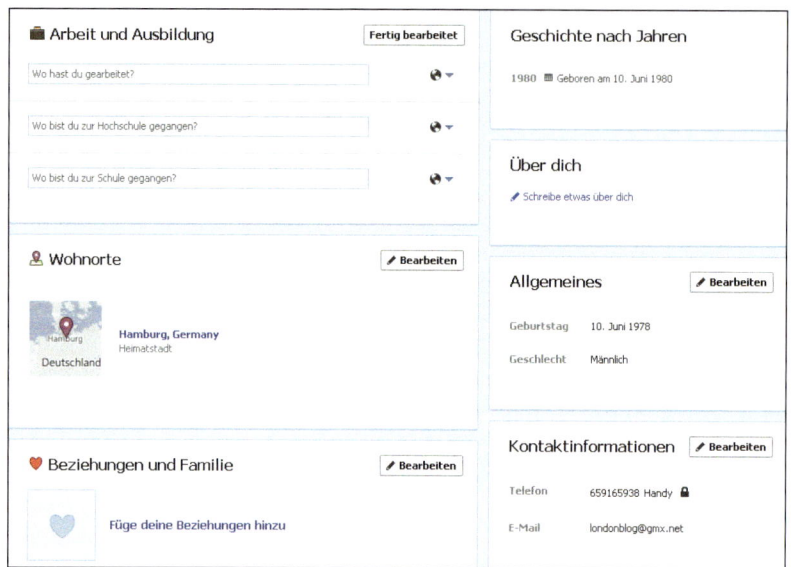

Abbildung 2.10: Persönliche
Angaben hinzufügen

Abbildung 2.11: Sichtbarkeit
definieren

Achten Sie bei persönli-
chen Angaben darauf, in
wessen Hände sie
geraten. Wenn Sie
Öffentlich als Einstellung wählen, kann jeder,
der Ihr Profil über
Google findet, diese
Angaben sehen.

2.1.4   Sichtbarkeitseinstellungen

4. Klicken Sie in jeder Kategoriebox auf das Erdballsymbol, um festzulegen, wer diese Information sehen kann.

5. Klicken Sie im Dropdown-Menü für die Sichtbarkeitseinstellungen auf *Benutzerdefiniert*, um eine neue Liste zu erstellen.

6. Bestimmen Sie, wer die Infos sehen kann.

7. Klicken Sie auf *Änderungen speichern*.

Abbildung 2.12: Liste auswählen

2.1.5 Privatsphäre-Einstellungen

Wenn Sie persönliche Informationen online veröffentlichen, sollten Sie den Aspekt der Privatsphäre stets im Hinterkopf behalten. Teilen Sie Inhalte nur den Personen mit, für die sie wirklich bestimmt sind. Die wichtigsten Einstellungen können unter *Privatsphäre-Einstellungen* vorgenommen werden.

1. Klicken Sie in der blauen Navigationsleiste oben auf den Pfeil.

2. Klicken Sie im Dropdown-Menü auf *Privatsphäre-Einstellungen*.

Hier können Sie definieren, wer welche Ihrer persönlichen Informationen sehen kann.

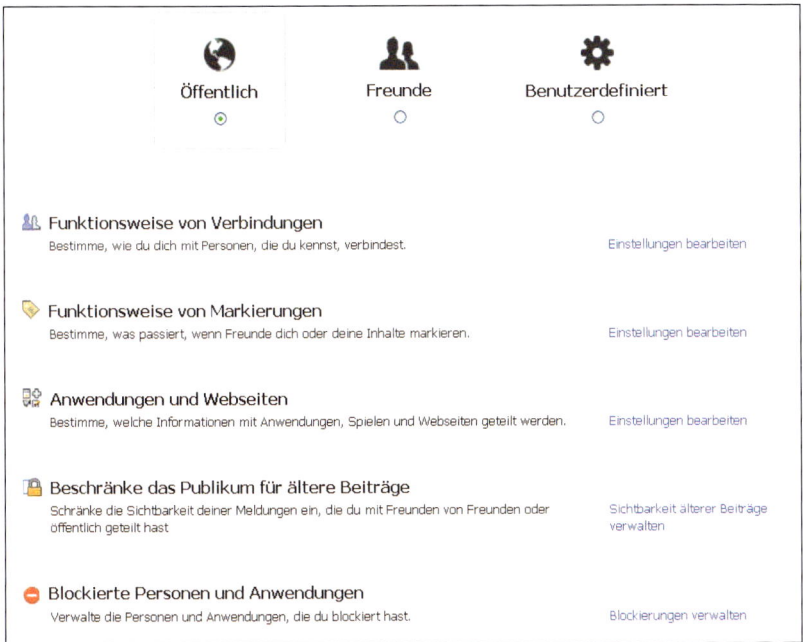

> Vor der Einführung der Chronik (engl.: Timeline) waren die Nutzerprofile ähnlich einem High-school-Jahrbuch, wie es in den USA üblich ist. Die gleiche Struktur wurde auch im deutschen Konkurrenten **StudiVZ** verwendet.

Abbildung 2.13: Sicherheitseinstellungen vornehmen, Privatsphäre gewährleisten und festlegen, welche Kontakte welche Inhalte sehen können und welche nicht

2.2   Was – Page

Neben persönlichen Nutzerprofilen können Sie auf Facebook eine Page (dt.: Seite) erstellen. Dadurch können Sie Firmen, Organisationen, Vereinen, Marken, Produkten, Bewegungen und Ideen, Orten, Interessen oder Personen des öffentlichen Lebens eine Plattform schaffen – ideal für alle, die eine eigene Firma betreiben.

2.2.1   Profil vs. Page – wesentliche Unterschiede

Generell sollte jede persönliche Kommunikation über das Profil stattfinden (vgl. *Kapitel 3*). Um eine Firma oder Marke zu repräsentieren, muss eine Facebook-Page verwendet werden.

Die Funktionalitäten, die Ihnen mit einer Page zur Verfügung stehen, unterscheiden sich von denen, die Sie als Nutzer haben:

- Sie können eine Page nicht als Freund hinzufügen, sondern nur „mögen", d. h. eine *„Gefällt mir"*-Angabe machen, wodurch (ähnlich wie beim Hinzufügen eines neuen Freundes) die Updates der Page in Ihrem Neuigkeiten-Feed als Meldungen angezeigt werden.

- Eine Page hat Fans, keine Freunde. Als Administrator einer Page haben Sie die Möglichkeit, Statistiken zu allen Fans und deren Aktivitäten bezüglich Ihrer Page einzusehen.

- Sie können bei einer Page als Nutzer (Thomas) oder als Page (Reisebüro Stolz) agieren, was die eigene Kommunikation angeht (vgl. *Kapitel 4*). Ihre erstellten Beiträge zeigen dann Namen und Profilbild des entsprechenden Nutzers oder der entsprechenden Page an.

- Wenn Sie als Page agieren, sind Sie in Ihren Kommunikationsmöglichkeiten etwas eingeschränkter denn als Facebook-Nutzer.

- Wenn es sich bei der Page um einen Facebook-Ort handelt, können Nutzer Empfehlungen auf der Page hinterlassen (vgl. *Abschnitt 2.3*).

- Sie können spezielle Seiten (z. B. für Kampagnen) in Form eigener Anwendungen Pages hinzufügen (vgl. *Kapitel 5, 6*).

2.2.2 Page-Design

Facebook hat mittlerweile das Design von Pages an das Chronik-Design der Nutzerprofile angepasst. Falls Sie noch Pages mit dem alten Format zu Gesicht bekommen, hier sehen Sie einen Vergleich des „alten" und des neuen Layouts von Facebook-Pages. In beiden Fällen handelt es sich um reine Test-Pages.

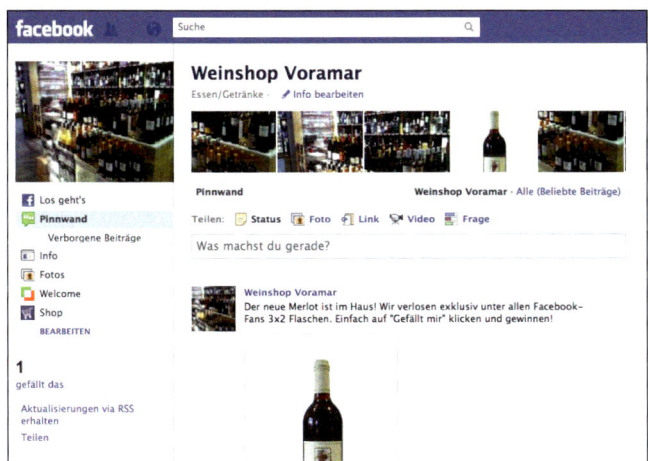

Abbildung 2.14: Altes Page-Design

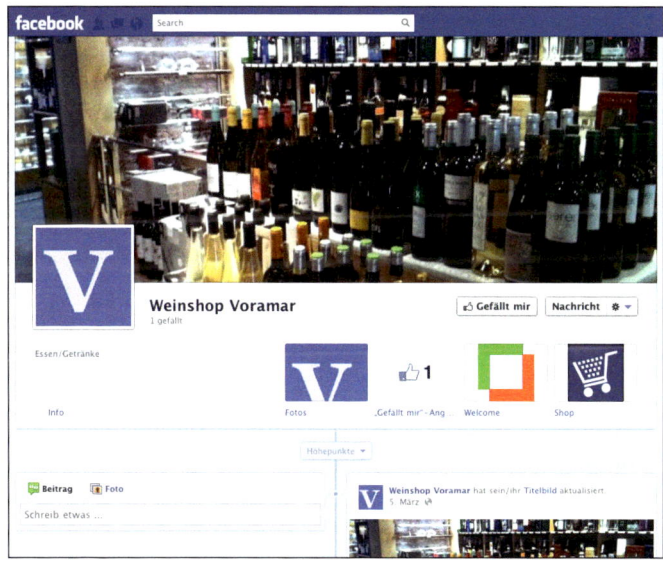

Abbildung 2.15: Neues Page-Design

2.2.3 Page als Ersatz für Website oder Blog?

Die Antwort lautet: Derzeit sollte eine Facebook-Page als Zusatzplattform unbedingt verwendet werden, aber noch nicht vollständig eine (E-Commerce-)Website ersetzen. Selbst wenn sich das neue Chronik-Design etwas besser für die Präsentation einer Marke oder eines Produkts als das klassische Profil eignet, sollten Sie Ihr Geschäft online nicht zu 100 % einem anderen Konzern anvertrauen.

Was spricht für Facebook?

Sie können eine Page kostenlos in fünf Minuten erstellen (vgl. *Kapitel 4*) und müssen sich nicht um Webhosting und Domain-Kauf sorgen.

Die visuellen Darstellungsmöglichkeiten sind einer der entscheidenden Vorteile der Chronik. Das Layout des Headers mit Profil- und Titelbild bietet mehr Möglichkeiten als zuvor. Das Logo kann als Thumbnail im Profilbild stets unverändert bleiben, wohingegen das Titelbild als Werbefläche für aktuelle Kampagnen und Produkte regelmäßig ausgewechselt werden kann.

Da das neue Design den Fokus verstärkt auf visuelle Reize legt (Bilder und Videos werden in der Chronik wesentlich größer und auffälliger dargestellt), kann die Facebook-Page z. B. ideal als Ersatz für ein Blog genutzt werden. Dies macht die Erstellung guter Inhalte auf Facebook leichter, als dies mit dem alten Page-Design der Fall war.

Des Weiteren bietet Facebook heutzutage mit beeindruckenden Mitgliederzahlen, optimalen Targeting-Möglichkeiten (vgl. *Kapitel 8*) sowie verbesserten Berichten (vgl. *Kapitel 9*) eine echte Alternative zur klassischen Website. Vor allem für kleinere Firmen, die über kein großes Budget verfügen, kann eine Facebook-Page eine ideale Lösung darstellen, um schnelle Erfolge zu erzielen.

Dies ist zum Teil branchenabhängig. Facebook-Pages sind eine sehr gute Alternative für kleine Firmen – Einzelhandel und Gastronomie sowie Friseursalons, Kitas, Agenturen und Reisebüros. Branchen, bei denen (gerade in Deutschland) Glaubwürdigkeit und Seriosität eine wichtige Rolle spielen, sollten zwar auf jeden Fall Social Media auf der Website integrieren, aber die Social-Media-Kanäle besser vom klassischen Webauftritt trennen (z. B. Mediziner, Rechtsanwälte, Baubranche).

Wenn Sie also noch keine eigene Website haben, könnten Sie durchaus mit dem Gedanken spielen, eine Facebook-Page als Ihren Hauptwebauftritt zu erstellen und damit die gleichen oder sogar bessere Ergebnisse erzielen als mit einer Website oder einem Blog. Die verschiedenen Funktionalitäten auf Facebook werden ständig verbessert, ohne dass Sie auch nur einen Finger krümmen oder Geld in IT investieren müssen.

Am Ende steht wie immer das Abwägen zwischen Sicherheit (bin ich bereit, meine persönlichen Daten, die für die Nutzung notwendig sind, Facebook mitzuteilen?) und Potenzial (die ganze Welt ist auf Facebook, sodass ich viel schneller viel mehr Kunden viel gezielter erreichen könnte) (vgl. *Kapitel 8*).

2.3   Wo – Place

Sie können bei jedem Beitrag, den Sie auf Facebook veröffentlichen, angeben, wo Sie sich gerade befinden. Die Variable *Standort* (engl.: *Location*) stellt eine wichtige Ergänzung zu allen Inhalten auf Facebook dar.

Vor allem die Verbindung via mobiles Internet und Facebook-Handy-App, die für alle Smartphones verfügbar ist, macht den Standort zu einem interessanten Zusatzfaktor, da er via GPS geortet werden kann. Egal, wo Sie sich befinden – Sie können Ihren Freunden durch einen Check-in mitteilen, wo Sie sich gerade aufhalten, und Freunde markieren, die sich mit Ihnen am entsprechenden Standort befinden.

Abbildung 2.16: Standort hinzufügen

2.3.1   Standort hinzufügen

1. Rufen Sie Ihre Facebook-Startseite (oder Ihre Chronik) auf.

2. Aktualisieren Sie Ihren Status unter *Was machst du gerade?*.

3. Klicken Sie auf das Pinnsymbol.

4. Geben Sie Ihren aktuellen Aufenthaltsort an.

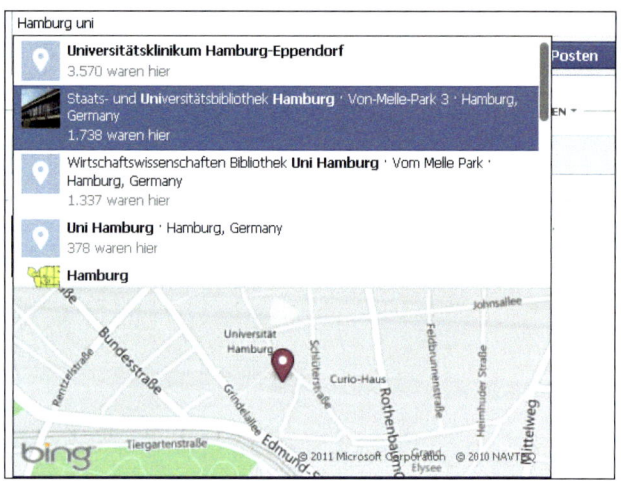

Abbildung 2.17: Standort auswählen

Gleichzeitig erhalten Sie von Facebook in einem Dropdown-Menü Vorschläge, die Ihnen bei Ihrer Ortsbestimmung helfen. Darunter sehen Sie eine von Bing bereitgestellte Karte, auf der Ihr Standort zu sehen ist.

5. Klicken Sie auf den gewünschten *Standort*.

Der Standort wird als Ergänzung in Ihrem Beitrag angezeigt.

Abbildung 2.18: Standort hinzugefügt

6. Klicken Sie auf *Posten*, um den Beitrag zu veröffentlichen.

Abbildung 2.19: Veröffentlichter Beitrag inklusive Standort

Tipp
Wie können Sie den Standort für Geschäftszwecke nutzen? Egal, ob Sie Facebook von Ihrem Mobiltelefon oder von Ihrem Laptop aus nutzen, wenn Sie geschäftlich unterwegs sind, teilen Sie Ihren Aufenthaltsort Freunden und Geschäftspartnern mit, die Sie als Kontakte in Facebook haben. Auf diese Weise können Sie verschiedene Messages übermitteln, wie z. B: „Ich befinde mich auf der Konferenz", „Ich befinde mich bereits am vereinbarten Treffpunkt", „Ich befinde mich auf einer Geschäftsreise in …" usw. Mehr Informationen zu der Handy-App von Facebook finden Sie auf **www.facebook.com/mobile/**.

2.3.2   Orte

Orte werden auf Facebook als Page dargestellt und sind grundsätzlich öffentlich. Bei Facebook-Orten kann es sich um Orte aller Art handeln, wie etwa Städte, Restaurants, öffentliche Einrichtungen, Büros usw. Manche davon werden offiziell verwaltet, wie z. B. der Facebook-Ort für Berlin (`www.facebook.com/Berlin`) oder London (`www.facebook.com/london.nightlife.minicab.taxibooking`), d. h., sie wurden von Nutzern manuell erstellt.

Andere Orte, die automatisch auf Facebook gelistet sind, werden durch **Wikipedia**-Einträge ebenfalls in Page-Form dargestellt, wie z. B. Bremen (`www.facebook.com/pages/Bremen-Germany/115221125158582`).

Abbildung 2.20: Facebook-Pin

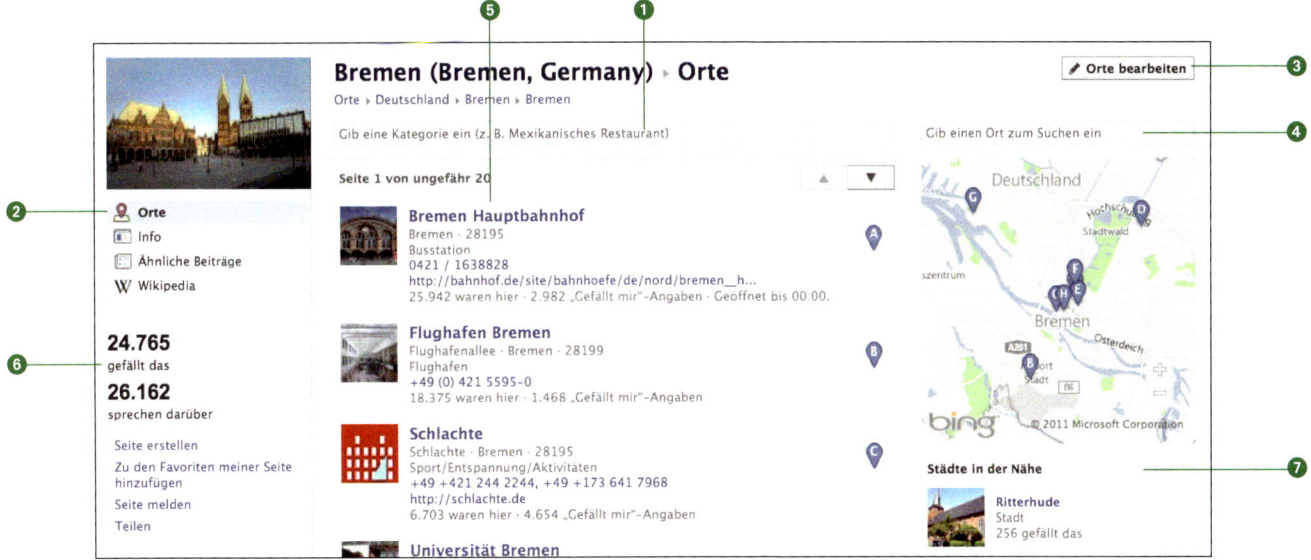

Abbildung 2.21: Ort-Page zu Bremen

Pages zu Orten sind übersichtlich strukturiert und beinhalten Profilbild, Titel, generelle Infos und eine Suche (❶). Über Navigationslinks zu verschiedenen Kategorien können Sie Unter-Pages aufrufen (❷). Über *Orte bearbeiten* können Sie Informationen hinzufügen oder verändern (bzw. melden, falls Sie einen Fehler

Hilf mit, Facebook-Orte zu verbessern   Orte in Bremen, Germany ▼

Mit dem Werkzeug zum Bearbeiten von Orten kannst du sicherstellen, dass die Informationen zu deinen Lieblingsorten vollständig und richtig sind. Es gibt zwei Seiten für dasselbe Restaurant? Ein Geschäft wurde falsch kategorisiert? Teile uns das mit.

So kannst du helfen:

Fotos auswählen   Änderungen vorschlagen

Vorgeschlagene Änderungen überprüfen   Melde Duplikate von Orten

Abbildung 2.22: Orte bearbeiten, um Fakten zum jeweiligen Ort zu korrigieren

entdecken) (❸). Die Karte des Orts wird von **Bing** zur Verfügung gestellt (Facebook-Partner für Karten). Über das Suchfeld können Sie nach Adressen innerhalb des Orts suchen (❹). Die beliebtesten Orte in der Nähe (nach Anzahl der Facebook-Check Ins) können auf- und absteigend sortiert werden (❺). Außerdem werden die Anzahl der Check Ins und die Popularität der Ort-Page angezeigt (❻). Unter *Städte in der Nähe* sehen Sie Vorschläge von Facebook zu anderen Ort-Pages (❼).

Sie können Orte über die Facebook-Suche finden.

1. Geben Sie in der blauen Navigationsleiste oben den gesuchten Ort in das Suchfeld ein.

2. Filtern Sie Ihre Suche über die Seitennavigation links nach *Orte*.

Tipp
Wie können Sie Orte für Geschäftszwecke nutzen? Facebook-Orte sind auf dem besten Wege, die neuen **Gelben Seiten** zu werden. Sie finden oftmals auf der Page eines Orts zahlreiche nützliche Informationen – von Geschichte, Fotos und Videos über Transportmöglichkeiten und Adressen bis hin zu Rabatten und Sonderangeboten oder Dienstleistungen und Jobangeboten vor Ort (vgl. den Facebook-Ort zu Berlin.)

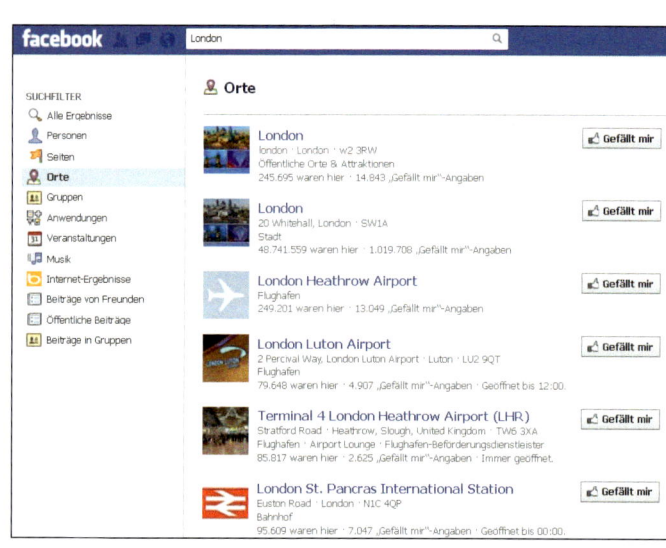

Abbildung 2.23: Suche nach Orten

Facebook-Orte sind in vier Bereiche aufgeteilt, die Sie unter dem Profilbild der Page über Links erreichen können: *Orte*, *Info*, *Ähnliche Beiträge* und *Wikipedia*.

Orte

Hier finden Sie weitere lokale Facebook-Orte, die den meisten Nutzern gefallen bzw. an denen die meisten Nutzer waren.

Info

Hier werden generelle Infos sowie die Geschichte des Orts angezeigt. Die Informationen stammen meistens von **Wikipedia**.

Ähnliche Beiträge

Hier sehen Sie Beiträge anderer Facebook-Nutzer, die die Page des Orts via @-Verlinkung (vgl. *Kapitel 3*) in ihrem Post erwähnt haben.

Wikipedia

Der **Wikipedia**-Eintrag des Orts, wie Sie ihn auf `www.wikipedia.org` finden.

2.3.3   Ortsempfehlungen

Für Facebook-Orte, deren Page von einem Administrator erstellt wurde, können Empfehlungen hinterlassen werden. Empfehlungen sind aus zwei Gründen für Nutzer sinnvoll.

- Wenn Ihre Business-Page als Ort eingetragen wurde (z. B Restaurant/Bar), können Ihre Kunden oder Gäste direkt auf Ihrer Page eine Bewertung bzw. Empfehlung hinterlassen, die deren Freunden als Update im Neuigkeiten-Feed angezeigt wird.

- Wenn Sie selbst auf der Suche nach einem angemessenen Restaurant sind (sowohl in der eigenen als auch in einer fremden Stadt), können Sie sich aufgrund der Bewertungen ein Bild über die Qualität des Orts machen.

Abbildung 2.24: Ort empfehlen

Um eine Empfehlung zu schreiben, gehen Sie folgendermaßen vor:

1. Rufen Sie die Page des Orts auf, zu dem Sie eine Empfehlung schreiben möchten.

2. Suchen Sie in der rechten Seitenspalte den Bereich *Empfehlungen*.

3. Verfassen Sie Ihren Text im Textfeld *Empfehlung schreiben …*

4. Bestimmen Sie, wer Ihre Empfehlung sehen kann, und klicken Sie auf *Empfehlen*.

Sie erhalten von Facebook eine Meldung unter Ihrer neuen Empfehlung, die dazu aufruft, kürzlich besuchte Orte ebenfalls zu empfehlen. Ihre neu erstellte Empfehlung wird automatisch auf Ihrer Chronik unter *Neueste Aktivität* sowie im Neuigkeiten-Feed Ihrer Freunde veröffentlicht.

Abbildung 2.25: Erstellte Empfehlung

Abbildung 2.26: Empfehlung auf der eigenen Chronik angezeigt

Hinweis

Die Sicherheitseinstellungen bezüglich der Sichtbarkeit von Ortsempfehlungen ermöglichen es, jede Empfehlung nur für bestimmte Freunde sichtbar zu machen, d. h., auch die Administratoren eines Facebook-Orts können diese nicht sehen. Eigene Empfehlungen können von Ihnen selbst jederzeit wieder gelöscht werden.

Als Administrator eines Facebook-Orts können Sie alle öffentlichen Empfehlungen auf Ihrer Page jederzeit verbergen (z. B. wenn es sich um Spam handelt) oder wieder sichtbar machen. Klicken Sie dazu einfach rechts neben der Empfehlung auf **x**.

Tipp

Motivieren Sie Ihre Fan-Community dazu, Empfehlungen für Ihre Business-Page zu hinterlassen, falls es sich dabei um einen Ort handelt.

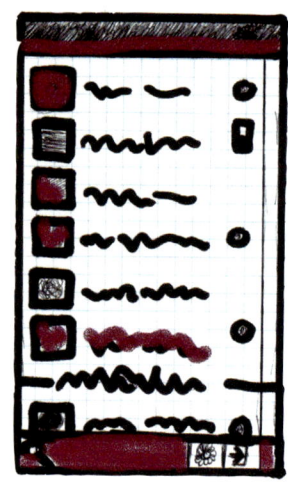

Das Gespräch zwischen
den Generationen ist
ebenso wichtig wie das
Gespräch zwischen den
Supermächten.

Helmut Schmidt

Kapitel 3

Kommunikation in Facebook

Sie verfügen in Facebook über verschiedene Kommunikations-möglichkeiten, wie Sie sie auch in anderen sozialen Netzwerken wie wer-kennt-wen.de oder MeinVZ finden. Wenn Sie sich dort anmelden, erstellen Sie ein persönliches Nutzerprofil als eine Art digitalen Lebenslauf (= Ihre Chronik).

Sie können private oder öffentliche Nachrichten an Freunde, Bekannte oder Fremde schicken. In diesem Kapitel werden die verschiedenen Kommunikationswege von Facebook und deren Nutzungsmöglichkeiten erläutert.

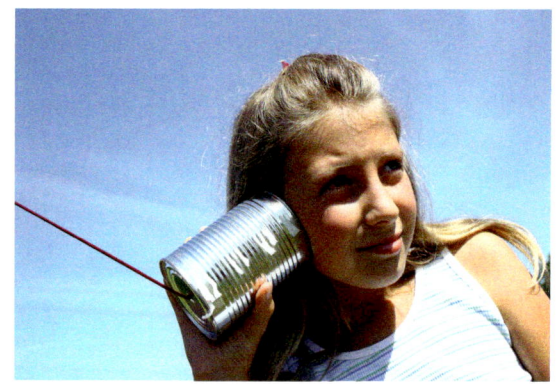

3.1   Beiträge posten

Sie können Beiträge von Ihrem Neuigkeiten-Feed oder von Ihrer Chronik aus posten, d. h., Sie veröffentlichen Inhalte auf Ihrem Profil, die Text, Fotos, Videos, Fragen, Links und Locations umfassen können.

1. Wählen Sie auf der Facebook-Startseite unter *Neuigkeiten* oder auf Ihrer Chronik die Art von Beitrag, die Sie veröffentlichen möchten: *Status*, *Foto/Video* oder *Frage*.

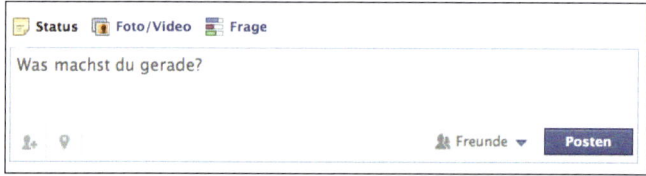

Abbildung 3.1: Posten

2. Klicken Sie auf das *Freunde hinzufügen*-Symbol, um Freunde in Ihrem Beitrag zu markieren.

Abbildung 3.2: Freunde markieren

Abbildung 3.3: Sichtbarkeit definieren

3. Klicken Sie auf das Pinnsymbol, um Ihrem Beitrag eine Location hinzuzufügen.

4. Klicken Sie auf den Pfeil neben *Freunde*, um zu bestimmen, wer den Beitrag sehen kann.

5. Klicken Sie auf *Posten*, um den Beitrag zu veröffentlichen.

3.1.1 Kurzmeldungen

Die Kurzmeldungen stellen einen kleinen separaten Neuigkeiten-Feed dar, der auf Ihrer Facebook-Startseite in der rechten Seitenspalte zu sehen ist. Wenn Sie das Chat-Fenster geöffnet haben, wird er über der Liste Ihrer Freunde angezeigt.

Alle Status-Updates Ihrer Freunde, die Sie aufgrund deren Einstellungen sehen können, werden in den Kurzmeldungen angezeigt. Es handelt sich um eine Art Live-Ticker, der automatisch die neuesten Meldungen veröffentlicht. Die aktuellsten Meldungen verdrängen die älteren nach unten (vgl. Ticker bei Fußball). Sie können mit der Maus durch die Updates scrollen, genau wie bei Ihrem Neuigkeiten-Feed. Die Meldung, über der sich Ihr Mauszeiger befindet, wird in der Liste blau angezeigt. Ein Pop-up mit den Details der Meldung wird links daneben geöffnet.

> Wenn Sie eine sehr niedrige Bildschirmauflösung verwenden oder den Inhalt des Browsers stark vergrößern, passen die Kurzmeldungen von der Auflösung her nicht mehr über den geöffneten Chat. In diesem Fall werden sie stets in der rechten Seitenspalte der Startseite unter **Gesponserte Meldungen** als **Kurzmeldungen** angezeigt.

Abbildung 3.4: Kurzmeldungen-Feed

3.1.2 Verlinkungen in Beiträgen

Sie können Freunde oder Pages, die Sie bereits mögen, in Ihren eigenen Beiträgen verlinken und dadurch die entsprechende Person oder den Administrator der Page auf Ihren Beitrag aufmerksam machen.

1. Geben Sie den gewünschten Text ein und verlinken Sie einen Freund oder eine Page, indem Sie ein @-Zeichen eingeben.

2. Geben Sie direkt nach dem @-Zeichen den Namen der Person oder der Page ein, ohne ein Leerzeichen dazwischen einzufügen.

3. Wählen Sie aus dem angezeigten Dropdown-Menü den Freund oder die Page, die Sie verlinken möchten.

> Sie müssen lediglich einen Teil des vollen Namens hinter das @-Zeichen eingeben. Facebook schlägt Ihnen im Dropdown-Menü alle Freunde oder Pages vor, in deren Namen die entsprechenden Wörter vorkommen.

Abbildung 3.5: Verlinkung hinzufügen

3.2   Nachrichten

Sie können allen Freunden private Nachrichten schicken. Bei anderen Facebook-Nutzern, mit denen Sie nicht befreundet sind, hängt es von deren Einstellungen ab, ob das funktioniert.

*Abbildung 3.6:
Benachrichtigung –
neue Nachricht*

1. Klicken Sie in der blauen Navigationsleiste oben auf das Nachrichtensymbol, um Ihren Posteingang aufzurufen.

Abbildung 3.7: Vorschau – neue Nachricht

2. Klicken Sie auf die entsprechende Nachricht, um sie zu öffnen.

3. Klicken Sie auf *Alle Nachrichten ansehen*, um ältere Nachrichten wiederzufinden.

4. Klicken Sie auf *Neue Nachricht verschicken*, um eine neue Nachricht zu erstellen.

Neue Nachricht erstellen

Abbildung 3.8: Neue Nachricht – Pop-up

1. Geben Sie unter *An* den Namen des Freunds an, dem Sie eine Nachricht schicken möchten.

2. Schreiben Sie Ihre Nachricht in das Textfeld unter *Nachricht schreiben*.

3. Aktivieren Sie das Häkchen am Handysymbol, um Ihre Nachricht gleichzeitig als Kurzmitteilung auf das Handy Ihres Kontakts zu versenden.

4. Klicken Sie auf *Senden*, um die Nachricht zu verschicken.

Der entsprechende Freund erhält Ihre Nachricht in seinem Posteingang und kann sie auf die gleiche Weise öffnen und bearbeiten.

> **Tipp**
> Sie können Ihren Posteingang jederzeit über **www.facebook.com/messages/** oder über die Seitennavigation links unter **Nachrichten** aufrufen.

> Sie können eine Facebook-Nachricht nur auf das Handy eines Freundes schicken, wenn dieser den SMS-Dienst von Facebook aktiviert hat (vgl. **Abschnitt 3.4**). Falls dies nicht der Fall ist, wird das Handysymbol nicht im **Neue Nachricht**-Pop-up angezeigt.

Zu jeder Nachricht kann ein Anhang und eine Foto- oder Videoaufnahme mittels Ihrer eigenen Webcam hinzugefügt werden. Nutzen Sie dazu einfach die Symbole links unterhalb des Textfelds (Büroklammer- und Fotokamerasymbol).

Nachricht beantworten

Abbildung 3.9: Antwort erstellen

1. Öffnen Sie die gewünschte Nachricht.

2. Schreiben Sie Ihre Antwort in das Textfeld darunter und klicken Sie auf *Antworten*.

3.3   Chat

Neben den Facebook-Nachrichten steht ein Chat zur Verfügung, der mit den Nachrichten gekoppelt ist, d. h., alle verpassten Chat-Nachrichten landen automatisch als neue Nachricht in Ihrem Posteingang, und alle neu eingehenden Nachrichten werden als Pop-up im Chat-Fenster angezeigt, falls Sie zu diesem Zeitpunkt im Chat verfügbar sind.

Der Chat befindet sich am rechten unteren Ende von Facebook und kann durch Klicken auf *Chat* geöffnet werden. Über den Chat werden Kurzmeldungen angezeigt.

Die grünen Punkte neben den Namen Ihrer Freunde zeigen an, wer gerade verfügbar ist.

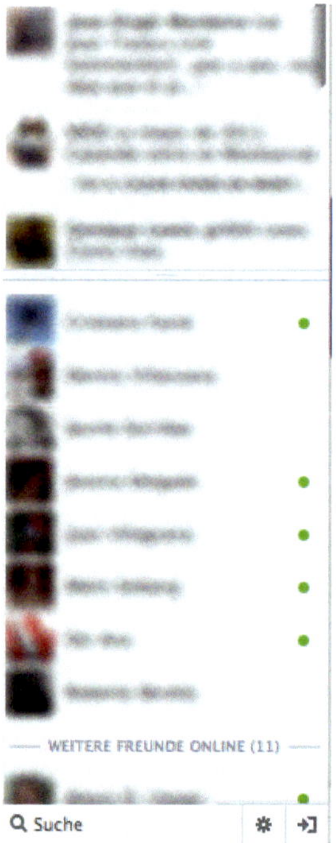

1. Klicken Sie im Chat auf den Namen eines Freundes, um das persönliche Chat-Fenster zu öffnen.

Abbildung 3.10: Chat-Fenster und Kurzmeldungen

2. Drücken Sie auf Ihrer Tastatur die Eingabetaste, um eine Chat-Nachricht zu senden.

3. Geben Sie in das Suchfeld des Chats den Namen eines Freundes ein, mit dem Sie chatten möchten, um diesen in der Liste zu finden (sehr nützlich, falls Sie sehr viele Freunde haben).

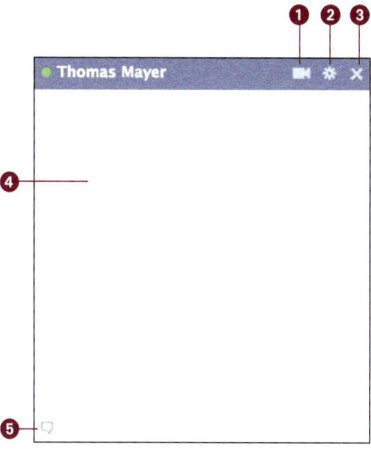

Sie können zusätzlich den Video-Chat aktivieren (❶). Über das Einstellungen-Symbol erhalten Sie ein Dropdown-Menü mit Optionen zum Chat (❷). Schließen Sie den Chat mit *x* (❸). Der Konversationsverlauf sowie alle eingehenden Nachrichten der entsprechenden Freunde werden im Chat-Fenster angezeigt (❹). Chat-Nachrichten können über das Textfeld erstellt werden (❺).

Abbildung 3.11: Facebook-Chat-Fenster

> **Tipp**
> Nutzen Sie den Video-Chat innerhalb Facebook, um direkt mit Geschäftspartnern oder Kunden und Fans zu kommunizieren (z. B. Kundenservice-Team).

3.4 Eigene Facebook-E-Mail aktivieren

Facebook bietet Ihnen die Möglichkeit, eine individuelle Facebook-E-Mail-Adresse im Format `IhrWunschname@facebook.com` einzurichten. Der Vorteil dabei ist, dass Sie über eine neue E-Mail-Adresse verfügen, über die Sie externe E-Mails in Ihrem Facebook-Posteingang erhalten können – sehr nützlich, falls z. B. Teilnehmer eines Gewinnspiels eine Nachricht an Ihre Page schicken müssen (vgl. *Kapitel 4* und *Kapitel 6*). Alle von Ihren Facebook-Freunden an diese Adresse gesendeten E-Mails landen direkt im Posteingang zwischen den anderen Nachrichten, und alle E-Mails von Personen, mit denen Sie nicht auf Facebook befreundet sind, landen im Unterordner *Sonstiges*.

Abbildung 3.12: Posteingang

1. Rufen Sie Ihren Posteingang auf.

Falls Sie noch keine individuelle Facebook-E-Mail-Adresse besitzen, wird über den Nachrichten eine Meldung angezeigt.

> Überlegen Sie sich den Namen für Ihre E-Mail-Adresse gut im Voraus. Sie entspricht Ihrer öffentlichen Nutzer-URL (d. h. die URL, die auf Ihr Profil verweist) und kann nachher nicht mehr geändert werden. Wenn Sie Administrator einer Page sind (vgl. **Kapitel 4**), können Sie die E-Mail-Adresse auf diese Page zuschneiden, um sie später für Fans der Page zu verwenden.

> Sie können keine Leerzeichen, Bindestriche oder Unterstriche verwenden. Lediglich ein Punkt kann zum Trennen von zwei Wörtern verwendet werden.

Abbildung 3.13: Facebook-E-Mail beantragen

2.   Klicken Sie auf *Beanspruche deine Facebook-E-Mail-Adresse*.

3.   Geben Sie in das Textfeld die gewünschte E-Mail-Adresse ein.

Abbildung 3.14: E-Mail-Adresse definieren

4.   Klicken Sie auf *E-Mail aktivieren*.

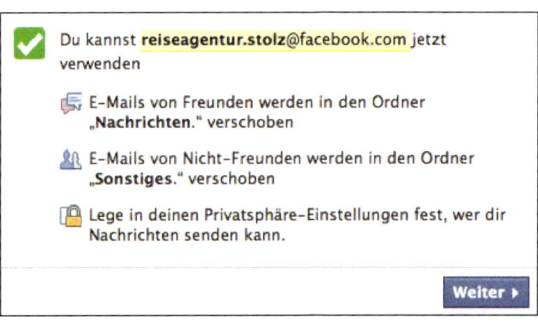

Abbildung 3.15: E-Mail-Adresse aktiviert

5.   Klicken Sie auf *Weiter*.

3.4.1 SMS aktivieren

Im nächsten Schritt werden Sie von Facebook aufgefordert, den SMS-Dienst zu aktivieren. Falls Sie bei Eingang einer Facebook-Nachricht oder E-Mail in Ihrem Posteingang eine SMS erhalten möchten, führen Sie folgende Schritte durch:

1. Klicken Sie auf *SMS aktivieren*.

Wenn Sie Ihrem Nutzerkonto bereits eine Handynummer hinzugefügt (und das Konto somit bestätigt) haben, wird der SMS-Dienst sofort aktiviert. Falls nicht, müssen Sie zuerst eine Handynummer hinzufügen.

2. Klicken Sie auf *Überspringen*, falls Sie keinen SMS-Dienst aktivieren möchten.

Abbildung 3.16: SMS-Dienst aktivieren

Sie können den SMS-Dienst jederzeit wieder deaktivieren, indem Sie die Handy-nummer aus Ihrem Konto entfernen. Rufen Sie dazu einfach in den **Kontoein-stellungen** die Option **Handy** auf und entfernen Sie die Telefonnummer.

3.5 Interagieren mit anderen Posts

Sie können mit jedem Beitrag interagieren, den Ihre Freunde oder Pages, die Ihnen gefallen, veröffentlichen (soweit deren Einstellungen Ihnen dies erlauben).

Sie können bei einem Beitrag auf *Gefällt mir* klicken, ihn *kommentieren* oder *teilen*. Außerdem können Sie andere Personen in Beiträgen wie z. B. Bildern oder Videos *markieren*.

Abbildung 3.17: „Gefällt mir"-Angaben und Kommentare

Abbildung 3.18: „Gefällt mir"-
Angaben eines Beitrags

3.5.1   „Gefällt mir"–Angaben – I Like!

Der mittlerweile weltberühmte Like-Button, der auf Deutsch wahlweise „Gefällt mir" oder „Empfehlen" heißt, ist zu einem der bekanntesten und mächtigsten Instrumente in der Onlinewelt geworden. Lesen Sie mehr Details zur Funktionalität des *„Gefällt mir"*-Buttons in *Kapitel 10*.

Durch das Klicken auf *Gefällt mir* bei einem Post drücken Sie zum einen Ihr positives Feedback aus, zum anderen erstellen Sie automatisch eine Kurzmeldung, die Ihre Freunde auf der Facebook-Startseite im Kurzmeldungen-Feed sehen können, z. B. wenn Sie ein Bild, ein Video oder ein Status-Update eines Freundes mögen. Abermals gilt: Die Sichtbarkeit hängt von Ihren Einstellungen und denen Ihres Freundes ab.

Die *„Gefällt mir"*-Angabe, die Sie machen, wird ebenfalls unter *Neueste Aktivität* auf Ihrer Chronik angezeigt.

Abbildung 3.19: „Gefällt mir"-
Angabe auf Chronik

Abbildung 3.20: „Gefällt mir"-Angabe als Kurzmeldung

Wichtig hierbei: Je mehr **„Gefällt mir"**-Angaben ein Beitrag erhält, desto weiter oben wird er im Neuigkeiten-Feed Ihrer Freunde unter den Hauptmeldungen angezeigt. Dies ist von immenser Bedeutung, wenn Sie Beiträge auf einer Business-Page erstellen und das Ziel haben, dass so viele Nutzer wie möglich Ihren Beitrag sehen und mit ihm interagieren (vgl. **Kapitel 4** und **Kapitel 5**).

3.5.2 Kommentare schreiben

Kommentare tragen genau wie *„Gefällt mir"*-Angaben zur steigenden Popularität eines Beitrags bei. Sie können Kommentare zu allen öffentlichen Beiträgen hinterlassen, d. h. bei Beiträgen Ihrer Freunde, anderer Facebook-Nutzer, deren Pinnwand öffentlich ist, und auf allen Pages, die Kommentare erlauben.

1. Klicken Sie unterhalb des gewünschten Beitrags auf *Kommentieren*.

2. Geben Sie Ihren Kommentar in das Textfeld *Schreibe einen Kommentar ...* ein und drücken Sie die Eingabetaste, um den Kommentar zu veröffentlichen.

Jeder Kommentar wird ebenfalls sowohl auf Ihrer Chronik als auch im Kurzmeldungen-Feed Ihrer Freunde angezeigt. Außerdem kann jeder Kommentar eines Beitrags wiederum von Ihnen oder anderen Facebook-Nutzern kommentiert bzw. beantwortet werden.

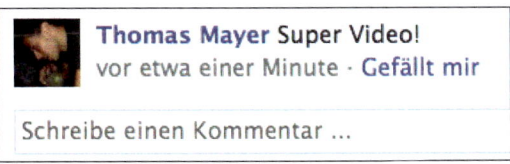

Abbildung 3.21: Kommentar schreiben

3.5.3 Teilen – sharing is caring

Die Funktion „Share" ist im Deutschen als ein Button namens *Teilen* unterhalb eines Beitrags verfügbar.

Dadurch können Sie einen Beitrag kopieren und ihn auf Ihrer eigenen Chronik oder auf die eines Freundes weiterleiten. Es handelt sich demzufolge eher um ein Mit- als ein Aufteilen. Sie können sowohl eigene Beiträge als auch diejenigen von Freunden *teilen*. Jeder weitergeleitete Beitrag entspricht einem neuen Beitrag, den Sie erstellen.

Abbildung 3.22: Beitrag weiterleiten

1. Klicken Sie unterhalb des gewünschten Beitrags auf *Teilen*.

2. Bestimmen Sie im angezeigten Pop-up unter *Teilen*, für wen bzw. wo Sie den Beitrag veröffentlichen möchten.

3. Geben Sie optional in das Textfeld darunter einen Kommentar ein.

4. Bestimmen Sie über den Einstellungen-Button rechts oben, wer den weitergeleiteten Beitrag sehen kann.

5. Wählen Sie mit den Pfeilen ein Vorschaubild des Beitrags aus oder setzen Sie das Häkchen neben *Kein Miniaturbild*, um einen reinen Textbeitrag weiterzuleiten.

6. Klicken Sie auf *Link teilen*, um den Beitrag weiterzuleiten.

3.6   Fragen stellen

Sie können Ihren Freunden eine Frage stellen. Die Frage-Funktion ist am sinnvollsten für Umfragen für Ihre Business-Page (vgl. *Kapitel 5*). Fragen sind ein hervorragendes Instrument, um Inhalte zu verbreiten, da jeder Antwortende automatisch Ihre Frage auf seiner eigenen Chronik veröffentlicht, sobald er auf die Frage antwortet, und sie somit mit seinen Freunden teilt.

Um eine Frage zu stellen, gehen Sie wie folgt vor:

1. Rufen Sie die Facebook-Startseite auf.

2. Klicken Sie oben auf *Frage*.

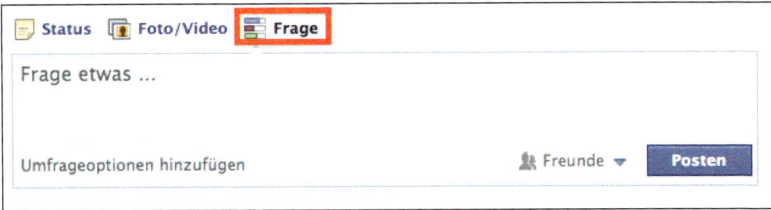

Abbildung 3.23: Frage stellen

3. Geben Sie Ihre Frage in das Textfeld *Frage etwas ...* ein.

4. Klicken Sie auf *Umfrageoptionen hinzufügen*, um eine Multiple-Choice-Frage zu erstellen. Geben Sie die Antwortmöglichkeit in das Textfeld ein.

5. Klicken Sie auf *+ Option hinzufügen ...*, um eine Antwortmöglichkeit hinzuzufügen.

Abbildung 3.24: Multiple-Choice-Frage erstellen

6. (De-)Aktivieren Sie das Häkchen bei *Allen Nutzern das Hinzufügen von Optionen gestatten*, um zu bestimmen, ob weitere Antwortmöglichkeiten von Facebook-Nutzern hinzugefügt werden können.

7. Klicken Sie auf das Freunde-Symbol, um zu bestimmen, wer die Frage sehen kann.

8. Klicken Sie auf *Posten*, um die Frage zu veröffentlichen.

Lesen Sie mehr zu Ideen für Fragen in *Kapitel 5*.

> **Tipp**
> Achten Sie darauf, dass Ihre Antwortmöglichkeiten bei einer Multiple-Choice-Frage nicht zu lange ausfallen – am besten kurz, knackig und in einer Zeile. Überlegen Sie sich gut, ob Sie die Frage offen halten für weitere nutzerdefinierte Antwortmöglichkeiten Ihrer Freunde oder ob Sie diese Option nicht erlauben. Wenn eine Antwortmöglichkeit als Facebook-Page vorhanden ist (z. B. ein Produkt oder eine Marke), kann die entsprechende Page markiert werden. Der jeweilige Administrator erhält dann eine Benachrichtigung, dass seine Page markiert wurde.

Stop sketching and start building.

Dennis Crowley,
Foursquare-Gründer

Kapitel 4

Eine Business-Page in 5 Minuten

Die Facebook-Page ist mittlerweile Standard bei Firmen, die eine moderne Onlinepräsenz haben und sich mit Social Media beschäftigen. Geben Sie Ihren Kunden und Anhängern die Möglichkeit, sich auf einer Plattform zu treffen, sich auszutauschen und sich mit Marke und Produkt zu beschäftigen. In diesem Kapitel erfahren Sie, wie man eine eigene Facebook-Business-Page erstellt.

Hier ein kurzer Überblick über die wichtigsten Funktionen auf einer Facebook-Page.

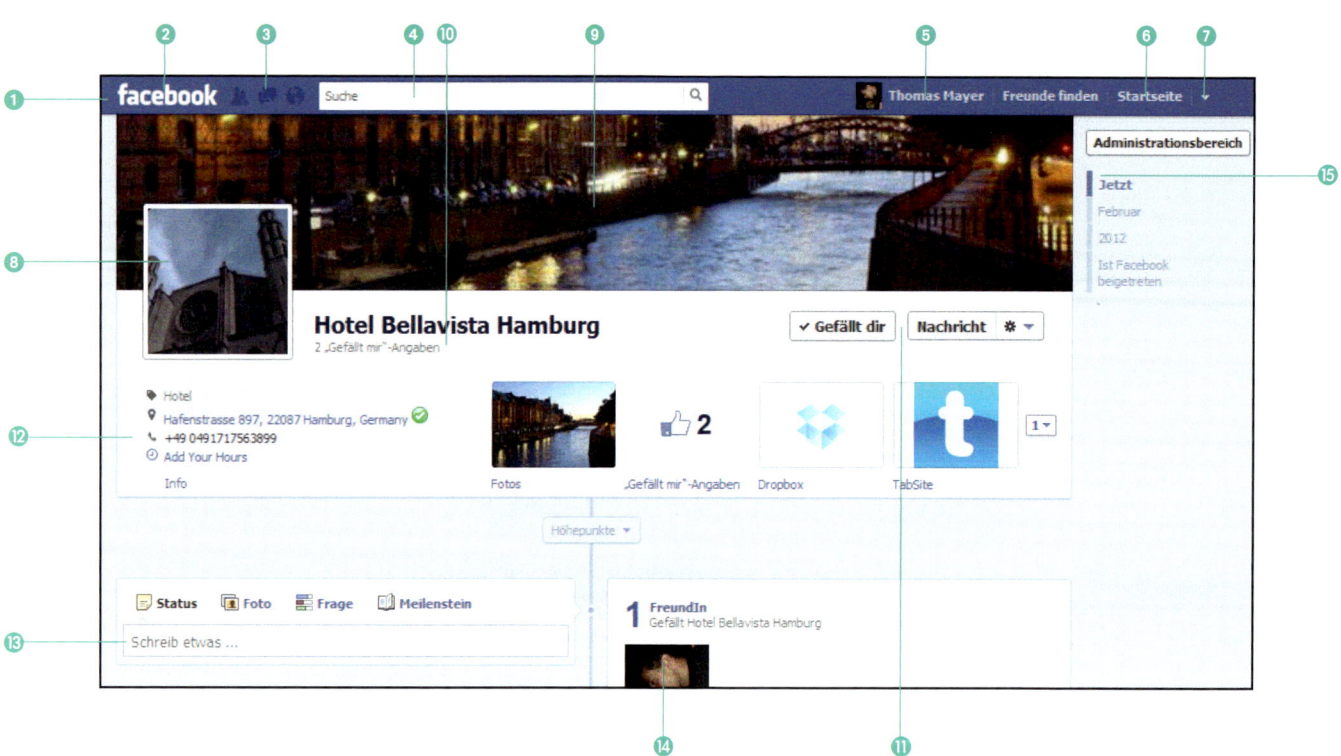

In der blauen Top-Navigationsleiste (❶) oberhalb der eigentlichen Page finden Sie wichtige Funktionen: Mit einem Klick auf das Facebook-Logo (❷) kommen Sie auf die Facebook-Startseite, d. h. den Neuigkeiten-Feed. Die drei kleinen Icons daneben (❸) zeigen Meldungen zu neuen Kontakten (Fans/Freunde), Nachrichten oder Interaktionen Ihrer Kontakte an. Das Suchfeld für die Facebook-Suche (❹) stellt eine normale Suchmaschine innerhalb des Facebook-Netzwerks dar. Über das Thumbnail des Profilbilds und den Nutzernamen (❺) gelangen Sie auf Ihr persönliches Nutzerprofil. Mit einem Klick auf die Startseite (❻) kommen Sie auf die gleiche Seite wie bei (❶). Mit dem Pfeil (❼) lässt sich ein Untermenü öffnen, in dem Sie Kontoeinstellungen bearbeiten können.

Das Titelbild der Page entspricht dem Header, der wie ein Banner kreativ genutzt werden sollte (❾). Links befindet sich das Profilbild (❽), daneben der Page-Titel sowie *Gefällt mir*-Angaben (❿). Über *Gefällt mir* und Nachricht kann mit der Page interagiert werden, das Symbol für die Einstellungen bietet weitere Optionen wie z.B. *Feedback senden* oder *Teilen* (⓫). In der Zeile darunter sehen Sie die allgemeinen Informationen zur Page, wie Kontaktdaten, Fotos, benutzerdefinierte Tabs oder *Gefällt mir*-Angaben (⓬). Darunter finden Sie die eigentliche Page-Chronik (wie bei Nutzerprofilen). Über *Schreib etwas …* können neue Beiträge, sowohl von Page-Betreibern, als auch von Fans erstellt werden (⓭). Es folgen alle auf der Page-Chronik veröffentlichten Meldungen und Beiträge (⓮). Der Zeitstrahl (⓯) erlaubt es (wie auf Nutzerprofilen) Sprünge in der Chronik zu machen.

Wenn es sich um Ihre eigene Page handelt, können Sie jederzeit über den *Administrationsbereich* alle grundlegenden Einstellungen zur Page bearbeiten. Sie können den Nutzer einer Page wechseln (vgl. 4.5.1). Um eine Facebook-Page zu erstellen, benötigen Sie in jedem Fall ein persönliches Nutzerkonto/Profil (vgl. *Kapitel 1*).

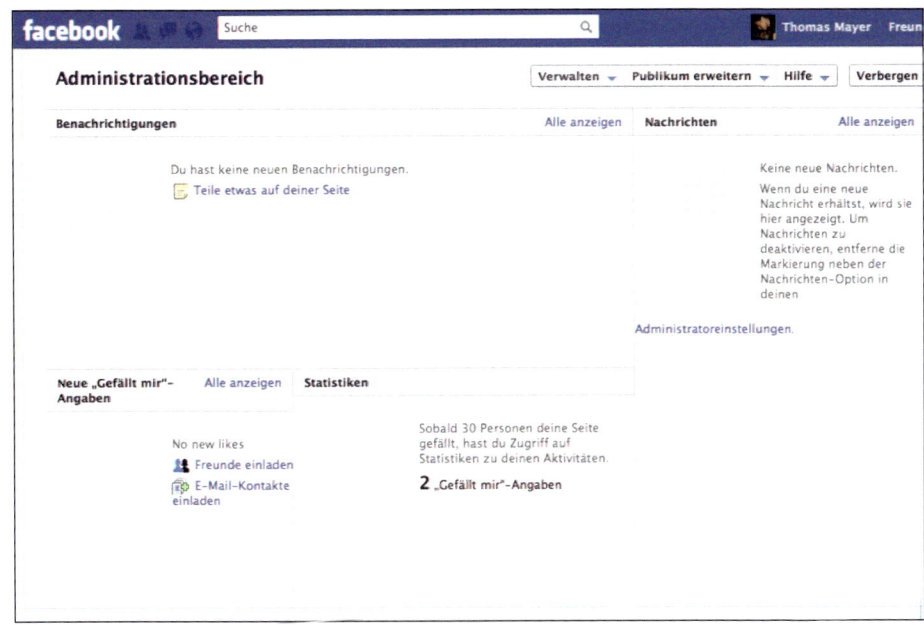

Abbildung 4.1: Verwalten Sie im Administrationsbereich alle wichtigen Grundeinstellungen Ihrer Page.

4.1 Es gibt zwei Möglichkeiten

Sie können eine Page entweder via Direktlink über die offizielle Facebook-Seite erstellen, `www.facebook.com/pages/create.php`, oder von Ihrem eigenen Facebook-Konto aus. Egal wo Sie sich gerade in Facebook befinden, klicken Sie einfach in der Navigationsleiste unten auf *Seite erstellen*.

Abbildung 4.2: Auf den Link in der Fußleiste klicken

4.2 Die richtige Kategorie

Auf der Startseite für die Page-Erstellung wählen Sie zuerst die Kategorie, der Sie Ihre Business-Page zuordnen wollen. Falls Sie sich nicht sicher sind, keine Panik: Die Kategorie können Sie zu jedem Zeitpunkt wieder ändern.

Zur Auswahl stehen:

- Lokales Unternehmen oder Ort (z. B. **Pizzeria Toscana**)

- Unternehmen, Organisation oder Institution (z. B. **BMW** oder **UNESCO**)

- Marke oder Produkt (z. B. **Nutella** oder **Nike Air Force 1**)

- Künstler, Band oder öffentliche Person (z. B. **Phil Collins** oder **Philipp Lahm**)

- Unterhaltung (z. B. **Two and a Half Men**)

- Anliegen oder Gemeinschaft (z. B. **Gegen Stuttgart 21**)

1. Wählen Sie die Hauptkategorie, die am besten zu Ihrer Firma, Ihren Produkten oder Ihrer Marke passt bzw. in der Ihre Facebook-Page später gefunden werden soll.

2. Klicken Sie auf ein *Kategoriefenster*.

3. Geben Sie im Menü die jeweiligen Details zur gewünschten Page an.

Sie können beliebig zwischen den Kategorien wechseln, bevor Sie eine auswählen.

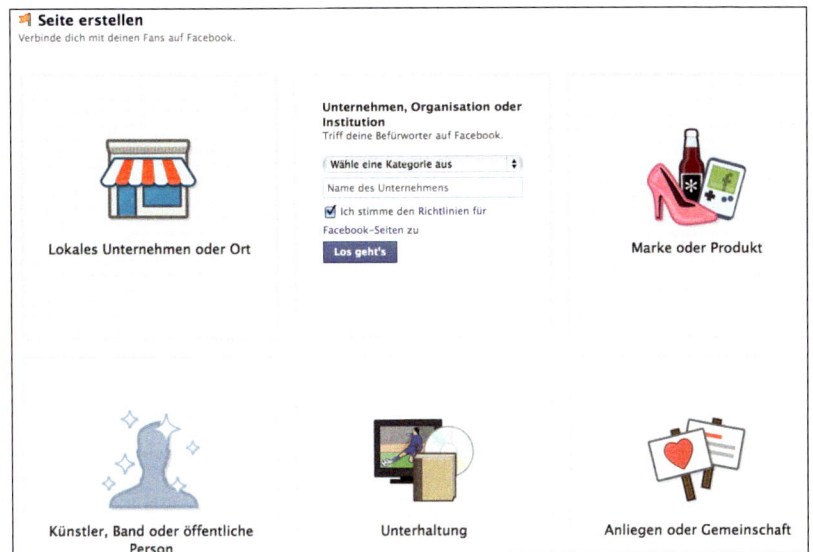

Abbildung 4.3: Die passende Kategorie für Ihre Business-Page

In vier der sechs Kategorien müssen Sie eine Unterkategorie aus einer Liste auswählen und den gewünschten Page-Titel eintragen. Im Falle von *Lokales Unternehmen oder Ort* kommt die postalische Adresse noch dazu, bei *Anliegen oder Gemeinschaft* reicht der Name der Page aus.

In allen Fällen müssen die Richtlinien für Facebook-Seiten akzeptiert werden, bevor es weitergehen kann.

4. Klicken Sie auf *Los geht's*, wenn Sie alle Felder ausgefüllt haben.

Voilà – schon existiert Ihre eigene Facebook-Business-Page. Wenn Sie auf der folgenden Seite auf *Überspringen* klicken, gelangen Sie direkt auf die Page (vgl. *Abb. 4.5*).

Diese sieht allerdings noch etwas langweilig aus, nicht wahr?

Abbildung 4.4: Pflichtfelder ausfüllen, Nutzungsbestimmungen, akzeptieren

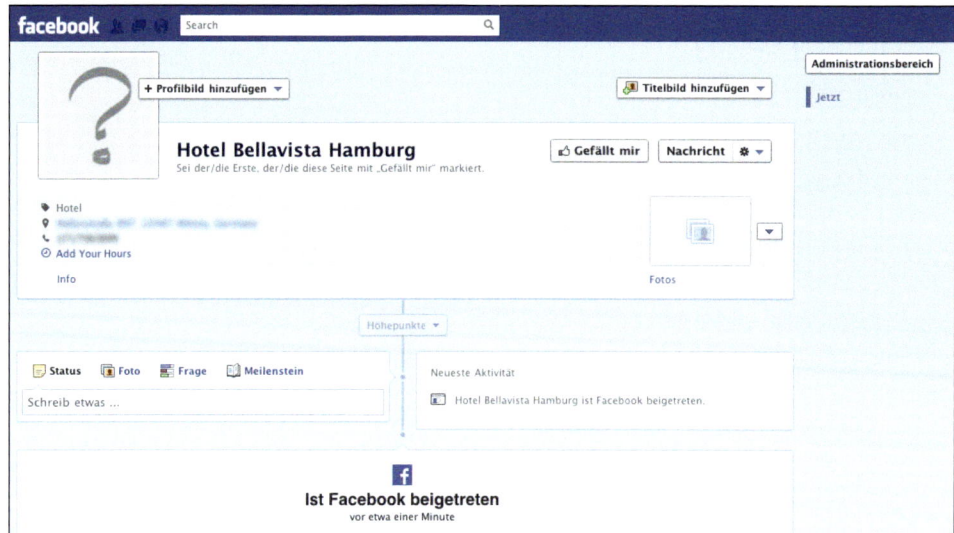

*Abbildung 4.5: Facebook-Page
ohne Inhalte*

Nehmen Sie sich zehn Minuten Zeit, um die Page noch etwas ansprechender zu gestalten, und folgen Sie besser der von Facebook angezeigten Schrittfolge (vgl. *Abb. 4.10*).

4.3   Profilbild, Fans und Info

Sie können die folgenden Basics wählen (*Schritt 1 bis 3*):

- Ein Profilbild für die Page erstellen
- Wie bekomme ich Fans für meine Page?
- Allgemeine Informationen zur Page erstellen

4.3.1   Profilbild für die Page erstellen

Auf der Seite *Schritt 1 Profilbild – Profilbild festlegen* können Sie entweder ein Bild aus Ihren eigenen Dateien hochladen oder eines von Ihrer Website als Titelbild auswählen.

Bild hochladen

1. Klicken Sie auf *Lade ein Bild hoch*. Ein Pop-up erscheint.

2. Klicken Sie auf *Datei auswählen* und suchen Sie ein Bild aus Ihren Ordnern. Markieren Sie es.

3. Klicken Sie auf *Auswählen*. Das Bild wird hochgeladen und erscheint nun anstelle des Fragezeichens.

4. Klicken Sie auf *Weiter*.

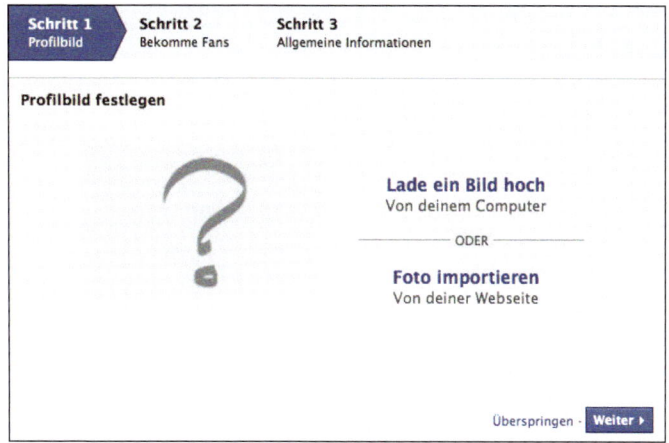

Abbildung 4.6: Laden Sie ein Profilbild hoch

Bild von Website laden

1. Klicken Sie auf Foto importieren.

2. Kopieren Sie die URL Ihrer Website und fügen Sie sie in das Feld *Website* ein.

Facebook scannt automatisch die von Ihnen angegebene URL nach Bildern auf der Website; Sie können aus allen vorhandenen Bildern eines auswählen, indem Sie die Navigationspfeile unterhalb des Vorschaubildes nutzen.

3. Klicken Sie auf *Bild auswählen*. Es erscheint anstelle des Fragezeichens, sobald der Upload fertiggestellt wurde.

4. Klicken Sie auf *Weiter*.

Abbildung 4.7: Ein Bild von der Website importieren

4.3.2   Fans gewinnen

Auf der Seite *Schritt 2 – Bekomme Fans* gibt es dafür zwei Optionen:

Freunde einladen

1. Klicken Sie auf *Freunde einladen* und laden Sie im Pop-up alle Ihre Facebook-Kontakte ein, Ihre neue Page zu besuchen. Sie können Personen auswählen und via *Absenden* Ihre Einladung verschicken.

Kontakte importieren

1. Klicken Sie auf *Kontakte importieren*. Das Pop-up *Erzähle deinen Fans davon* öffnet sich mit den verschiedenen E-Mail-Anbietern.

2. Klicken Sie auf *Freunde finden* neben dem E-Mail-Anbieter Ihrer Wahl.

Fügen Sie Ihre E-Mail-Adresse in das Feld des Pop-ups ein. Für die Dienste *Windows Live Hotmail*, *Windows Live Messenger* und *Yahoo!* reicht die E-Mail-Adresse aus. Für *Andere E-Mail-Anbieter* müssen E-Mail und Passwort angegeben werden.

3. Fügen Sie Ihre Kontaktdaten in das entsprechende Feld ein und klicken Sie auf *Freunde finden*.

Unter *Andere Funktionen* können E-Mail-Clients wie MS Outlook oder Mozilla Thunderbird verbunden werden, indem Sie eine „Kontaktdatei" (CSV-Datei) hochladen. Wenn Sie hier auf *Freunde finden* klicken, öffnet sich ebenfalls ein Pop-up. Falls dies für Sie infrage kommt, folgen Sie den Schritten 4 bis 6, ansonsten überspringen Sie diesen Teil.

4. Klicken Sie auf *Datei auswählen. Wie erstelle ich eine Kontaktdatei...* und wählen Sie die entsprechende Datei aus Ihren Ordnern.

5. Klicken Sie auf *Kontakte hochladen*.

6. Falls Sie solch eine Datei erst erstellen müssen, klicken Sie auf *Wie erstelle ich eine Kontaktdatei ...*

Achtung
Sie geben mit dieser Option Facebook vollständigen Zugriff auf Ihr Web-Adressbuch bei Ihrem E-Mail-Anbieter! Seien Sie aus Datenschutzgründen hiermit äußerst vorsichtig, auch wenn Facebook schreibt, dass Ihr Passwort nicht gespeichert wird. Sie können bis zu 5000 Kontakte importieren.

Abbildung 4.8: E-Mail-Kontakte aus Ihren Adressbüchern importieren

4.3.3   Noch mehr Aufmerksamkeit auf sich ziehen

Weiterhin können Sie wie folgt vorgehen:

Einen Post erstellen, um Ihre Page mit Freunden zu teilen

1. Klicken Sie das Häkchen zu *Diese Seite an meiner* Pinnwand *teilen* an, um automatisch ein Post auf Ihrem persönlichen Facebook-Profil zu erstellen.

2. Klicken Sie daneben auf *Nachricht hinzufügen*, wenn Sie noch ein paar Zeilen dazuschreiben möchten.

Ihre eigene Page mögen

1. Klicken Sie das Häkchen bei *Diese Seite gefällt mir* an, um sich automatisch als Fan Ihrer neuen Facebook-Page einzuschreiben. Ihre Facebook-Freunde werden dann eine Nachricht auf deren Neuigkeiten-Feed sehen. (z. B. **Thomas gefällt [Name Ihrer neuen Seite]**).

2. Klicken Sie auf *Weiter*.

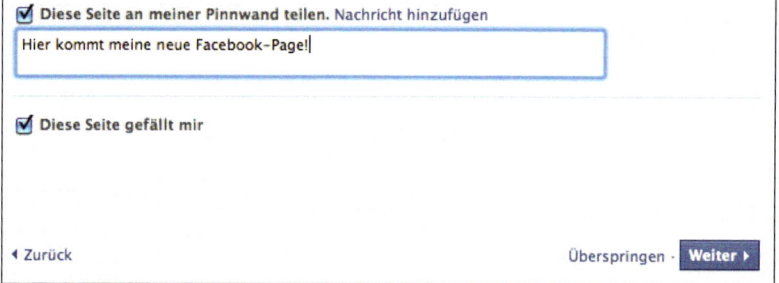

Abbildung 4.9: Facebook-Page mit Freunden teilen

4.3.4   Allgemeine Informationen

Auf der folgenden Seite *Schritt 3 – Allgemeine Informationen* können ein paar grundlegende Einstellungen bearbeitet werden, d. h. Website und Info zur Page.

Falls Sie zuvor bereits ein Profilbild von einer bestehenden URL ausgewählt haben, finden Sie die gleiche Webadresse im Feld *Website*.

1. Ansonsten geben Sie die URL Ihrer Website in das Feld *Website* ein.

2. Geben Sie eine kurze Beschreibung in das Feld *Info* ein.

3. Klicken Sie auf *Weiter*.

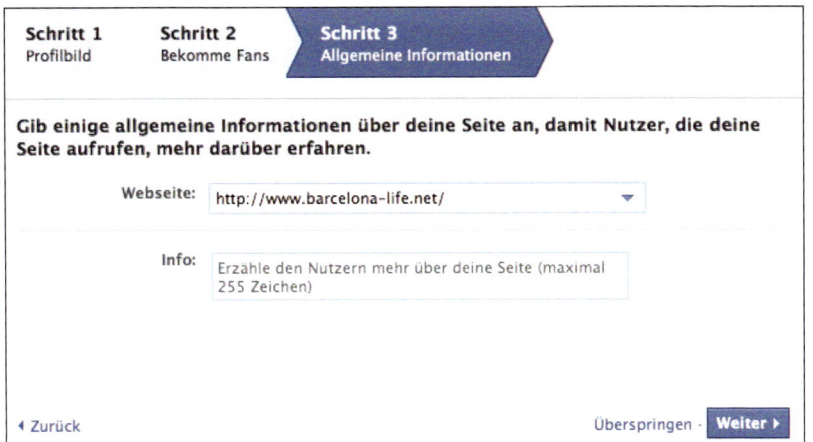

> Die Info-Zeile ist nicht nur auf der Page unterhalb des Profilbildes zu lesen, sie gilt neben dem Titel der Page auch als wichtiger Inhalt für die interne „Facebook-Suche", mit der Ihre Seite gefunden werden kann.

Abbildung 4.10: Kurzbeschreibung zu Ihrer Page anlegen

4.3.5   Die Page bearbeiten

Spätestens jetzt sind Sie endlich auf Ihrer eigenen Business-Page angekommen. Hier können Sie weitere Grundeinstellungen und Informationen zur Page anlegen.

Oben auf der Page erscheint die Box *Bestätige die Kategorie deiner Seite*.

1. Klicken Sie auf *Titelbild hinzufügen*, um ein Titelbild zu erstellen.

2. Klicken Sie auf *Administrationsbereich*, um die Page zu bearbeiten.

3. Klicken Sie unter *Verwalten* auf *Seite bearbeiten*, um Grundeinstellungen der Page zu bearbeiten.

Abbildung 4.11: Titelbild hinzufügen

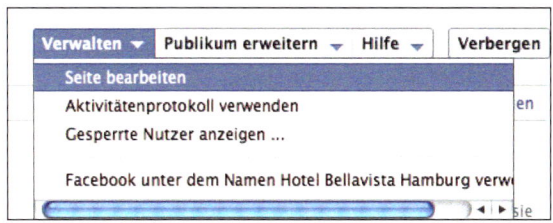

Abbildung 4.12: Page verwalten

Als ich dieses Buch schrieb, gab es noch die alten Facebook-Gruppen, die ebenfalls oft für kommerzielle Zwecke genutzt wurden. Es war zu dem Zeitpunkt nicht genau klar, ob Facebook die Gruppen vollständig entfernen oder sie lediglich umgestalten und an das Chronik-Layout anpassen würde.

Generell gilt ab hier:
1. Klicken Sie im **Administrationsbereich** unter **Verwalten** auf **Seite bearbeiten**, um Grundeinstellungen vorzunehmen.
2. Klicken Sie auf **Seite anzeigen**, um das Menü der Einstellungen wieder zu verlassen und zur Page-Chronik zurückzukehren.
(Vgl. Übersichtsabbildung auf der **ersten Seite** dieses Kapitels.)

4.4   Page-Titel, URL und Nutzername

Was den Namen der Business-Page und der dazugehörigen URL angeht, haben Sie die folgenden Optionen.

4.4.1   Page-Titel

Den Namen der Page, den Sie bereits zu Beginn, beim Auswählen der Kategorie, festlegen mussten, können Sie, solange Sie weniger als 100 Fans haben, jederzeit ändern. Falls Sie sich also vertippt oder einen besseren Page-Namen gefunden haben ...

1. Klicken Sie auf *Seite bearbeiten*, wenn Sie sich auf der Page befinden.

2. Klicken Sie in der Seitennavigation links auf *Allgemeine Informationen*.

3. Ändern Sie den Namen der Page im Feld *Name*.

Abbildung 4.13: Die Page weiterbearbeiten

4.4.2 URL und Nutzername

Die „Webadresse" Ihrer Page, die vorerst noch eine recht lange und unhandliche URL ist, kann einfach geändert und an den Namen der Page angepasst werden.

1. Klicken Sie auf *Seite bearbeiten*.

2. Klicken Sie auf *Allgemeine Informationen*.

3. Klicken Sie auf *Einen Nutzernamen für diese Seite erstellen?* unter *Nutzername*.

> Der Nutzername einer Page entspricht der URL, d. h., die URL kann nur geändert werden, indem Sie einen individuellen Nutzernamen anlegen.

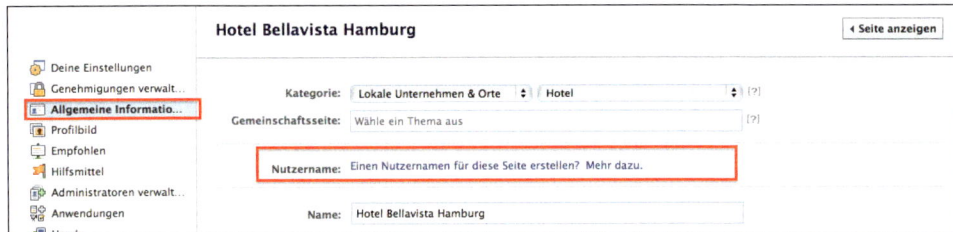

Abbildung 4.14: Nutzernamen anlegen, um URL zu individualisieren

Sie erreichen das Pop-up *Confirm a Phone Number*, auf dem Sie aufgefordert werden, eine Mobiltelefonnummer einzugeben, die für die Anlage eines Nutzernamens benötigt wird. Dabei kann es sich um eine Nummer jedes beliebigen Landes handeln, solange Sie damit eine SMS erhalten können.

Abbildung 4.15: Handynummer angeben, um Bestätigungs-SMS zu erhalten

Sobald Sie eine Telefonnummer eines SMS-fähigen Handys angegeben und eine Bestätigungs-SMS erhalten haben, können Sie Ihren Nutzernamen bzw. die URL Ihrer Page ändern.

Die von Facebook automatisch erstellte Page-URL **www.facebook.com/pages/ Hotel-Bellavista-Hamburg/272732222757426** könnten Sie z. B. in **www.facebook.com/bellavista_hamburg** umändern.

4.5   Weitere Grundeinstellungen

Nun ist Ihre Page auch schon fast fertig. Was noch nützlich wäre, bevor Sie anfangen, Inhalte zu veröffentlichen, ist, einen Blick auf die Grundeinstellungen der Page zu werfen und diese an Ihre Präferenzen anzupassen.

1. Klicken Sie im *Administrationsbereich* Ihrer Page unter *Verwalten* auf *Seite bearbeiten*.

Es stehen Ihnen verschiedene Optionen zur Verfügung:

- Seiten-Nutzer und Administratoren

- Page-Administrator wechseln

- Sicherheitseinstellungen

- E-Mail-Benachrichtigungen

- Andere Seiten empfehlen

4.5.1   Seiten-Nutzer und Administratoren

Sobald die Page steht, kann Ihre Identität zwischen Administrator und Page gewechselt werden. Das heißt, Sie können in Facebook als normaler Nutzer oder als die professionelle Business-Page agieren. Dies beinhaltet alle Funktionalitäten und Features, die für beide möglich sind.

Sie sollten als Page agieren, um Ihre Firma bzw. die Marke „sprechen zu lassen", und als Nutzer, um den Fans einen realen Ansprechpartner zu bieten. Um mit den

Fans via private Nachricht direkt in Kontakt zu treten, müssen Sie als Nutzer agieren (vgl. *Kapitel 3*).

Es gibt zwei Bereiche, von wo aus Sie den Seiten-Nutzer wechseln können:

Von der Page selbst

1. Klicken Sie unter *Verwalten* auf *Facebook unter dem Namen [Ihre Page] verwenden*.

Von der Top-Navigationsleiste (Kopfleiste von Facebook selbst)

1. Klicken Sie rechts neben *Startseite* auf den Navigationspfeil, um das Untermenü zu öffnen.

2. Klicken Sie auf den Menüpunkt *Facebook als Seite verwenden*. Ein Pop-up-Fenster öffnet sich.

3. Klicken Sie im erscheinenden Pop-up auf *Wechseln* neben der Page, als die Sie agieren möchten (Abb. *4.16* und *4.17*).

Abbildung 4.16: Administrator wechseln

Abbildung 4.17: Page-Nutzer von der Top-Navigationsleiste aus wechseln

> Beide Varianten finden sich an unterschiedlichen Stellen der Page und haben jeweils eine etwas andere Nomenklatur, meinen aber genau das Gleiche, d. h. den Page-Nutzer zu wechseln.

> Sie können unter **Seite bearbeiten/Deine Einstellungen** in der linken Seitennavigation eine Option aktivieren, die es Ihnen erlaubt, öffentlich immer als Page dargestellt zu werden, wenn Sie Inhalte auf Ihrer Pinnwand posten, selbst dann, wenn Sie offiziell als Page-Administrator und nicht als Page agieren.

4.5.2 Page-Administratoren hinzufügen

Wenn mehrere Personen in Ihrer Firma für die Business-Page verantwortlich sein sollen, können Sie weitere Administratoren bestimmen. Auch hier gilt, jeder, der die Page verwalten möchte, kann dies nur innerhalb von Facebook tun.

Es empfiehlt sich, ein Work-Profil für Mitarbeiter zu erstellen, um Privates von Beruflichem zu trennen. Alle Ihre Mitarbeiter, die über ein Facebook-Nutzerprofil verfügen, können als Administratoren Ihrer Page bestimmt werden.

1. Klicken Sie auf *Seite bearbeiten*.

2. Klicken Sie auf *Administratoren verwalten* in der linken Seitennavigation.

Hier können Sie sehen, wer derzeit Page-Administrator ist.

> Jede weitere Person, die Sie als Administrator bestimmen, erhält umgehend eine Benachrichtigung via Facebook.

3. Tippen Sie die E-Mail-Adresse eines Kollegen in die Box *Gib einen Namen oder eine E-Mail ein …* ein, um diesen als Administrator der Page zu benennen.

4. Klicken Sie auf *Weiteren Administrator hinzufügen*, um noch mehr Kollegen zu benennen.

5. Klicken Sie auf *Änderungen speichern*.

Abbildung 4.18: Weitere Facebook-Nutzer als Page-Administratoren hinzufügen

4.5.3   Sichtbarkeitseinstellungen

Je nachdem, welche Art von Produkt oder Gewerbe Sie betreiben, könnten Sie daran interessiert sein, dass nicht jeder im World Wide Web Ihre Business-Page findet oder ansehen kann.

Sie können Ihre Page Minderjährigen unzugänglich machen oder sich ausschließlich auf eine gewisse Altersgruppe als Zielgruppe spezialisieren. Dies kann unter *Seite bearbeiten* verwaltet werden.

1. Klicken Sie in der Seitennavigation auf *Genehmigungen verwalten*.

Sie haben hier die folgenden Möglichkeiten:

- *Sichtbarkeit der Seite:* Stellen Sie die Page privat zum Testen oder bevor sie bereit für die Öffentlichkeit ist.

- *Ländereinschränkungen:* Ihre Page kann für spezifische Länder versteckt werden.

- *Altersbeschränkungen:* Diese legen Sie hier fest.

- *„Pinnwand"-Reiter zeigt:* Stellen Sie auf der Page nur eigene Inhalte dar oder machen Sie auch Inhalte von Fans sichtbar.

- *Standard-Reiter:* Legen Sie die Startseite der Page fest, d. h. die Landingpage, die Nutzer sehen, wenn sie zum ersten Mal auf Ihre Page kommen.

- *Beitragsoptionen:* Bestimmen Sie, welche Inhalte von Nutzern auf der Page veröffentlicht werden können.

- *Sichtbarkeit der Beträge:* Definieren Sie genau, wie Beiträge anderer Nutzer auf Ihrer Page angezeigt werden. Möchten Sie vorher kontrollieren, was veröffentlicht wird oder lassen Sie alles zu.

- *Markiererlaubnis:* Bestimmen Sie, ob andere Nutzer sich selbst oder andere in den Fotos, die auf Ihrer Page veröffentlicht wurden, markieren können.

- *Nachrichten:* Zeigen Sie das *Nachrichten-Feld*, mit dem man mit Ihnen Kontakt aufnehmen kann, auf Ihrer Page an oder verbergen Sie es.

- *Blockliste für Moderatoren:* Legen Sie „Wortlisten" z. B. für Kraftausdrücke und Schimpfwörter an.

> **Verborgene Beiträge**
> Schützen Sie Ihre Seite vor expliziten Inhalten oder vor Namen der Konkurrenz. Alle Gastbeiträge von Nutzern auf der Pinnwand Ihrer Page, die eines der gelisteten Wörter enthalten, werden automatisch als Spam markiert, d. h., sie landen in **Verborgene Beiträge**.

- *Seite löschen:* Löschen Sie Ihre Facebook-Page wieder.

> **Tipp**
> Sie sollten definitiv Inhalte von Fans auf der Page darstellen, um zu zeigen, dass man hier die Möglichkeit eines guten Austausches mit einer Community hat. Je lebendiger eine Page, umso besser!

> **Tipp**
> Wenn Sie bereits eigene Kampagnen in eigenen Tabs erstellt haben, können Sie diese als Landingpage benutzen, vgl. **Kapitel 6**.

> **Tipp**
> Lassen Sie alle Arten von Inhalten erst einmal zu, jede Art von Konversation ist gut!

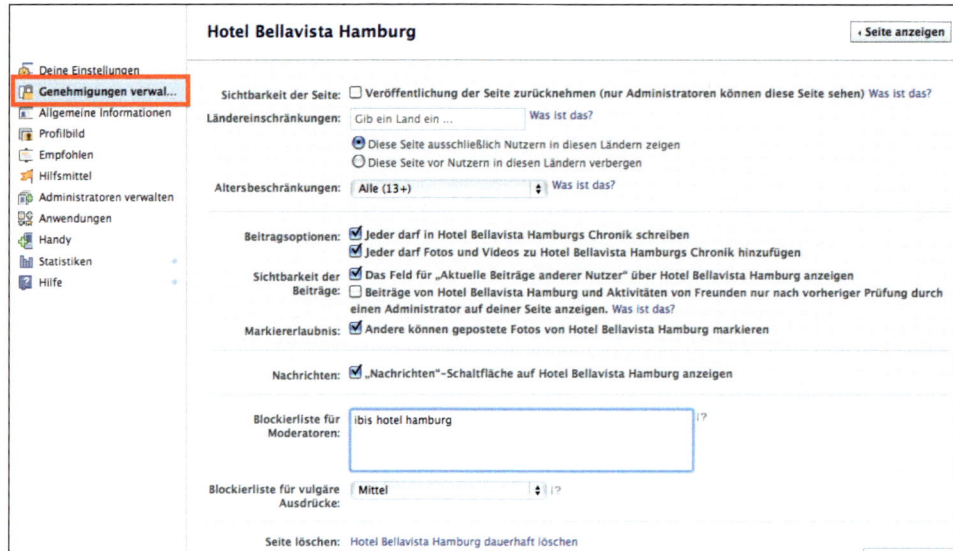

Abbildung 4.19: Sichtbarkeits-einstellungen der Page festlegen

4.5.4   E-Mail-Benachrichtigungen

Um immer auf dem neuesten Stand zu sein, erhalten Sie von Facebook wöchentliche E-Mail-Benachrichtigungen, die Nutzeraktivitäten der Page zusammenfassen. Dazu zählen z. B. neue Kommentare und *„Gefällt mir"*-Angaben (vgl. *Kapitel 9*).

Diese Benachrichtigungen sind standardmäßig aktiviert. Sie können sie ausschalten oder spezifizieren.

1. Klicken Sie in der Seitennavigation auf *Deine Einstellungen*.

2. Entfernen Sie das Häkchen unter *E-Mail-Benachrichtigungen*, um keine E-Mails von Facebook mehr zu erhalten.

Weitere E-Mail-Einstellungen stehen optional zur Verfügung.

3. Klicken Sie auf *Alle E-Mail-Einstellungen für deine Seite anzeigen*.

Hier kann in der Rubrik *Alle Benachrichtigungen* unter *Seiten* genau bestimmt werden, welche E-Mails Sie erhalten.

Abbildung 4.20: Spezifische E-Mail-Einstellungen vornehmen

Mehr zu E-Mail-Benachrichtigungen wie Berichten via E-Mail finden Sie in *Kapitel 9*.

4.5.5 Andere Seiten promoten

Genau wie andere Facebook-Nutzer auf Ihrer Page auf *Gefällt mir* klicken und die Updates Ihrer Page in deren Neuigkeiten-Feed abonnieren können, besteht für einen Page-Administrator die Möglichkeit, anderen Pages zu folgen.

Ihre Favoriten unter den Pages, die Sie mögen, können auf Ihrer eigenen Page eingeblendet und promotet werden.

> **Beispiel**
> Andere Pages anzuzeigen ist nützlich, wenn Sie Partner, die ebenfalls eine Facebook-Page haben und mit denen Sie regelmäßig zusammenarbeiten, promoten, d. h. auf Ihrer Page verlinken möchten.

1. Klicken Sie auf *Seite bearbeiten*.

2. In der Seitennavigation klicken Sie auf *Empfohlen*.

> **Tipp**
> Sie erhalten von Facebook eine wöchentliche E-Mail, die Statistiken zur Page liefert. Diese gewährt Ihnen praktische Einblicke in die Entwicklung Ihrer Page und ist daher zu empfehlen.

> Sie müssen darauf achten, dass Sie als Page agieren und nicht als Nutzer. Sobald Sie auf einer anderen Facebook-Page landen und **Gefällt mir** neben dem Titel der Page klicken, kann diese Page auf Ihrer eigenen angezeigt werden.

3. Klicken Sie im oberen Menüpunkt unter *Gefällt mir* auf *Empfohlene „Gefällt mir"-Angaben hinzufügen*.

Abbildung 4.21: Andere Pages empfehlen

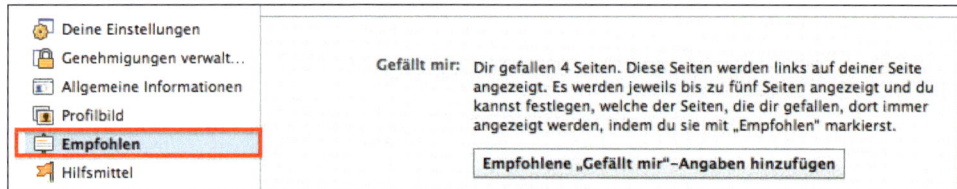

4. Setzen Sie im Pop-up ein Häkchen neben den Pages, die auf Ihrer eigenen angezeigt werden sollen.

5. Klicken Sie auf *Speichern*.

Abbildung 4.22: Empfohlene Pages auswählen

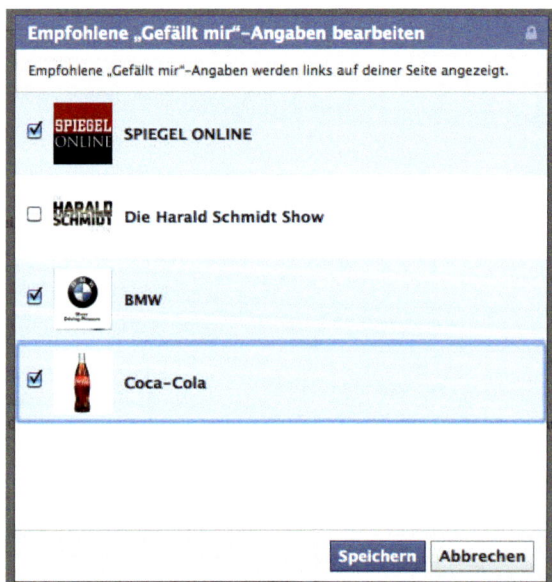

Danach erscheinen die von Ihnen ausgewählten Pages mit Vorschaubild unter
Gefällt mir.

Abbildung 4.23: Vorschaubilder
empfohlener Pages

6. Klicken Sie auf *Seite anzeigen*, um wieder zur Pinnwand zu gelangen.

Sie sehen in der linken Spalte unter Profilbild, Navigationslinks und Beschreibung
der Page die Pages mit Vorschaubild und Titel, die Sie empfehlen.

Die angezeigte Reihenfolge ändert sich jedes Mal, wenn Sie von Neuem auf
Ihrer Page landen bzw. die Website des Browsers aktualisieren.

Abbildung 4.24: Empfohlene Pages werden
nach Zufallsprinzip geordnet

Achtung
Nach deutschem Recht besteht für Facebook-Pages, genau wie für
alle anderen kommerziell genutzten Websites, eine Impressums-
pflicht. Zitat: „Unternehmenspräsentationen in sozialen Netzwerken sind damit keine rechtsfreien Räume, sondern deren Betreiber
müssen die gleichen Spielregeln beachten, die auch für ihre
„normalen" Unternehmenswebsites gelten." (Martin Schirmbacher;
Online-Marketing & Recht - vgl. www.online-marketing-recht.de/
2011/11/impressumspflicht_bei_facebook/)
Ich empfehle Ihnen daher, eine individuelle Seite auf Ihrer Page
für das Impressum zu reservieren (vgl. Kapitel 7).

You don't need to have
a 100-person company
to develop that idea.

Larry Page,
Google-Co-Gründer

Kapitel 5

Content is King – kreative Inhalte erstellen und posten

Da ihre Business-Page nun steht, sollten Sie schleunigst damit beginnen, erste Beiträge (= Posts) zu erstellen. Natürlich kann der Aufwand zu Beginn etwas geringer gehalten werden, wenn die Page noch nicht viele Fans hat. Dennoch sollten Sie die Pinnwand bereits mit Inhalten füllen, damit die Page nicht ganz leer und leblos aussieht, sobald erste Nutzer sie entdecken.

5.1   Mit populären Inhalten die Fangemeinde erweitern

Die Mechanismen von Facebook sind recht simpel. Je mehr Aufmerksamkeit ein Beitrag, der von einem Nutzer oder einer Page erstellt wurde, bekommt, desto häufiger wird er gesehen.

Warum? Je mehr Nutzer einen Beitrag *kommentieren* oder auf *Gefällt mir* klicken, desto weiter oben erscheint dieser als Hervorgehobene Meldung im Neuigkeiten-Feed aller Freunde/Fans!

Abbildung 5.1: Populäre Beiträge werden zu Hervorgehobenen Meldungen

5.1.1   Schneeballeffekt

Alle Freunde Ihrer Fans können Ihre Aktivitäten in ihrem eigenen *Neuigkeiten-Feed* verfolgen (es sei denn, Ihre Einstellungen verhindern dies.)

5.2   Die Mischung macht's!

Zum Thema Page-Inhalte gilt es generell zwei Aspekte zu berücksichtigen.

5.2.1   Wen womit am besten ansprechen?

Inhalte erstellen, die zur Page passen
Hierzu sollten Sie sich die folgenden Fragen stellen:

Welche Infos zu Produkt, Firma und Service sollten und können mit einer Community via Facebook geteilt werden? Das heißt, geht es eher darum, News und

Tipp
Je interessanter und anregender Sie Inhalte gestalten, desto höher ist die Chance, Freunde bestehender Fans als neue Fans zu gewinnen. Wenn Ihre Fans auf **Gefällt mir** oder **Teilen** klicken, werden Ihre Inhalte verbreitet und Ihre Page via Empfehlung promotet.

Interna der Firma zu veröffentlichen oder liegt der Schwerpunkt auf Marke und Produkt? Was auch immer zutrifft, ein guter Mix von Inhalten ist am wichtigsten!

Welche Inhalte interessieren die Fans Ihrer Page am meisten? Was kommt am besten an?

Welche Inhalte sind am besten geeignet, um eine Konversation oder Diskussion ins Leben zu rufen und diese aufrechtzuerhalten?

Verschiedene Beiträge für verschiedene Inhalte erstellen
Überlegen Sie, welcher Typ von Beitrag am besten zu welcher Art von Inhalt passt. Schöpfen Sie die vollen Kommunikationsmöglichkeiten (*Kapitel 1* und *Kapitel 2*) aus, die Facebook bietet, und machen Sie kreativen Gebrauch von allen Funktionalitäten.

> Denken Sie immer daran: Bei Social Media geht es vor allem um eines – Konversation.

5.2.2 Ideen für Beiträge

- Kurze oder prägnante „Status-Updates" (Zitat, eine Frage formulieren, Neuigkeiten mitteilen, die Fangemeinde grüßen)

- Fotoalben (Firmen-/Produktfotos, Fotocollage, Bilderrätsel, Bilderpuzzle)

- Facebook-Fragen (offene Frage oder Multiple-Choice)

- Videos

Nehmen wir an, Sie besitzen einen Weinshop und möchten Ihren Laden überregional mithilfe einer Facebook-Page schneller bekanntmachen. Sie haben bereits die ersten Stammkunden mit dem vorhandenen E-Mail-Newsletter auf die Page gelockt und möchten jetzt regelmäßig gute Inhalte für die Facebook-Fans der Weinhandlung kreieren.

Sie könnten dann z. B.:

- einen Beitrag zum neuesten Trend-Riesling von der Mosel aus dem Jahre 2011 erstellen

- über die wichtigsten Events und Messen zum Thema Wein schreiben

- aktuelle Angebote Ihres Shops bewerben

■ gute Fotos von Ihrem Laden machen und hochladen sowie regelmäßig Bilder neuer Weinsorten einstellen

Die Möglichkeiten sind fast unbegrenzt. Versuchen Sie, alle Themen abzudecken, die Ihr Produkt oder Ihren Service betreffen und die für die Zielgruppe Ihrer Page von Interesse sein könnten.

Wichtig ist, dass Sie für jedes Thema die richtige Art von Beitrag wählen, d. h., machen Sie sich Gedanken darüber, welcher Beitragstyp am besten geeignet ist, die entsprechende Message zu übermitteln (z. B.: es gibt einen neuen Trendwein, die diesjährige Weinmesse steht an, alle Facebook-Fans erhalten bei Bestellung einen Rabatt von 15 % usw.).

Die folgende Tabelle zeigt ein paar Möglichkeiten, wie Inhalt und Beitragstyp kombiniert werden können.

Beitragstyp/ Inhalt	Aktuelles Angebot (❶)	Produktneuheit (❷)	Event/Messe (❸)	Branchennews (❹)
Status-Update	X	X		X
Fotoalbum		X	X	
Frage		X	X	
Quiz/Spiel	X	X		

Content-Posttyp-Kombinationen

❶ *Aktuelles Angebot*

Status-Update: ein bis zwei Zeilen zum Angebot der Woche oder des Monats schreiben.

Quiz/Spiel: z. B. Bild mit Beschreibung des Weins hochladen, der im Angebot ist, und nach dem Jahrgang oder der Herkunft fragen.

❷ *Produktneuheit*

Status-Update: Bild des neuesten Alois Lageder Rosé aus Österreich posten und in der Bildunterschrift beschreiben.

Fotoalbum: Bilder der neuesten Weine in einem Album hochladen.

Frage: Fans nach ihrem Lieblingswein unter den Neuerscheinungen fragen.

Quiz/Spiel: z. B. Bildcollage mit zwei deutschen Pinot Grigios posten und danach fragen, welcher der beiden aus dem Rheingau kommt.

❸ *Event/Messe*

Fotoalbum: Messebesuch oder -stand mit Fotos dokumentieren und diese als Album posten.

Frage: die Fans nach Feedback zum organisierten oder besuchten Event befragen.

❹ *Branchennews*

Status-Update: einen Link zu einem interessanten Artikel des Wein-Plus Magazins posten, der sich mit einer neuen Rebsorte beschäftigt.

5.3 Visuelle Inhalte bevorzugen

Ob Nachrichtenportale oder Onlineshops – Bilder eignen sich hervorragend dazu, Informationen besser zu verkaufen! Vor allem Fotoalben erfreuen sich höchster Beliebtheit. Böse Zungen nennen sie daher sogar **Klickschweine** (da Bilder tagtäglich Unmengen an Klicks erhalten).

Sie werden schnell feststellen, dass Beiträge, die einen visuellen Schwerpunkt haben, im Schnitt bei vielen Fans wesentlich besser ankommen als solche ohne Bild. Dies liegt vor allem daran, dass die meisten Facebook-Nutzer Ihre Updates auf der Startseite im *Neuigkeiten-Feed* sehen. Beiträge mit Bildern stechen aus der Fülle von Meldungen heraus.

Denken Sie auch daran, dass immer mehr Nutzer Ihre Inhalte fast ausschließlich via mobiles Internet lesen, also Smartphone oder Tablet-PC. Das bedeutet, Bilder in hoher Auflösung wirken viel besser, wenn sie den gesamten Bildschirm des Mobilgeräts füllen.

> **Tipp**
> Versuchen Sie in 90 % der Fälle, Ihren Beiträgen ein Bild hinzuzufügen. Dabei sollte Querformat bevorzugt werden, da diese Bilder im **Neuigkeiten-Feed** von Facebook am größten dargestellt werden.

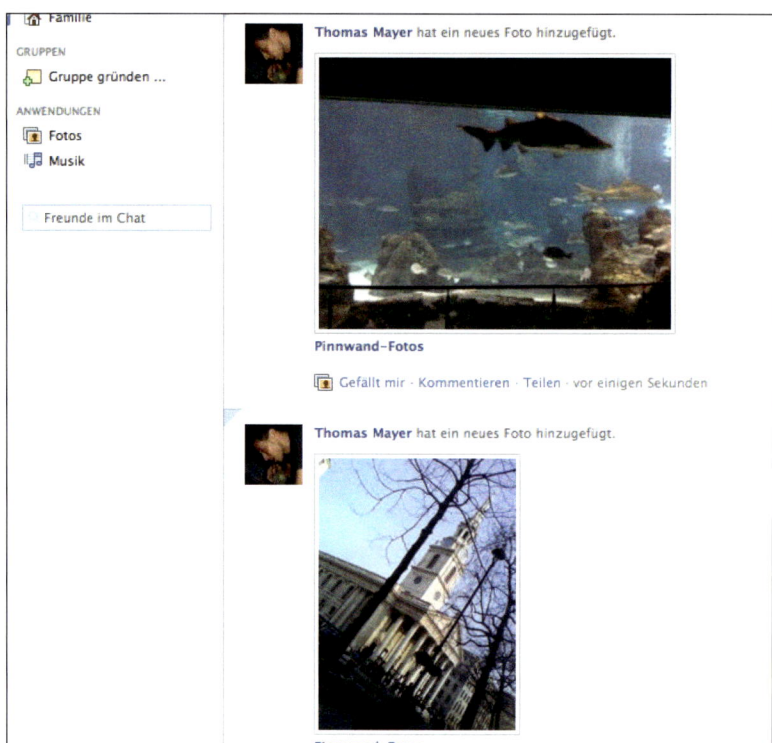

Abbildung 5.2: Bilder im
Neuigkeiten-Feed

5.4   Bilder kreativ nutzen

Es gibt zahlreiche Möglichkeiten, durch einen einfachen Beitrag mit Bild die Fans zu animieren und zu involvieren und gleichzeitig die Konkurrenz blass aussehen zu lassen. Hier sind einige Ideen:

5.4.1   Bilderrätsel

Nach dem Namen fragen

Jeder mag ein Quiz. Animieren Sie Ihre Fans spielerisch und stellen Sie ihnen eine kleine Quizfrage. Posten Sie ein Bild eines Ihrer Produkte und fragen Sie z. B. nach dem Namen (Produktbezeichnung, Name des Models etc.).

Sie befinden sich auf der Pinnwand.

1. Klicken Sie auf *Foto*.

2. Klicken Sie auf *Foto hochladen (von deinem Laufwerk)*.

3. Klicken Sie unter *Wählen Sie das Bild, das verwendet werden soll* auf *Datei auswählen*.

4. Formulieren Sie die Quizfrage als Bildbeschriftung.

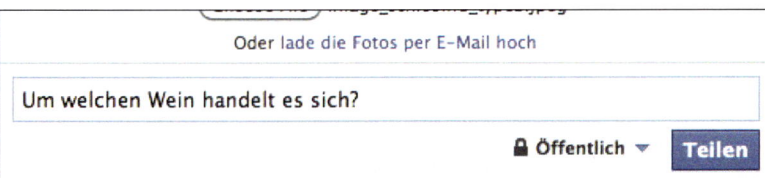

Abbildung 5.3: Frage stellen

5. Klicken Sie auf *Teilen*.

Abbildung 5.4: Bildbeitrag mit Quizfrage

Tipp
Sie sollten darauf achten, kein Produktbild zu verwenden, auf dem der Name deutlich zu erkennen ist!

Objekt im Bild finden

Eine Nummer schwerer können Sie das Ganze gestalten, indem Sie in ein Bild mit einem Bildbearbeitungsprogramm ein Objekt (z. B. das Firmenlogo) platzieren oder einfach nach einem bestimmten Gegenstand im Bild fragen, z. B. „Wo im Bild befindet sich der Rosé?".

Folgen Sie den zuvor beschriebenen *Schritten 1 bis 5*.

Abbildung 5.5: Nach einem Gegen-stand im Bild fragen

Nach dem Favorit fragen

Auch recht simpel, aber beliebt – fragen Sie nach dem Lieblingsprodukt Ihrer Fans. Erstellen Sie ein Fotoalbum mit drei verschiedenen Bildern bzw. Produkten.

1. Klicken Sie erneut auf *Foto*.

2. Klicken Sie auf *Album erstellen*.

3. Klicken Sie im Pop-up *Fotos hochladen* auf *Fotos auswählen*.

4. Wählen Sie drei Bilddateien aus, die Sie verwenden möchten. Das Pop-up *Fotos hochladen* wird angezeigt.

5. Formulieren Sie die Fragestellung unter *Name des Albums* in der oberen Zeile.

Abbildung 5.6: Titel des Albums als Call-to-Action nutzen

6. Fügen Sie den Ort, an dem Sie sich befinden, unter *Wo* hinzu, z. B. die Adresse Ihres Shops oder Büros.

7. Wählen Sie unter *Qualität* die Option *Standard* und klicken Sie auf *Album erstellen*.

Auf der folgenden Seite können Sie das *Album bearbeiten*, bevor Sie es veröffentlichen.

8. Fügen Sie unter *Beschreibung* Produktbezeichnungen und ggf. unter *Wo* den Ort zu jedem Bild hinzu.

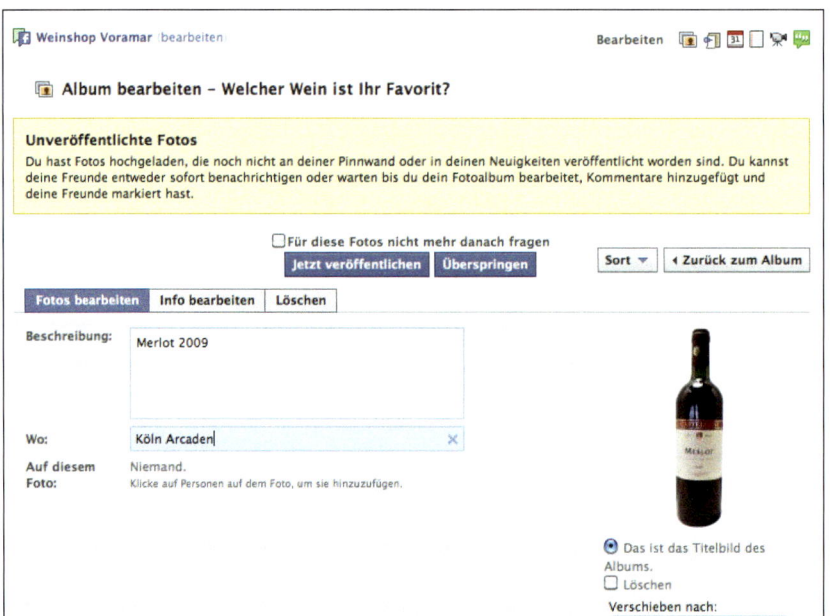

Abbildung 5.7: Album bearbeiten

9. Klicken Sie auf *Jetzt veröffentlichen*.

Abbildung 5.8: Fotoalbum mit Frage nach Favoriten

5.4.2 Bilderpuzzle

Animieren Sie Ihre Fans, den Gegenstand zu erraten, z. B. ein neues Produkt. Dabei sollten Sie sich diesmal für lediglich ein Bild entscheiden, das in drei Teile zerlegt wird.

In diesem Fall ist allerdings etwas Vorarbeit erforderlich. Sie benötigen hierzu ein Bildbearbeitungsprogramm (z. B. **Photoshop**, **Paint** oder **iPhoto**).

1. Öffnen Sie die Bilddatei Ihrer Wahl mit einem einfachen Bildbearbeitungsprogramm.

2. Markieren Sie einen Teil des Bilds, kopieren Sie ihn und fügen Sie ihn in eine neue Bilddatei ein.

3. Speichern Sie diesen Bildausschnitt als einzelnes Bild (z. B. unter **Ausschnitt 1**).

4. Diesen Vorgang wiederholen Sie zweimal, sodass Sie drei verschiedene Ausschnitte des gleichen Originalbilds erhalten.

Sobald Sie die drei verschiedenen Bildausschnitte erstellt haben, können Sie in der gleichen Reihenfolge vorgehen, wie in den zuvor genannten *Schritten 1 bis 9* im Abschnitt *„Nach dem Favorit fragen"*.

Der Titel des Albums sollte wiederum den Call-to-Action beinhalten, d. h. die Fragestellung, worum es sich bei dem Puzzle handelt.

Nachdem Sie das Fotoalbum mit den drei Puzzleteilen auf Ihrer Pinnwand veröffentlicht haben, erhalten Sie ein Bilderpuzzle.

> **Tipp**
> Falls Sie mit einem professionellen Bildbearbeitungsprogramm wie Photoshop vertraut sind, können Sie dort einfach mit dem Slice Tool das Bild in drei Teile aufteilen. Die genaue Größe der einzelnen Ausschnitte spielt hierbei keine Rolle.

Abbildung 5.9: Bilderpuzzle mit Fotoalbum

Abbildung 5.10: Bilderpuzzle: Um welche Stadt handelt es sich?

Bildgröße und Reihenfolge der einzelnen Bilder spielen für Bilderpuzzles keine Rolle.

5.4.3   Bildcollagen

Nutzen Sie auf kreative Art und Weise das Format, in dem Facebook automatisch Fotoalben erstellt. Sie können aus den drei Vorschaubildern des Beitrags eine Bildcollage anfertigen.

Hierzu benötigen Sie ein Bildbearbeitungsprogramm, um ein Bild in drei Teile zu teilen.

1. Verwenden Sie eine Bilddatei mit dem Format 500 x 334 Pixel.

Abbildung 5.11: Originalbild, das zur Collage verarbeitet wird

2. Öffnen Sie die Bilddatei mit dem Bildbearbeitungsprogramm Ihrer Wahl. Verwenden Sie z. B. ein Slice Tool (Ausschneidewerkzeug) oder ein Crop Tool (Freistellwerkzeug).

Facebook erstellt Beiträge mit drei oder mehr Bildern automatisch und zeigt die ersten drei Vorschaubilder auf der Pinnwand an; ein größeres links und zwei kleinere rechts daneben. Das heißt, Sie müssen das Bild Ihrer Wahl in drei Teile schneiden.

Der linke Teil der Collage (großes Vorschaubild) muss die Maße 250 x 334 aufweisen.

3. Markieren Sie den Bildausschnitt, indem Sie von links oben in der Ecke des Bilds aus beginnen. Sobald die Auswahl genau die richtigen Maße hat, schneiden Sie diesen Teil des Bilds aus und speichern ihn als neues Bild, z. B. **Collage1**.

*Abbildung 5.12: Collage –
Teil 1 erstellen*

Der rechte obere Bildausschnitt der Collage muss die Maße 343 x 229 aufweisen.

4. Beginnen Sie diesmal von der rechten oberen Ecke aus, um den Bildausschnitt zu markieren. Sobald die Auswahl die gewünschten Maße hat, schneiden Sie diesen Teil des Bilds aus und speichern ihn als neues Bild, z. B. **Collage2**.

Abbildung 5.13: Collage – Teil 2 erstellen

Der rechte untere Bildausschnitt der Collage muss die Maße 343 x 213 aufweisen.

5. Markieren Sie den rechten unteren Teil des Bilds, indem Sie von der rechten unteren Ecke aus beginnen. Sobald die Auswahl genau die richtigen Maße hat, schneiden Sie diesen Teil des Bilds aus und speichern ihn als neues Bild, z. B. **Collage3**.

*Abbildung 5.14: Collage –
Teil 3 erstellen*

6. Laden Sie jetzt die drei Bildausschnitte *Collage1* bis *3* als neues Fotoalbum hoch.

7. Legen Sie das Bild *Collage1* als Titelbild des Albums fest, gefolgt von *Collage2* und *Collage3*.

In genau dieser Reihenfolge erhalten Sie einen Bildbeitrag mit drei Vorschaubildern, die eine Bildcollage ergeben.

 **Weinshop Voramar** hat 3 neue Fotos zu dem Album **Weinshop Voramar** hinzugefügt.

👍 Gefällt mir · Kommentieren · Teilen · vor 12 Sekunden · 🌐

Abbildung 5.15: Bildcollage als Beitrag

5.5 Originelle Status-Updates

Egal, ob Sie ein Bild zu einem Beitrag hinzufügen oder nicht – der Begleittext sollte kurz und originell sein. Insbesondere wenn es sich ausschließlich um Text handelt, sollte man einen Ein- oder Zweizeiler so schreiben, dass er aus der Bilderflut anderer Beiträge hervorsticht.

5.5.1 Offene Fragen formulieren

Animieren Sie Ihre Fans, indem Sie sie nach etwas Bestimmtem fragen. Ein rein textbasiertes Status-Update eignet sich ausgezeichnet für offene Fragen, wie z. B.:

- Wie finden Sie das neue Produkt XY?

- Was halten Sie vom neuesten Update XY?

> Ziel: so viele Kommentare wie möglich für den Beitrag zu erhalten. Gleichzeitig erstellen Sie eine kleine Umfrage, die sich ausschließlich an Ihre Facebook-Community richtet.

- Was mögen Sie am liebsten an unserem Shop/unserem Laden/unserer Praxis/ unserer Handlung/unserem Salon?

5.5.2   Einen Call-to-Action platzieren

Nutzen Sie den knappen Text im Status-Update, um Ihre Fans konkret aufzufordern, ihre Vorlieben auszudrücken. Sie müssen nur einen guten Grund finden:

> Ziel: so viele Fans wie möglich dazu zu bringen, bei dem Betrag auf **Gefällt mir** zu klicken. Gleichzeitig können Sie herausfinden, wie beliebt ein Aspekt Ihres Business ist.

- Klicke auf *Gefällt mir*, wenn du bereits Produkt XY ausprobiert hast.
- Klickt auf *Gefällt mir*, wenn ihr findet, dass Praxis XY die beste im Ort ist.
- Klicken Sie auf *Gefällt mir*, wenn Sie Produkt A bevorzugen.

5.5.3   Einen Satz zu Ende formulieren lassen

Animieren Sie die Fans Ihrer Page dazu, ihre Meinung mitzuteilen, indem Sie einen Halbsatz beginnen, der anschließend vervollständigt werden kann:

> Ziel: so viele Kommentare Ihrer Fans wie möglich für den Beitrag zu erhalten. Gleichzeitig können Sie eine Umfrage innerhalb Ihrer Facebook-Community erstellen.

- Das Beste an unserem Salon ist ...
- Mein Lieblingsprodukt im Laden XY ist ...
- Am besten an der Kanzlei XY gefällt mir ...
- Wenn ich im Restaurant XY zu Gast bin, esse ich am liebsten ...

5.5.4   Zitate posten

Zitate eignen sich hervorragend für kurze ein- bis zweizeilige Status-Updates. Außerdem erfreuen sie sich generell großer Beliebtheit. Sie müssen lediglich Google nach Zitaten durchsuchen, die im weitesten Sinne zu Ihrer Art von Gewerbe oder Business passen. Hier einige Beispiele:

> Ziel: so viele Interaktionen wie möglich zu dem Beitrag zu erhalten, d.h. je mehr Kommentare und Klicks auf **Gefällt mir**, desto besser.

- Sie haben ein Architekturbüro?
- „Architektur ist gefrorene Musik. (Möge es immer beschwingt und harmonisch zugehen in diesem Haus!)" – Arthur Schopenhauer
- Sie sind Barbetreiber?

- „Ich hätte nie von Scotch auf Martini umsteigen sollen." – Humphrey Bogart

- Sie sind in der Modebranche tätig?

- „Fehler im Aussehen entstehen, weil viele das tragen, was sie meinen, tragen zu müssen, und nicht das, was sie tragen möchten." – Karl Lagerfeld

5.5.5 Text und Bild kombinieren

Alle in den *Abschnitten 5.5.1* bis *5.5.4* erwähnten Vorschläge können zusätzlich mit einem Bild versehen werden, um das Ganze aufzupeppen. Wie zuvor erwähnt, liegt die Grundidee bei den Ein- und Zweizeilern darin, einen minimalistischen Beitrag zu posten, der sich von der Masse im *Neuigkeiten-Feed* abhebt. Dennoch können einige der Beispiele sogar noch besser funktionieren, wenn Sie einen optischen Reiz dazugeben!

Tipp
Testen Sie auf Ihrer Business-Page stets alle denkbaren Möglichkeiten. Was für andere gut funktioniert, muss nicht zwangsläufig bei Ihren Fans ankommen und umgekehrt. Konzentrieren Sie sich nur auf Dinge, die funktionieren, und weisen Sie Inhalten, die weniger beliebt sind, geringere Priorität zu oder sortieren Sie sie nach einer Weile ganz aus!

1. Klicken Sie auf der Pinnwand unter *Teilen* auf *Foto*.

2. Klicken Sie auf *Foto hochladen (von deinem Laufwerk)*.

3. Wählen Sie das Bild aus, das Sie posten möchten.

4. Schreiben Sie in das Textfeld *Sag etwas über dieses Foto …* Ihren eigentlichen Einzeiler.

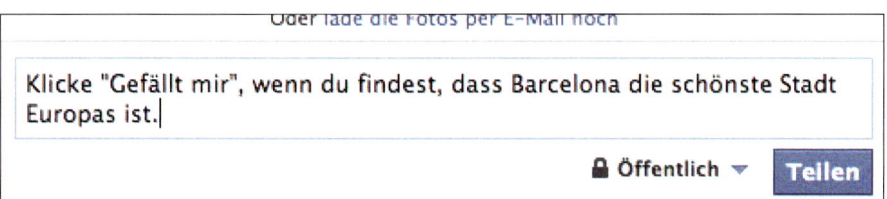

Abbildung 5.16: Bildbeschreibung zum Call-to-Action machen

5. Klicken Sie auf *Teilen*.

Reiseagentur Stolz
Klicke "Gefällt mir", wenn du findest, dass Barcelona die schönste Stadt Europas ist.

Pinnwand-Fotos

Abbildung 5.17: Call-to-Action mit Bild als visuelle Untermalung

5.6   Die Fans befragen

Eine sehr nützliche Funktion in Facebook sind die offiziellen Facebook-Fragen. Hier können Sie zwischen offenen Fragen und Multiple-Choice-Fragen differenzieren. Facebook-Fragen funktionieren wie Umfragen und sind daher bestens dazu geeignet, Meinungen Ihrer Fans zu sammeln.

5.6.1   Verschiedene Typen von Fragen kreieren

Werden Sie kreativ und erfinden Sie eine spezielle Art von Frage, die Sie regelmäßig mit Ihrer Community teilen. Mit der Zeit konditionieren Sie so Ihre Fans auf einen gewissen Fragentyp, sodass diese nach einer Weile bereits auf die Frage warten. Denken Sie z. B. an Wortspiele.

Fan-Freitag

Stellen Sie jeden Freitag die Frage nach dem Lieblingsprodukt Ihrer Fans. Die Antwortmöglichkeiten sollten wöchentlich variieren.

Auf die Zielgruppe/das Geschäft bezogen

Zum Beispiel könnte es geben: *Mediziner-Mittwoch*, *Musik-Montag*, *Mode-Mittwoch*, *Feinschmecker-Freitag*, *Design-Dienstag*.

Umfragen

Hier können Sie dieselben Arten von Fragen stellen wie in *Abschnitt 5.5.1*. Außerdem eignen sich Facebook-Fragen ideal, um Abstimmungen durchzuführen, da die Zahl der Antworten grafisch in Balken dargestellt wird. Dies ist besonders sinnvoll, wenn es nur Option A und Option B gibt. So können Sie Ihre Fans nach deren Vorlieben für Produkte etc. befragen.

> Ziel von Facebook-Fragen ist es, die Meinung Ihrer Fans herauszufinden und auf den Ergebnissen basierend Ihren Service zu verbessern. Außerdem wird jede beantwortete Frage mit allen Freunden eines Ihrer Fans geteilt: Auf diese Weise wird Ihre Business-Page promotet.

Abbildung 5.18: Facebook-Frage von BMW Deutschland

95

> **Tipp**
> Stichwort „Timing“: Berücksichtigen Sie das Publikum Ihrer Page (vgl. **Kapitel 9**)! Wenn die Mehrzahl Ihrer Fans im Ausland lebt, lohnt es sich, die lokale Uhrzeit zu beachten, wenn Sie Inhalte posten. So ist es z. B. sinnvoller, Beiträge nachmittags/abends zu veröffentlichen, wenn Sie viele US-Amerikaner unter Ihren Fans haben, da diese sonst womöglich Ihre Posts nicht sehen.

5.7   Veranstaltungen/Events

Ein sehr beliebtes Instrument der Facebook-Plattform sind *Veranstaltungen*. Sie können eine Veranstaltung planen und Ihre Freunde oder Fans dazu einladen. Jede Veranstaltung verfügt über eine eigene Seite bzw. URL, auf der Sie jeweils Bild, Beschreibung, Austragungsort und den genauen Termin des Events festlegen können.

Veranstaltungen stellen ein hervorragendes Mittel dar, um viele Facebook-Nutzer zu mobilisieren und ein Event oder Konzept (wie z. B. eine Kampagne) sowie die dazugehörigen Inhalte viral über Facebook zu verbreiten. Jeder Nutzer, der bei einem Event auf *Teilnehmen* klickt, erstellt auf seiner Chronik unter *Neueste Aktivitäten* automatisch einen Beitrag, der seinen Freunden in deren *Neuigkeiten-Feed* mitgeteilt wird.

> **Tipp**
> Besuchen Sie eine Konferenz? Eine Tagung? Oder organisieren Sie einen Tag der offenen Tür oder eine Party? Für alle diese Beispiele sind Facebook-Veranstaltungen hervorragend geeignet, um Freunde, Kollegen, Geschäftspartner oder Belegschaft einzuladen, zu informieren und zu motivieren, das Event zu besuchen.

5.7.1   Veranstaltung erstellen

1. Rufen Sie Ihre Facebook-Startseite auf.

2. Klicken Sie in der linken Seitennavigation unter *Favoriten* auf *Veranstaltungen*.

Sie können Veranstaltungen auch über www.facebook.com/events/ aufrufen.

3. Klicken Sie auf *Veranstaltung erstellen*.

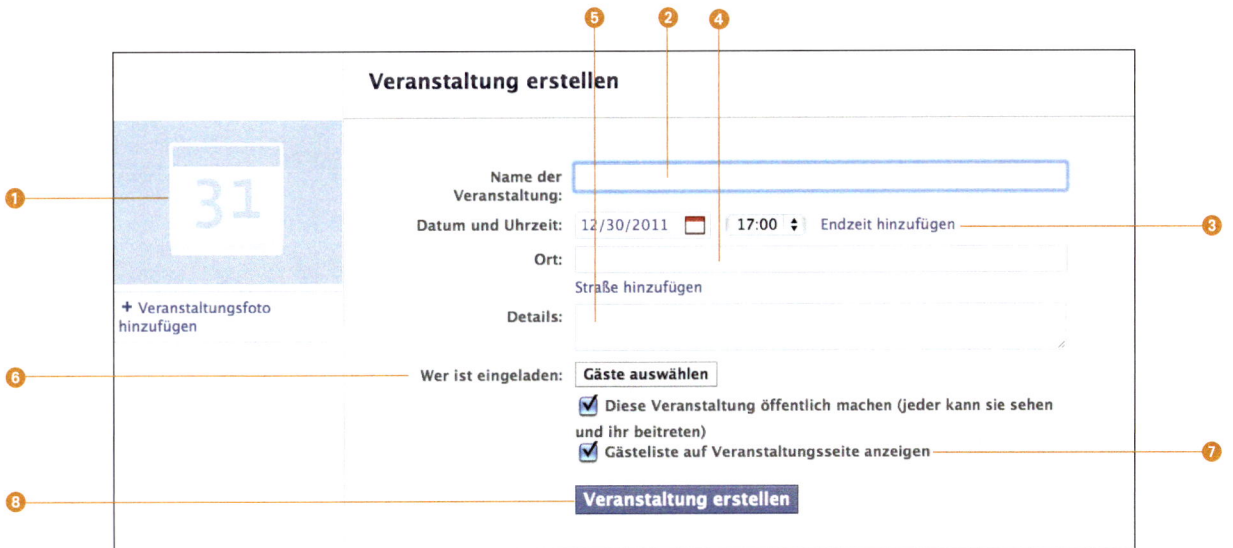

FAVORITEN

Willkommen
Neuigkeiten
Nachrichten
Veranstaltungen
   Vorgeschlagene Vera...
Freunde finden

Abbildung 5.19: Facebook-Veranstaltungen

Abbildung 5.20: Veranstaltung erstellen

Abbildung 5.21: Veranstaltung definieren

> Sie können jederzeit alle Infos der Veranstaltung ändern.

- Profilbild der Veranstaltung hochladen (**1**)

- Name der Veranstaltung erstellen (**2**)

- Datum, Uhrzeit und Zeitspanne der Veranstaltung bestimmen (**3**)

- Ort der Veranstaltung festlegen (**4**) – muss im Dropdown-Menü ausgewählt werden

- Beschreibung der Veranstaltung hinzufügen (**5**) – HTML-Hyperlinks können im Text verwendet werden

- Gäste einladen (**6**) – Sie können die Einladung an Facebook-Freunde und E-Mail-Kontakte verschicken

- Sichtbarkeit (**7**) von Veranstaltung (öffentliches Event oder geschlossene Veranstaltung?) und Gästeliste (kann jeder sehen, wer sonst noch kommt?) definieren

- Veranstaltung erstellen (**8**)

5.7.2 Veranstaltungen kreativ nutzen

Sie können eine Veranstaltung als Nutzer oder als Page kreieren, je nachdem, an welches Publikum sich das Event richtet. Darüber hinaus können Sie bestimmte Inhalte inklusive Link zu Ihrer Website oder Ihrer Kampagnenseite auf der Page der Veranstaltung hinzufügen und das Event auf Ihrer Business-Page promoten.

> **Tipp**
> Sie können imaginäre Events erstellen, die ausschließlich online stattfinden, wie z. B. „Geburtstag – unsere Facebook-Page wird ein Jahr alt", oder reale lokale Events, wie im Beispiel in **Abb. 5.22**. Jedes Geschäftsmodell, das eine reale Lokalität beinhaltet (Laden, Filiale, Salon, Praxis usw.), kann Facebook-Veranstaltungen optimal für die Ausrichtung von Events nutzen.

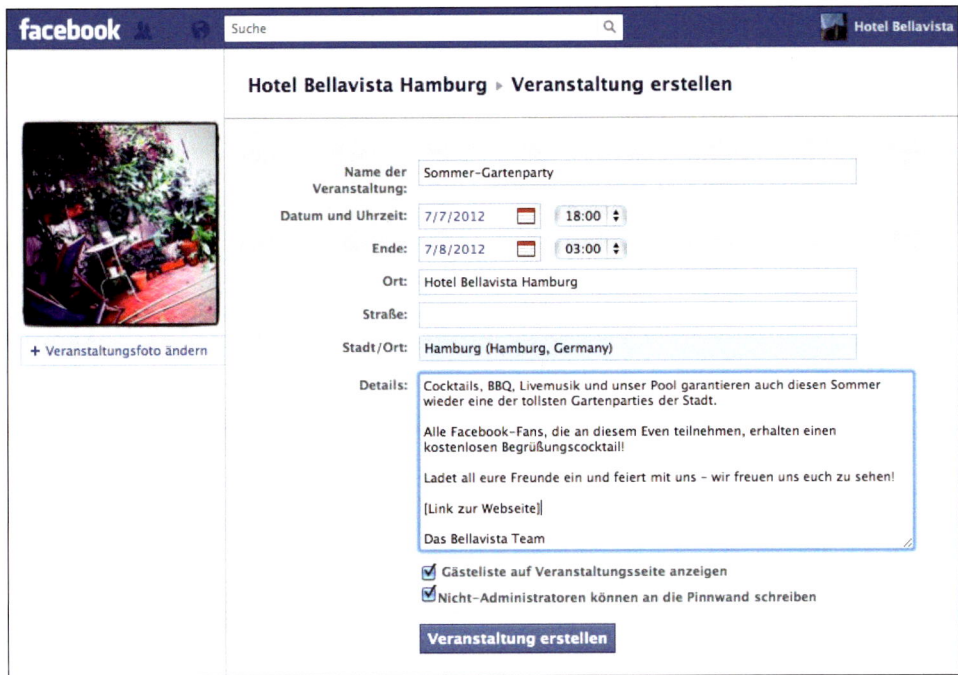

Abbildung 5.22: Beispiel – Veranstaltung

5.7.3 Events verwalten

Die fertige Page der Veranstaltung bietet verschiedene Optionen. Auf diese Weise können Sie die Inhalte der Seite ändern und das Event an Freunde und Fans weiterleiten.

Jede Veranstaltungs-Page verfügt über eine Pinnwand (genau wie Ihre Business-Page), auf der Sie und alle Nutzer, die Zugang zum Event haben, einen Beitrag erstellen können. Die Funktionalitäten sind auch dieselben – jeder Beitrag wird als Aktivität auf der Chronik des entsprechenden Nutzers veröffentlicht.

1. Klicken Sie in der Navigation oben rechts auf *Bearbeiten*, um die Veranstaltung zu ändern.

2. Klicken Sie auf *Teilen*, um das Event zu promoten.

3. Klicken Sie auf das Symbol der Einstellungen, um mit den Gästen zu kommunizieren, um die Veranstaltung abzusagen oder um die Facebook-Event-Page zu exportieren (dann können Sie sie z. B. ausdrucken und in Ihrem Laden aushängen).

Abbildung 5.23: Veranstaltung verwalten

Jede Veranstaltung, die Sie erstellt haben oder an der Sie als Gast teilnehmen, wird auf www.facebook.com/events angezeigt.

Abbildung 5.24: Übersicht über Ihre Veranstaltungen

5.8   Content-Pläne erstellen

Pläne erfreuen sich allgemeiner Beliebtheit, denn sie machen das Leben im Alltag einfach leichter.

Im Folgenden stelle ich Ihnen ein Beispiel für die Erstellung von Content-Plänen vor, mit denen Sie Ihre Arbeit besser strukturieren und immer gute Page-Inhalte gewährleisten können.

5.8.1 Täglich und wöchentlich

Teilen Sie Ihre Facebook-Woche gemäß Ihrer Inhalte auf. Überlegen Sie sich vorerst, ob Ihre Woche aus fünf oder sieben Tagen besteht, an denen Sie Inhalte auf Ihrer Page veröffentlichen.

Zu Beginn Ihrer Facebook-Aktivitäten, wenn die Fan-Community noch nicht so groß ist, sollten Sie sie promoten, um sie zu vergrößern. Je mehr virale Inhalte Sie veröffentlichen, desto besser. Jedoch sollten Sie auch darauf achten, den *Neuigkeiten-Feed* Ihrer Fans nicht zuzuspammen. Ein bis zwei Posts pro Tag reichen vollkommen aus. Sie sollten regelmäßig jeden Tag etwas veröffentlichen, um Ihre Page-Pinnwand mit Inhalten zu füllen.

Falls Ihre Community Fans aus verschiedenen Ländern umfasst (vgl. *Facebook-Statistiken* in *Kapitel 9*), lohnt es sich, die Uhrzeit der Postings zu berücksichtigen und z. B. bei zwei Posts pro Tag einen für morgens und einen für nachmittags/abends einzuplanen (berücksichtigen Sie unterschiedliche Zeitzonen). Das folgende Musterbeispiel zeigt Post-Kategorien eingeteilt nach Tag und Uhrzeit.

> **Tipp**
> Je mehr Inhalte Sie regelmäßig veröffentlichen (evtl. sogar den gleichen Post mehrmals, in verschiedenen Sprachen, für verschiedene Zielgruppen), desto sinnvoller ist das Erstellen von Content-Plänen, um den Überblick zu behalten.

	A	B	C	D
1			Morgens	Nachmittags
2	02/01/12	Montag	Fotoalbum	Zitat
3	03/01/12	Dienstag	Status-Update	Bilderrätsel
4	04/01/12	Mittwoch	Video der Messe	Neuigkeiten der Branche
5	05/01/12	Donnerstag	Bilderpuzzle	Angebot der Woche
6	06/01/12	Freitag	Foto – Produkt des Tages	Fan-Freitag Frage
7	07/01/12	Samstag		
8	08/01/12	Sonntag		Produktneuheit
9				
10				

Abbildung 5.25: Wöchentlicher Content-Plan

5.8.2 Monatlich und jährlich

Sobald Ihre Business-Page fester Bestandteil Ihres Social-Media-Kommunikations-mix geworden ist, lohnt es sich, größer zu planen.

Erstellen Sie immer zum Ende jeden Monats einen Content-Plan für den kommen-den Monat. Dabei gehen Sie nach demselben Muster wie in *Abschnitt 5.8.1* vor und berücksichtigen wichtige Events oder Themen, die speziell für den entsprechen-den Monat von Bedeutung sind. Kreieren Sie wöchentliche Serien von Inhalten, wie ein *Zitat der Woche* oder den *Fan-Freitag*.

A	B	C Morgens	D Nachmittags
02/01/12	Montag	Fotoalbum	Zitat der Woche
03/01/12	Dienstag	Status-Update	Bilderrätsel
04/01/12	Mittwoch	Youtube-Video	Neuigkeiten der Branche
05/01/12	Donnerstag	Bilderpuzzle	
06/01/12	Freitag	Heilige Drei Könige – Angebot	Fan-Freitag Frage
07/01/12	Samstag		
08/01/12	Sonntag		
09/01/12	Montag	Neujahr-Angebot – Fotoalbum	Zitat der Woche
10/01/12	Dienstag	Neujahr-Angebot – Update	
11/01/12	Mittwoch	Neujahr-Angebot – Gewinnspiel	Bilderrätsel
12/01/12	Donnerstag	Neujahr-Angebot – Update	
13/01/12	Freitag	Neujahr-Angebot – Foto	Fan-Freitag Frage
14/01/12	Samstag		
15/01/12	Sonntag		
16/01/12	Montag	Fotoalbum	Zitat der Woche
17/01/12	Dienstag	Status-Update	Bilderrätsel
18/01/12	Mittwoch	Konferenz Köln	
19/01/12	Donnerstag	Branchennews	Fotoalbum
20/01/12	Freitag	Produktneuheit	Fan-Freitag Frage
21/01/12	Samstag		
22/01/12	Sonntag		
23/01/12	Montag	Fotoalbum	Zitat der Woche
24/01/12	Dienstag	Bilderpuzzle	
25/01/12	Mittwoch	Video der Konferenz	Status-Update
26/01/12	Donnerstag	Bilderrätsel	
27/01/12	Freitag	Fotoalbum	Fan-Freitag Frage
28/01/12	Samstag		
29/01/12	Sonntag		
30/01/12	Montag		
31/01/12	Dienstag		

Abbildung 5.26: Monatlicher Content-Plan

Machen Sie sich einen groben Jahresplan für Ihre Page und verknüpfen Sie alle wichtigen Events und Kampagnenideen mit den Inhalten, die Sie auf der Page veröffentlichen wollen.

Nehmen wir an, Sie möchten Ihren Kunden jeweils zu Valentinstag, Ostern, den Sommerferien und Weihnachten spezielle Angebote zur Verfügung stellen. Diese können zu Beginn des Jahres bereits in den Plan mit einbezogen werden. Pro Monat verfeinern Sie dann die entsprechende Kampagne mit Details und brechen die Planung auf vier Wochen herunter.

Tipp
Je größer die Kampagne, die Sie planen, desto mehr Zeit im Voraus sollten Sie auf die Planung verwenden, vor allem, wenn Sie dafür einen eigenen Tab auf Ihrer Page erstellen möchten (siehe **Kapitel 6**).

Wichtig
Testen Sie stets jede Art von Inhalten und verändern Sie Ihre Content-Pläne ständig, um ausschließlich Inhalte zu planen und zu veröffentlichen, die gut ankommen und aus strategischer Sicht funktionieren. Betrachten Sie Content-Pläne niemals als Pflichtprogramm, sondern lediglich als dynamischen Leitfaden.

We are artists not engineers.
Steve Jobs

Kapitel 6

Die Business-Page individualisieren

Mit Sicherheit ist Ihnen als Facebook-Nutzer bereits aufgefallen, dass die Pages vieler Firmen und bekannter Marken selbst erstellte, individualisierte Landingpages in Form von Tabs haben, wie z. B. eigene Willkommens- und Startseiten oder eine Seite für spezielle Kampagnen und Gewinnspiele. Das können Sie auch!

In diesem Kapitel wird Schritt für Schritt erklärt, wie Sie die Funktionalitäten Ihrer Page mit zusätzlichen Anwendungen erweitern und individuelle Seiten für Ihre Business-Page erstellen können. Sie werden sehen, die Großen kochen auch nur mit Wasser.

6.1 Facebook-Anwendungen

Auf Facebook stellen fast alle Standardfunktionen Anwendungen (= Apps) dar. Das gilt selbst für die Werkzeuge, die Sie täglich nutzen.

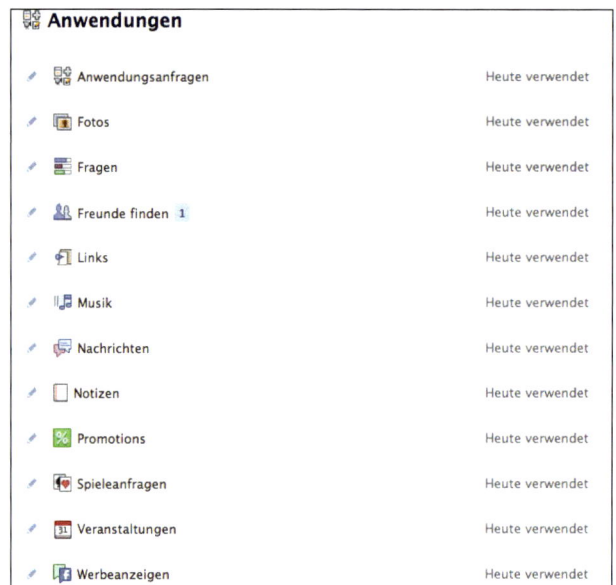

Abbildung 6.1: Standardanwendungen in Facebook

1. Klicken Sie in der Seitennavigation links auf *Anwendungen* oder auf *Mehr*.

Sie können den Bereich der Anwendungen von der Facebook-Startseite aus erreichen. Hierzu müssen Sie Facebook als Nutzer verwenden, nicht als Page!

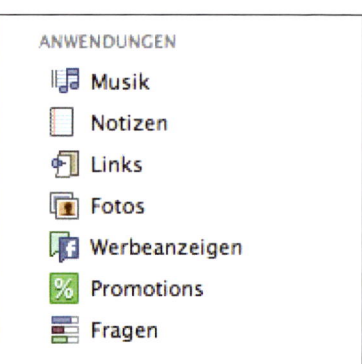

Abbildung 6.2: Häufig verwendete Anwendungen sind in der Seitennavigation aufgelistet

2. Klicken Sie auf den Namen einer Anwendung in der Liste, um diese zu öffnen.

Hier sehen Sie Ihre Aktivitäten (bzw. die Aktivitäten Ihrer Page) in Bezug auf die entsprechende Anwendung.

6.1.1 Anwendungen hinzufügen

Auch Inhalte von Dritten können auf Facebook genutzt werden. Dies kann einzig und allein in Form von Anwendungen geschehen. Sie können entweder bestehende Anwendungen als Nutzer verwenden oder zu Ihrer Page hinzufügen. Darüber hinaus können Sie eigene Anwendungen erstellen, wofür Ihr Nutzerprofil einen Entwickler-Status haben muss. Keine Panik, das klingt alles komplizierter, als es ist.

Werfen wir zuerst einen Blick auf Anwendungen, die bereits vorhanden sind.

Anwendungen können alles Mögliche darstellen, von Spielen wie **Farmville** über E-Mail-Dienste wie **GMX** bis hin zu den Apps anderer sozialer Netzwerke wie **Twitter** oder **Foursquare**.

Sie können jede Art von Anwendung zu Ihrer Business-Page hinzufügen. Wenn Sie bereits den Namen der Anwendung kennen, die Sie im Sinn haben, ist die Facebook-Suche der einfachste Weg.

1. Geben Sie den Namen der Anwendung, die Sie suchen, in das *Suchfeld* ein (z. B. wenn Sie Ihren E-Mail-Dienst mit Facebook verknüpfen möchten).

2. Klicken Sie auf die gesuchte Anwendung, falls diese im Untermenü auftaucht.

3. Andernfalls klicken Sie auf *Weitere Ergebnisse für [Suchbegriff] anzeigen*.

4. Klicken Sie im Suchfilter in der Seitennavigation auf *Anwendungen*.

Abbildung 6.3: Die Suchvorschläge werden nach Typ sortiert im Untermenü angezeigt

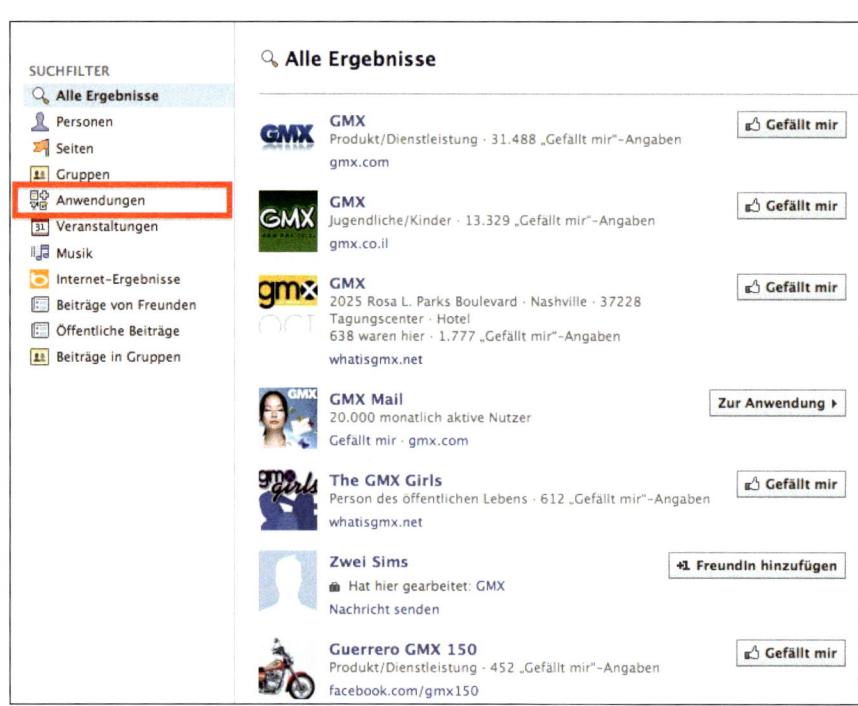

Abbildung 6.4: Suchergebnisse nach Anwendungen sortieren

5. Klicken Sie neben der Anwendung Ihrer Wahl auf *Zur Anwendung*.

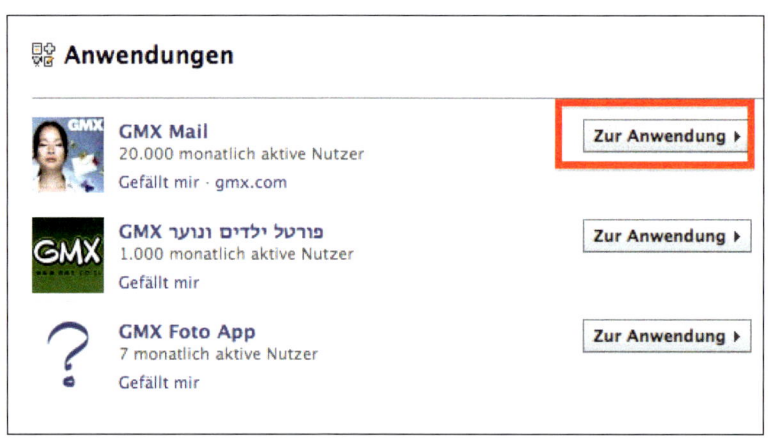

Abbildung 6.5: Die richtige Anwendung auswählen

Sie landen auf der Facebook-Seite der entsprechenden Anwendung oder werden auf eine externe Webseite der Anwendung weitergeleitet. Hier erhalten Sie entweder eine Anleitung, wie Sie die Anwendung zu Ihrer Page hinzufügen können, oder Sie werden direkt gefragt, ob Sie die Anwendung zulassen möchten.

6. Klicken Sie im Pop-up *Anfrage für Genehmigung* auf *Zulassen*.

Abbildung 6.6: Anwendungen genehmigen, um sie nutzen zu können

Es gibt Anwendungen, die Sie lediglich als Facebook-Nutzer verwenden können, wie z.B. **GMX**, und andere, die Sie zu Ihrer Page hinzufügen können, wie z. B. **Dropbox**.

Um Anwendungen auf Ihrer Page zu nutzen, müssen Sie zuerst die offizielle Facebook-Page der Anwendung aufrufen, die Sie wiederum über die Facebook-Suche finden.

Sobald Sie sich auf der entsprechenden Seite befinden, führen Sie folgende Schritte aus:

7. Klicken Sie auf *Zu meiner Seite hinzufügen*.

Abbildung 6.7: Facebook-Page der Anwendung

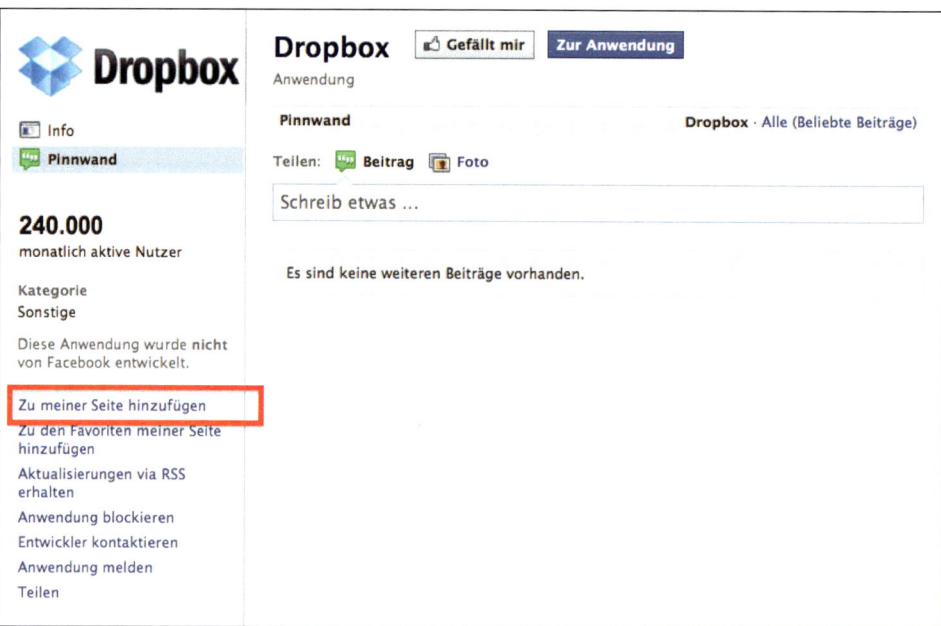

8. Klicken Sie im Pop-up neben der Page, zu der Sie die Anwendung hinzufügen möchten, auf *Add to Page*.

Abbildung 6.9: Hinzugefügte Anwendung

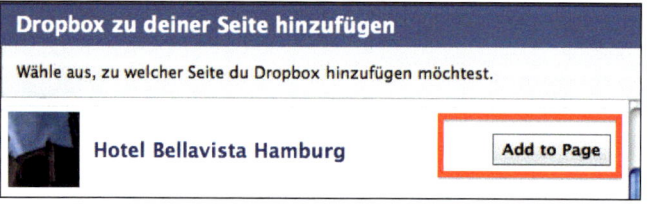

Abbildung 6.8: Anwendung zur Page hinzufügen

Wenn Sie jetzt Ihre Page aufrufen, werden Sie die neu hinzugefügte Anwendung im Menü unterhalb des Profilbilds finden.

6.1.2 Anwendungen bearbeiten

Anwendungen können Sie im Menü für die Grundeinstellungen der Page bearbeiten.

1. Klicken Sie auf *Seite bearbeiten*.

2. Klicken Sie in der Seitennavigation auf *Anwendungen*.

3. Klicken Sie bei der Anwendung, die Sie bearbeiten möchten, auf *Einstellungen bearbeiten* (❶).

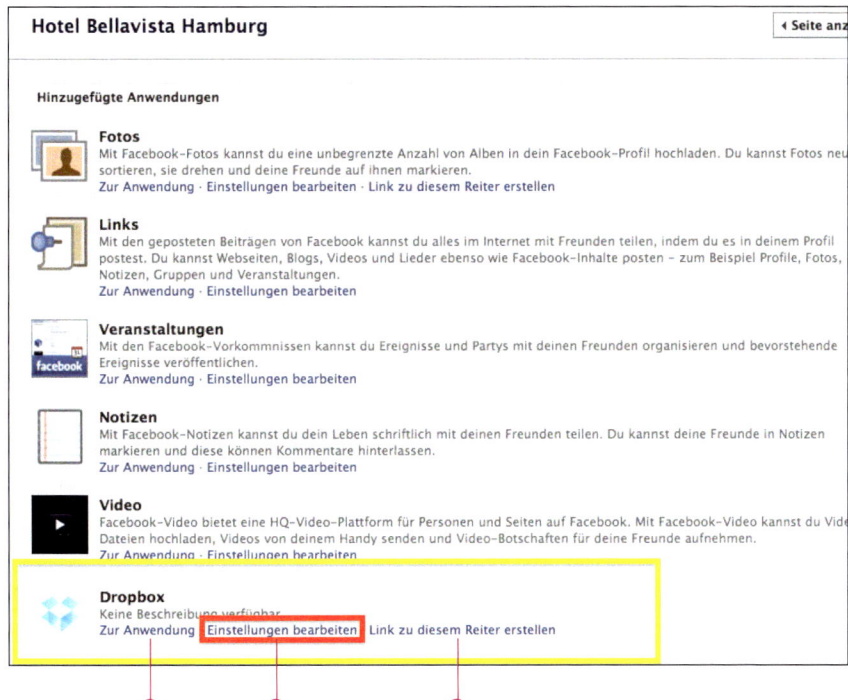

Abbildung 6.10: Hinzugefügte Anwendungen bearbeiten

4. Legen Sie im Pop-up unter *Benutzerdefinierter Name für Tab* einen individuellen Namen für die Anwendung an. Achten Sie darauf, Schlüsselwörter zu verwenden, nach denen Ihre Zielgruppen suchen bzw. mit denen Sie über die Facebook-Suche gefunden werden möchten.

Abbildung 6.11: Den Tab-Namen der Anwendung individualisieren

5. Klicken Sie auf *OK*.

6. Klicken Sie auf *Link zu diesem Tab erstellen* (❷), um einen Direktlink zu Ihrer neuen Anwendung zu erhalten, den Sie kopieren und verbreiten können.

7. Klicken Sie auf *Zur Anwendung* (❸), um auf die Seite der neuen Anwendung innerhalb Ihrer Business-Page zu gelangen.

6.2 Eigene Anwendungen

Wenn Sie sich nicht auf die Kreationen anderer verlassen, sondern Ihre eigenen Page-Tabs komplett selbst erstellen möchten, erfahren Sie in den folgenden Schritten, wie das funktioniert.

Zuvor müssen Sie sich aber überlegen, ob Sie selbst (bzw. einer Ihrer Kollegen, der die Programmiersprache beherrscht) alle Funktionalitäten der Anwendung entwickeln können, die Ihnen vorschweben, oder ob Sie auf Hilfe durch professionell angebotene Lösungen angewiesen sind. Beide Varianten werden im Folgenden erläutert.

Hinweis

Wenn Sie das Facebook-Netzwerk in Kombination mit eigenen Entwicklungen nutzen möchten, ist es stets notwendig, eine eigene Facebook-Anwendung zu erstellen. Beispiele wären, wenn Sie soziale Plug-ins von Facebook auf Ihrer Webseite verwenden (siehe **Kapitel 10**) oder eigene Tabs zu Ihrer Business-Page hinzufügen möchten.

6.2.1 Wie erstelle ich eine eigene Anwendung?

1. Rufen Sie den Bereich für Entwickler auf Facebook auf: `www.facebook.com/developers`

Um eigene Anwendungen erstellen zu können, muss Sie als Facebook-Nutzer den Status eines Entwicklers haben. Daher werden Sie zunächst gefragt, ob Sie den Entwickler-Status annehmen möchten.

2. Klicken Sie auf *Zulassen*.

Entwickler-Status
Eine offizielle Facebook-Anwendung namens Facebook-Entwickler, der man die Genehmigung erteilen muss, um eine Anwendungen zu erstellen.

Abbildung 6.12: Status des Facebook-Entwicklers erhalten

Auf der daraufhin angezeigten Seite wird das gesamte Thema *Facebook-Anwendungen* ausführlich in Tutorials erklärt. Sie können dies jedoch bei Bedarf überspringen.

113

3. Klicken Sie auf + *Neue Anwendung erstellen*.

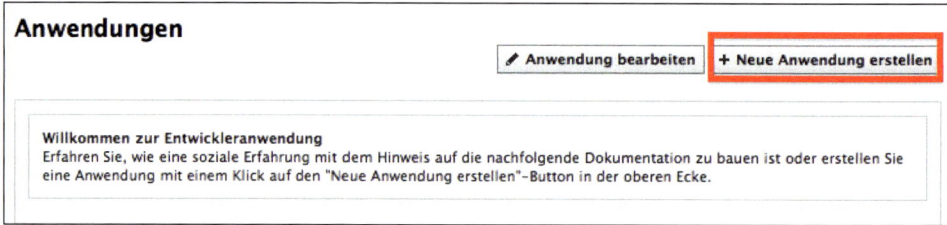

Abbildung 6.13: Neue Anwendung hinzufügen

Im folgenden Pop-up *Neue Anwendung* können Sie den Namen der Anwendung bestimmen. Es können keine Sonderzeichen verwendet werden.

Unter *App Display Name* (❶) sollten Sie den öffentlichen Namen der Anwendung angeben, der von Facebook-Nutzern gesehen werden kann. Unter *App Namespace* (❷) muss ein Zweitname eingegeben werden, der primär für das interne Facebook-Netzwerk eine Rolle spielt (dazu später mehr). Dieser darf nur Kleinbuchstaben und keine Leerzeichen erhalten. Außerdem kann er später geändert werden.

Bevor Sie den Namen anlegen können, müssen Sie die *Nutzungsbestimmungen für die Facebook-Plattform* (❸) akzeptieren.

Abbildung 6.14: Dem Kind einen Namen geben

4. Klicken Sie auf *Weiter*.

5. Geben Sie in das Textfeld des Pop-ups *Sicherheitskontrolle erforderlich* die angezeigten Wörter ein und klicken Sie auf *Absenden*.

Abbildung 6.15: Sicherheitskontrollen begegnen Ihnen des Öfteren in Facebook

Sie landen auf der Seite der neuen Anwendung, auf der Sie alle weiteren Einstellungen vornehmen können. Die Anwendung ist demzufolge bereits vorhanden.

Die URL dieser Seite sieht ungefähr so aus: https://developers.facebook.com/apps/xxxxxxxxxxxxxxx/summary

In der nachfolgenden Abbildung sehen Sie oben die *App ID* (❶) und das *App Secret* (❷). Außerdem können Sie ein Bild für die Anwendung hochladen (❸), das als Icon erscheint.

Unter *Allgemeine Informationen* (❹) sehen Sie die bereits erstellten Namen der Anwendung. Sie können ebenfalls die E-Mail-Adresse eines Administrators der Anwendung festlegen, zu der diesbezügliche Updates von Facebook gesendet werden. Weiterhin können Sie der Anwendung eine Kategorie zuteilen, in der sie gefunden werden kann.

App Secret
Jede Anwendung besitzt eine eindeutige 15-stellige Nummer, die sogenannte App ID, die u. a. in der URL der Anwendungsseite angezeigt wird, sowie einen weiteren 32-stelligen Code, das sogenannte App Secret. Für manche Zwecke reicht es aus, eine Anwendung nur zu erstellen, um die App ID und das **App Secret** zu erhalten, da diese notwendig sind, um z.B. soziale Plug-ins von Facebook in Ihre Webseite zu integrieren (siehe **Kapitel 10**). Die Anwendung als solche dient in jenem Fall keinem weiteren Zweck.

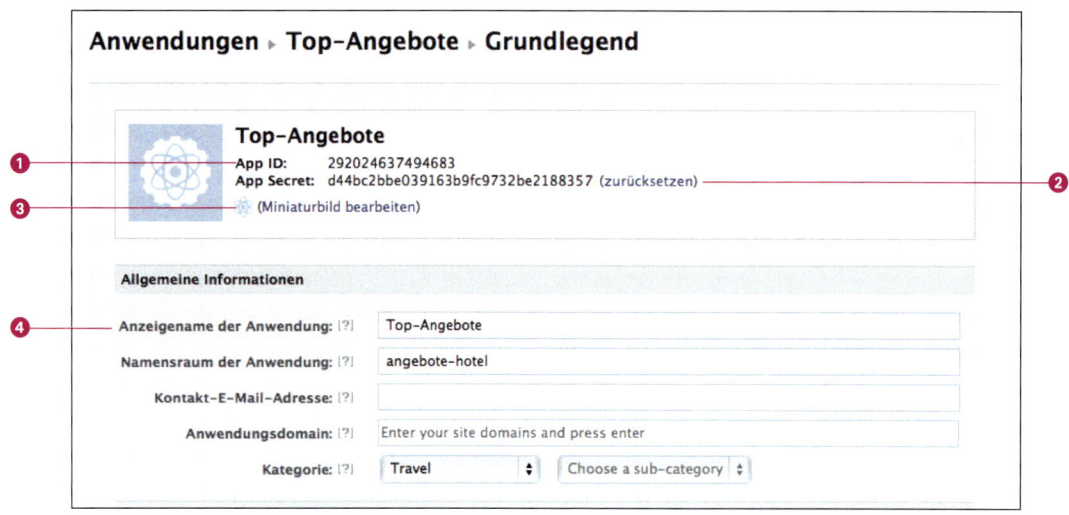

Abbildung 6.16: Einstellungen der Anwendung

Falls Sie eine Anwendung lediglich erstellt haben, um eine *App ID* zu erhalten, können Sie diese kopieren und unten auf der Seite auf *Änderungen speichern* klicken.

Abbildung 6.17: Tabs der Facebook-Page von TUI

6.3   Individuelle Seiten

Selbst erstellte Anwendungen auf Facebook-Pages sind mittlerweile gang und gäbe. Diese befinden sich in Tabs unterhalb des Profilbilds.

Wenn Sie keine großen HTML-Kenntnisse besitzen, überspringen Sie am besten den nächsten Punkt und lesen ab *Abschnitt 6.3.2* weiter.

6.3.1   Do it yourself

Da Facebook mittlerweile ausschließlich auf „iFrame-Anwendungen" setzt, können beim Entwickeln verschiedene Skriptsprachen verwendet werden. Sie können, genauso wie für eine Webseite, eigene Anwendungen in HTML, CSS und JavaScript schreiben. Da zudem jeglicher Inhalt von Anwendungen nicht mehr auf Facebook-

Servern, sondern auf den Servern des Entwicklers gehostet wird, haben Sie mehr Kontrolle über Ihre eigenen Anwendungen.

Dazu benötigen Sie Folgendes:

- eine eigene, bereits programmierte iFrame-Anwendung, die in Ihre Page eingebunden werden soll (Ideen finden Sie in *Abschnitt 6.4*)

- einen Webserver mit FTP-Zugang

- ein FTP-Programm (wie **FileZilla**) und einen Text- oder HTML-Editor (wie **Notepad**, **TextMate** oder am besten **Notepad++**)

- die Verschlüsselung Ihrer Internetpräsenz mit SSL (Option im Paket Ihres Webhosting-Anbieters)

> **FBML**
> Früher gab es ein anderes Format für Facebook-Anwendung, das sogenannte FBML (steht für Facebook Markup Language), das seit dem 1. Januar 2012 nicht mehr unterstützt wird, d. h., es steht kein technischer Support seitens des Zuckerberg-Teams mehr zu Verfügung.
> Ab dem 1. Juni 2012 werden die statischen FBML-Anwendungen auch nicht mehr auf Facebook-Pages funktionieren.

> **iFrame-Anwendung**
> Eine Anwendung, die es ermöglicht, eine externe Webseite in einen benutzerdefinierten Tab auf einer Facebook-Page einzubinden.

> **Achtung**
> Wenn die Indexseite Ihrer iFrame-Anwendung nicht auf einer sicheren SSL-URL gehostet wird, wird sie für Facebook-Nutzer, die Secure Browsing nutzen, nicht angezeigt!

Quelldatei anlegen

Bevor Sie eine Facebook-Anwendung erstellen können (deren Code Sie bereits geschrieben haben), müssen Sie eine Quelldatei mit diesem Code (z. B. HTML) auf einen Webserver laden, auf den Sie Zugriff haben, z. B. den gleichen Server, auf dem Ihre E-Commerce-Webseite gehostet wird.

1. Erstellen Sie eine Quelldatei Ihrer selbst geschriebenen Anwendung.

2. Erstellen Sie einen neuen Ordner für alle Dateien der Anwendung und laden Sie die Quelldatei in diesen Ordner auf Ihrem Server (z. B. mit einem FTP-Programm).

3. Kopieren Sie den Pfad (d. h. die URL) zur Quelldatei der Anwendung.

> Facebook-Page-Tabs haben die Maße von 800 x 520 Pixeln. Behalten Sie dies im Hinterkopf, wenn Sie eigene iFrame-Anwendungen schreiben, und achten Sie darauf, dass Ihre Anwendung diese Maße nicht überschreitet.

Facebook-Anwendung

1. Erstellen Sie eine neue Facebook-Anwendung, wie es in *Abschnitt 6.2 (Schritte 1 bis 5)* beschrieben wird.

Sie befinden sich auf der Seite der neuen Anwendung: `https://developers.facebook.com/apps/xxxxxxxxxxxxxx/summary`

Im unteren Bereich der Seite können Sie unter *Wähle aus, wie sich deine Anwendung in Facebook integriert* genau festlegen, wofür Ihre Anwendung konzipiert wurde.

2. Klicken Sie auf *Seitenreiter*, wenn Sie eine eigene Anwendung zu Ihrer Business-Page hinzufügen möchten.

Abbildung 6.18: Tab definieren

In der Zeile *Page Tab Name* (❶) muss der gewünschte Name des Tabs so eingegeben werden, wie er auf Ihrer Facebook-Page angezeigt werden soll. Die (zuvor kopierte) URL zur Quelldatei Ihrer Anwendung muss in die Zeile *Page Tab URL* (❷) kopiert werden. Die verschlüsselte https-Version der URL zur Quelldatei folgt anschließend in *Secure Page Tab URL* (❸).

3. Füllen Sie die Textfelder aus und klicken Sie auf *Änderungen speichern*.

4. Klicken Sie in der Seitennavigation auf *Profilseite der Anwendung anzeigen*.

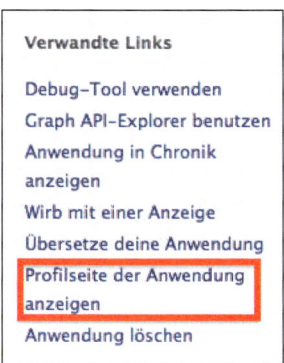

Jede in Facebook erstellte Anwendung hat eine eigene Facebook-Page!
Diese weist die gleichen Funktionalitäten wie jede gewöhnliche Page auf: Man kann auf **Gefällt mir** klicken, um Updates zu folgen; Sie können ein Profilbild hochladen, das als Thumbnail der Anwendung neben dem Textlink zu sehen sein wird usw.
Der Nutzer, der die Anwendung erstellt hat, ist gleichzeitig Administrator der dazugehörigen Page.

Abbildung 6.19: Neue Anwendung anzeigen

Sie landen jetzt auf der neu erstellten eigenen Seite der Anwendung.

5. Klicken Sie auf *Zu meiner Seite hinzufügen*, um die neue Anwendung auf Ihrer Business-Page hinzuzufügen.

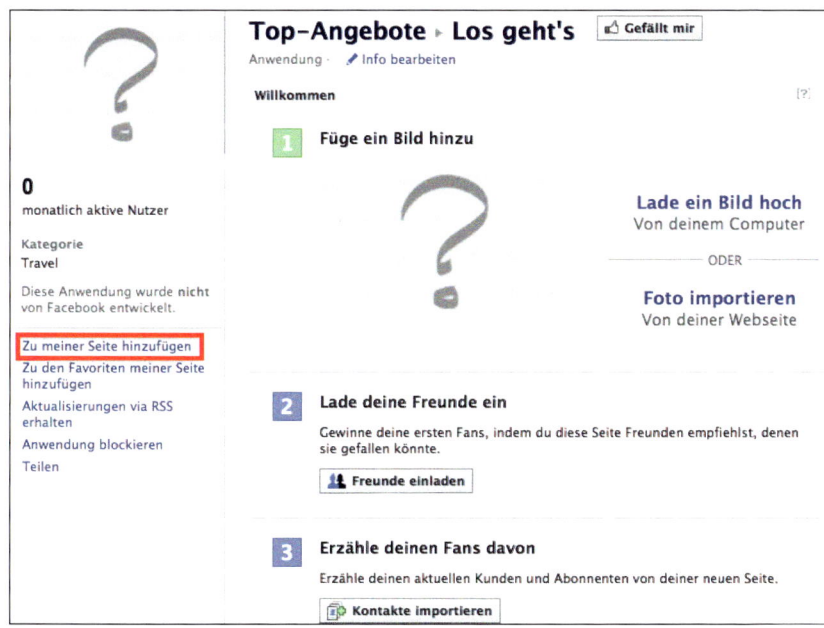

Abbildung 6.20: Facebook-Page der Anwendung

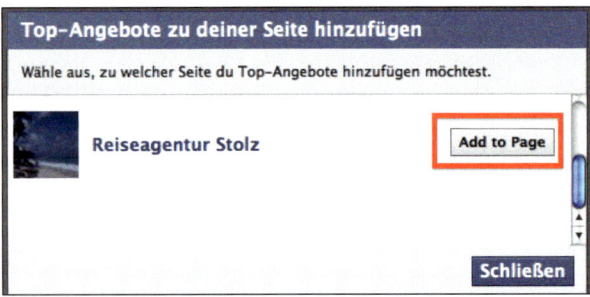

Abbildung 6.21: Anwendung zur Business-Page hinzufügen

6. Klicken Sie im Pop-up neben Ihrer Business-Page auf *Add to Page*.

7. Klicken Sie auf *Schließen* und gehen Sie zurück auf Ihre Business-Page.

Wieder auf Ihrer Page angekommen, wird Ihre neu erstellte Anwendung als Tab im Navigationsmenü unterhalb des Profilbilds angezeigt. Wenn Sie noch kein Profilbild für die Anwendung hochgeladen haben, sehen Sie das Standard-Thumbnail von Facebook für Anwendungen.

Diese Anwendung können Sie nun bearbeiten wie zuvor in *Abschnitt 6.1.2* beschrieben.

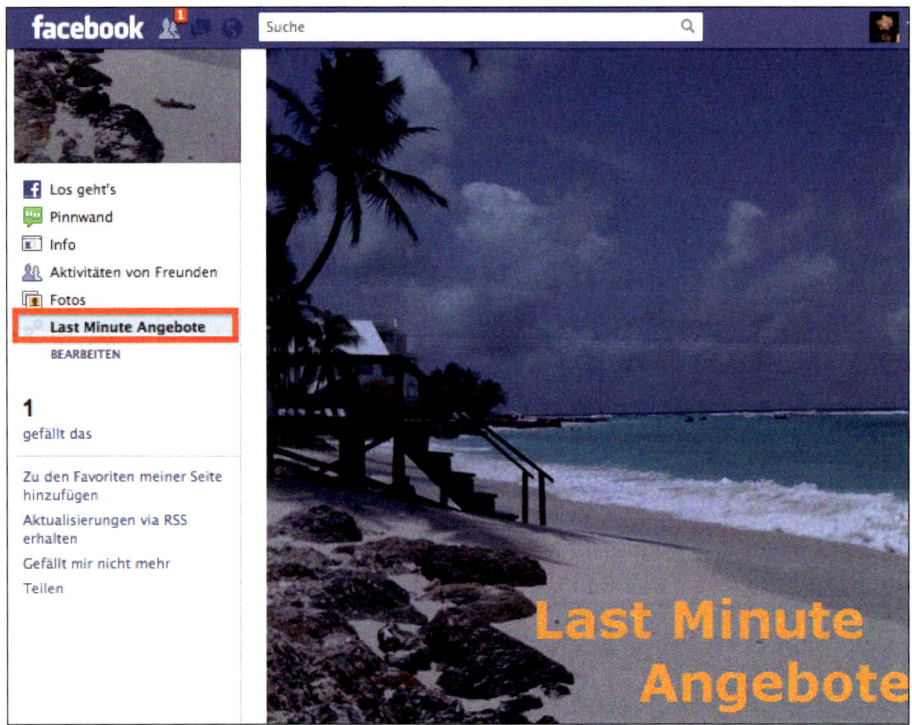

Abbildung 6.22: Und schon ist die eigene Anwendung auf der Business-Page

6.3.2   Fertiglösungen

Falls Sie weder über eigenen Webserver noch über große Programmierkünste verfügen, halb so wild – es gibt mittlerweile genügend Anbieter, die Fertiglösungen in der Art von Formatvorlagen anbieten, um individuelle Facebook-Tabs zu kreieren.

Hier sind fünf Vorschläge für Fertiglösungen von iFrame-Anwendungen für Facebook mit jeweils einer Bewertung von 1 bis 5 Sternen.

Wildfire

`www.wildfireapp.com`

`http://apps.facebook.com/iframeshq`

Kosten: Gewinnspiele gegen Aufpreis, verschiedene Tarife; Kosten hängen auch von Länge und Features der Kampagne ab; Installation und Nutzung als iFrame-Formatvorlage kostenlos (via Facebook-Page der Anwendung)

Ideal für: Gewinnspiele; jede Art von individueller Seite

Fazit: eine der besten Lösungen; gute Formatvorlagen, einfach zu bearbeiten; gute Statistiken; guter Kundenservice; keinerlei HTML-Kenntnisse nötig, um Gewinnspiele zu starten; HTML-Erfahrene können allerdings auch die iFrame-Anwendung zu Ihrer Page hinzufügen, um ihren eigenen Code darauf abzubilden; ausführliche Infos in *Kapitel 7*

Einziger Nachteil bei Fertiglösungen: Die meisten Anbieter stellen nur abgespeckte Versionen kostenfrei zur Verfügung. Für anspruchsvollere Features wird meist eine monatliche Gebühr fällig. Darüber hinaus können die Thumbnails der Tabs auf Ihrer Page meistens nicht individualisiert werden und zeigen das Logo des Anbieters. Die Anleitungen und Navigationsmenüs der besten Fertiglösungen sind außerdem fast immer nur auf Englisch verfügbar.

5 Sterne

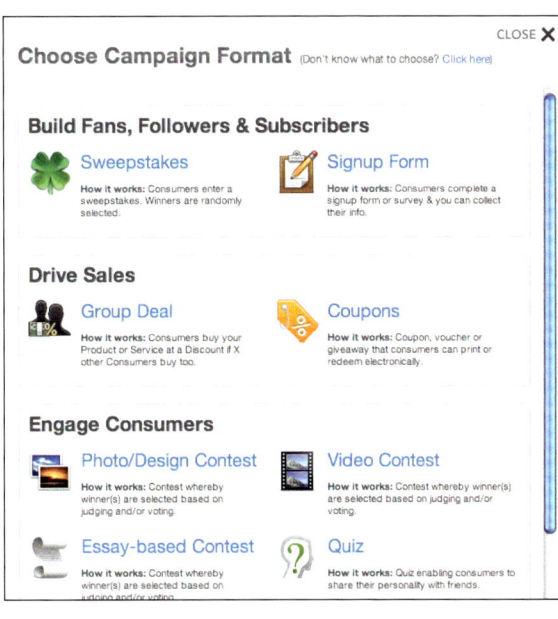

Abbildung 6.23: Gewinnspiele aller Art mit Wildfire

Die besten Fertiglösungen kommen bisher meist von amerikanischen Anbietern, d. h., diese Tools sind leider nur auf English verfügbar. Sie können mit einem Webbrowser wie „Chrome" eine fremdsprachige Seite auf Wunsch automatisch auf Deutsch übersetzen, wobei allerdings oftmals schlechte Übersetzungen herauskommen.

Iwipa

www.iwipa.com

Kosten: Basic-Version kostenlos; danach 7 Euro pro Monat oder 73 Euro pro Jahr

Ideal für: Willkommen-Seite, Fanseite und Gästebuchseite

Fazit: einfache Formatvorlagen mit Baukasten für eigene Tabs; allerdings ästhetisch bescheiden; HTML-Grundkenntnisse sind keine Grundvoraussetzung, aber man kommt damit deutlich weiter; gute Statistiken

3 Sterne

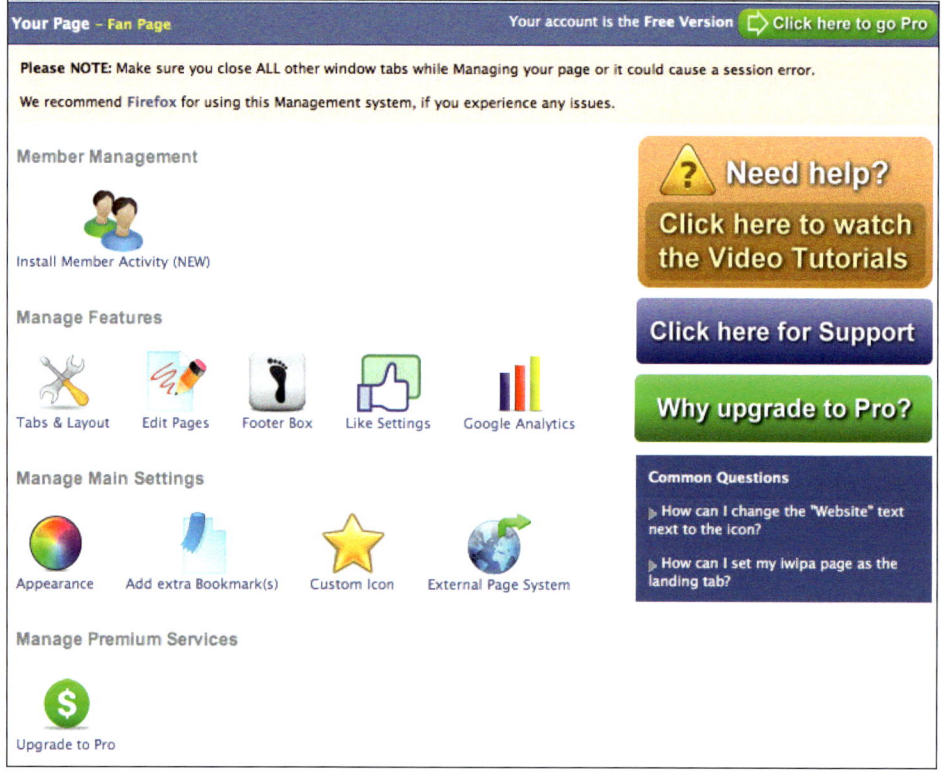

Abbildung 6.24: 3 Standard-Tabs mit Iwipa-Formatvorlagen

Involver

www.involver.com

Kosten: nur die abgespeckte Basic-Version ist kostenlos, danach Tarife von ca. 73 bis 2000 Euro pro Monat

Ideal für: jede Art von individueller Seite

Fazit: basteln auf Wunsch Anwendungen fast jeder Art; bieten für leider viel Geld richtig gute Lösungen für Entwickler an; Kundenservice okay

3 Sterne

Abbildung 6.25: Social Markup Language von Involver – Spielplatz für alle Frontend Developer

TabPress

http://apps.facebook.com/tabpress

Kosten: kostenlos

Ideal für: jede Art von individueller HTML-Seite

Fazit: entwickelt von Hyperarts.com (Online-Autorität in Sachen Coding); sehr einfach zu nutzen; einziges Manko: HTML-Grundkenntnisse erforderlich, um etwas Ordentliches zu produzieren

4 Sterne

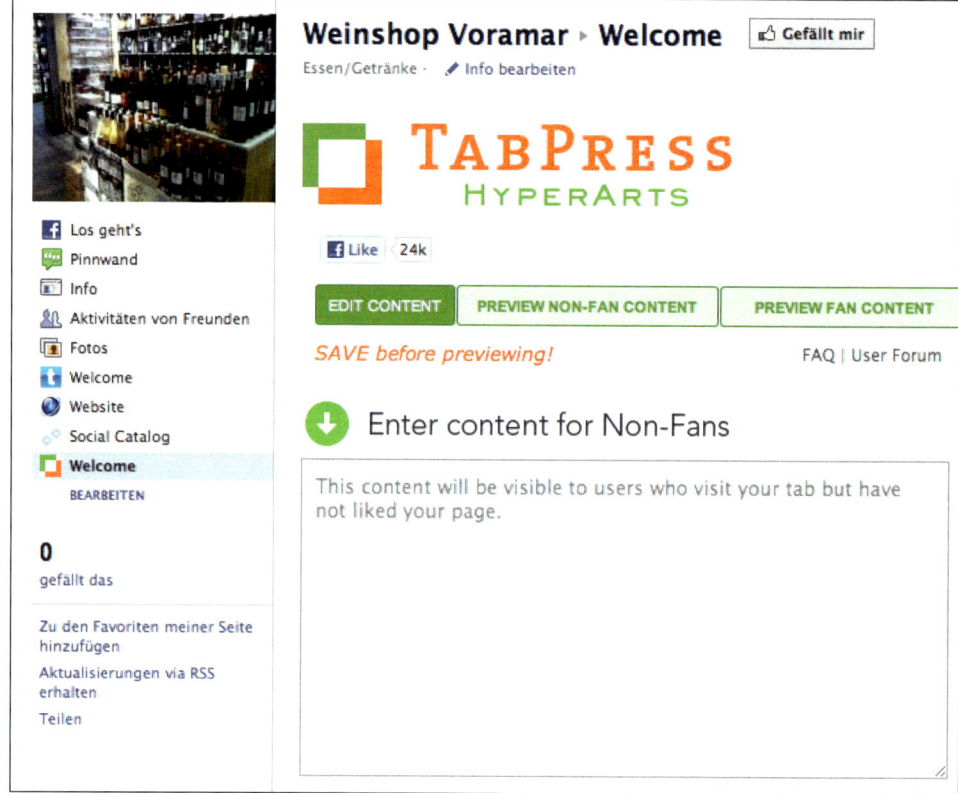

Abbildung 6.26: Jede Art von HTML-Inhalten mit TabPress erstellen

Lujure

lujure.com

Kosten: kostenlos für einen Tab/eine Page; ca. 22 bis 220 Euro pro Monat für weitere Tarife

Ideal für: jede Art von individueller Seite

Fazit: nützlich für alle mit sowie ohne HTML-Kenntnisse; der Baukasten bietet Werkzeuge für beide

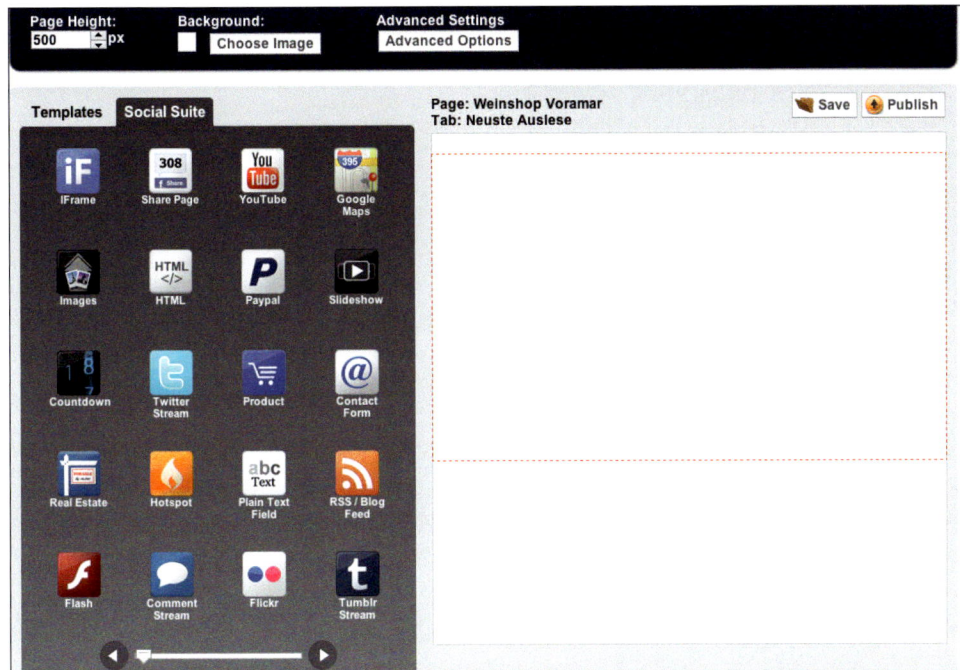

Abbildung 6.27: Individuelle Bausteine mit Lujure, um den benutzerdefinierten Tab zu gestalten

4 Sterne

Facebook Tab Manager
Falls Sie WordPress-Nutzer sind, also ein WordPress-Blog haben oder Ihre Webseite mit WordPress erstellt wurde, bietet das Plug-in **Facebook Tab Manager** eine gute Lösung, um Seiten Ihres WordPress-Blogs in eine Facebook-Page einzu-binden. Das Plug-in ist kostenlos und auf **www.wordpress.org** erhält-lich.

6.4   Ideen für die Nutzung individueller Tabs

Zu guter Letzt sollten ein paar Beispiele gelungener benutzerdefinierter Tabs in diesem Kapitel nicht fehlen. Hier die verschiedenen Herangehensweisen einiger bekannter Marken:

BMW – Startseite

BMW kombiniert gekonnt Werbung für die neueste Kampagne und Willkommen-Seite. Dazu werden das Profilbild als Banner und die eigentliche Landingpage mit Call-to-Action und Werbung für die Kampagne genutzt.

Abbildung 6.28: Call-to-Action auf Startseite

Nutella – Nutiquette

Nutella gibt seinen Fans eine kleine Verhaltensetikette mit auf den Weg, wie man sich das Miteinander auf der Community-Page wünscht.

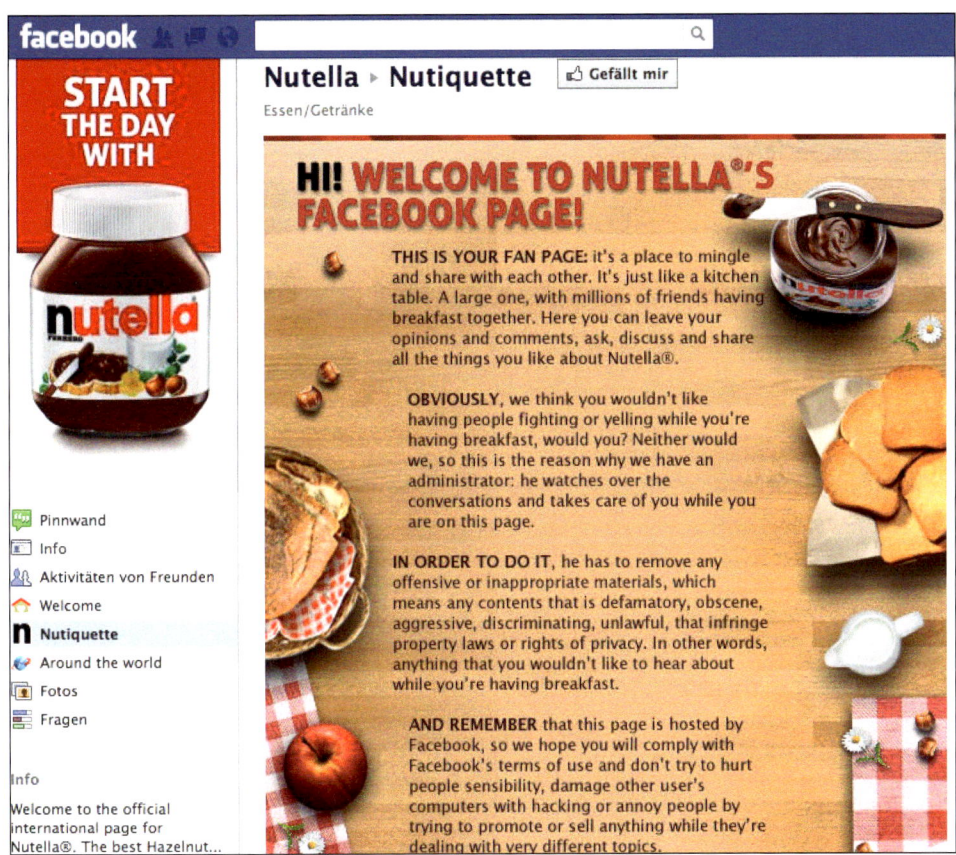

Abbildung 6.29: Verhaltensregeln für die Community

Almighurt – kreativer Bildstreifen

Almighurt nutzt gekonnt den Bildstreifen über der Pinnwand, um die Produktvielfalt zu unterstreichen.

Abbildung 6.30: Kreative Nutzung des Bildstreifens

Audi – CarStyler

Audi bewirbt eine Kampagne, bei der die Fans ihr eigenes Fahrzeug designen können. Ideal für alle Fans des Ingolstädter Autobauers und ein schönes Beispiel, wie man mit Produkten bei Facebook kreativ umgehen kann.

Abbildung 6.31: Den eigenen Audi designen

Red Bull – Jobbörse

Red Bull nutzt Facebook als Plattform für die Suche nach neuen Talenten. Ein Tag ist den neuesten Stellenausschreibungen gewidmet.

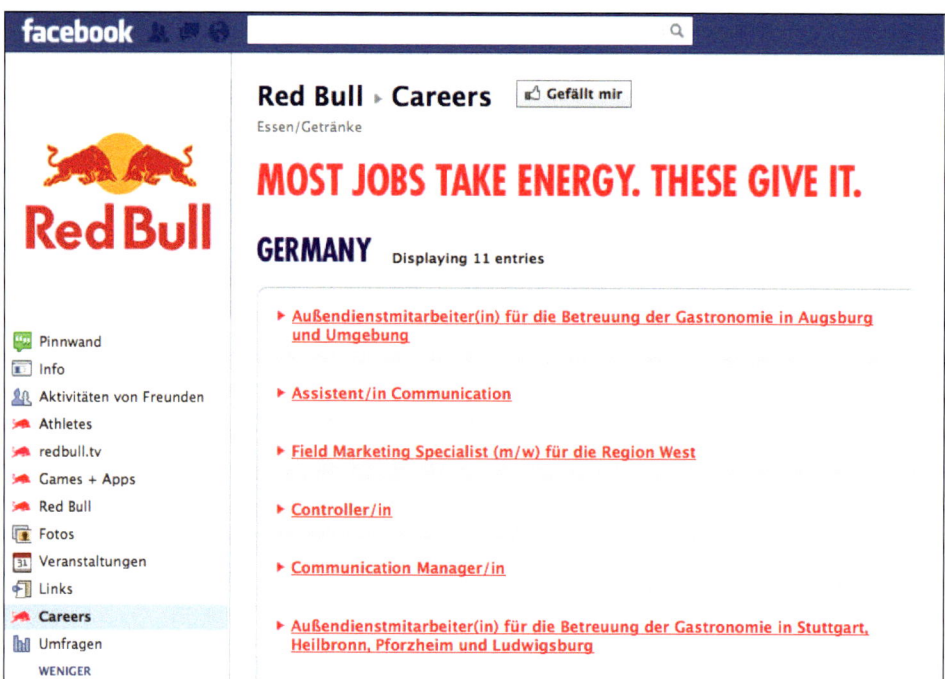

Abbildung 6.32: Jobsuche via Facebook

Telekom

Die Deutsche Telekom nutzt Facebook als Plattform für eine Kampagne, um das Umweltbewusstsein des Unternehmens zu betonen. Nutzer werden dazu aufgefordert, eigene Fotos hochzuladen, wofür Telekom als Belohnung einen neuen Baum im Bonner Stadtwald pflanzt.

Abbildung 6.33: Telekom zeigt ein grünes Gesicht

6.5 E-Commerce-Shops erstellen

Social Commerce ist ein Teil von modernem E-Commerce. Was gibt es auch Sinnvolleres, als sich beim Onlineshopping nach Produktempfehlungen von Freunden zu richten, diese auf gute Angebote und Favoriten aufmerksam zu machen und selbst seine Meinung dazu zu hinterlassen?

Jeder, der in seinem Geschäft oder Laden Produkte verkauft, wird Interesse daran haben, diese mit seiner Facebook-Page zu bewerben und z. B. neben den zuvor beschriebenen individualisierten Tabs zusätzlich noch einen Onlineshop auf der Page zu installieren.

Mittlerweile gibt es auch hierfür eine Fülle von E-Commerce-Shop-Lösungen, um Produkte via Facebook zu präsentieren und an den Mann zu bringen. Werfen Sie einen Blick auf die folgenden Vorschläge.

6.5.1   Top-5-Anbieter

Payvment

www.payvment.com

Eine der meistgenutzten E-Commerce-Shop-Fertiglösungen für Facebook. Sie bietet eine einfache Möglichkeit, einen Shop einzurichten, ein Inventar zu erstellen und das Ganze zu verwalten. Die Anwendung ist daher hervorragend für Anfänger geeignet. Sie können die Einstellungen zu Ihrem Shop komplett auf Facebook festlegen. Payvment ist mit Abstand eine der besten Lösungen für professionelle E-Commerce-Shops auf Facebook.

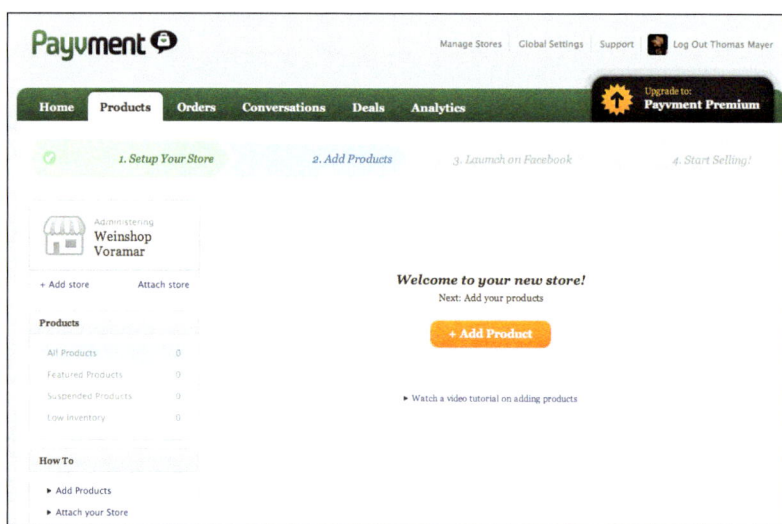

Abbildung 6.34: Professioneller Onlineshop auf Ihrer Business-Page mit Payvment

ShopShare

www.shopshare.eu/facebookshop

Diese Anwendung aus Österreich ist die beste deutschsprachige auf dem Markt. Mit ShopShare kann man ebenfalls einen kompletten Onlineshop auf seiner Facebook-Page einrichten. Auf Anfrage erhalten Sie individuelle, maßgeschneiderte Lösungen für Ihr Geschäftsmodell.

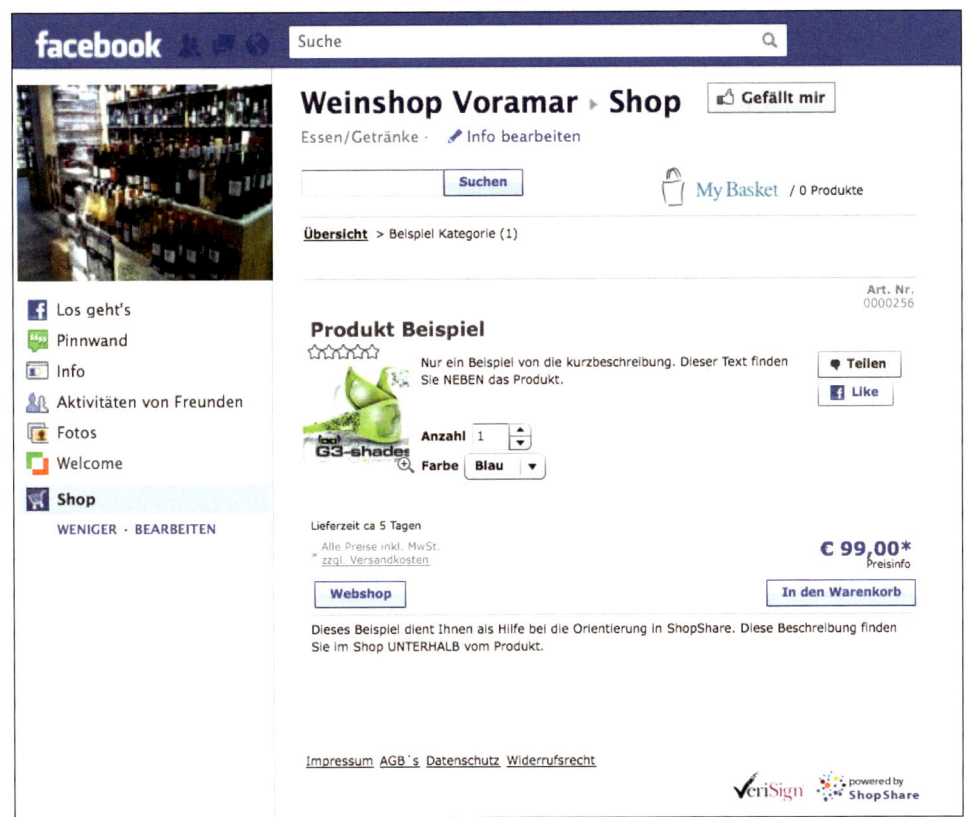

Abbildung 6.35: ShopShare – minimalistisch, aber effektiv und in vielen Sprachen verfügbar

Ecwid

`www.ecwid.com`

Ecwid erlaubt, einen einfachen Shop bzw. Warenkorb für Ihre Facebook-Page einzurichten. Die Anwendung ist sehr einfach zu bedienen (Drag&Drop ist teilweise
möglich), eignet sich allerdings dann besser, wenn Sie bereits den HTML-Code für
Ihren eigenen Onlineshop erstellt haben. Sie ist demnach keine hundertprozen-
tige Fertiglösung und daher für Einsteiger nur bedingt geeignet.

Auf der anderen Seite sind Sie hier nicht auf vorgefertigte Layouts angewiesen
und können Ihr vollständiges Firmendesign mit einfließen lassen.

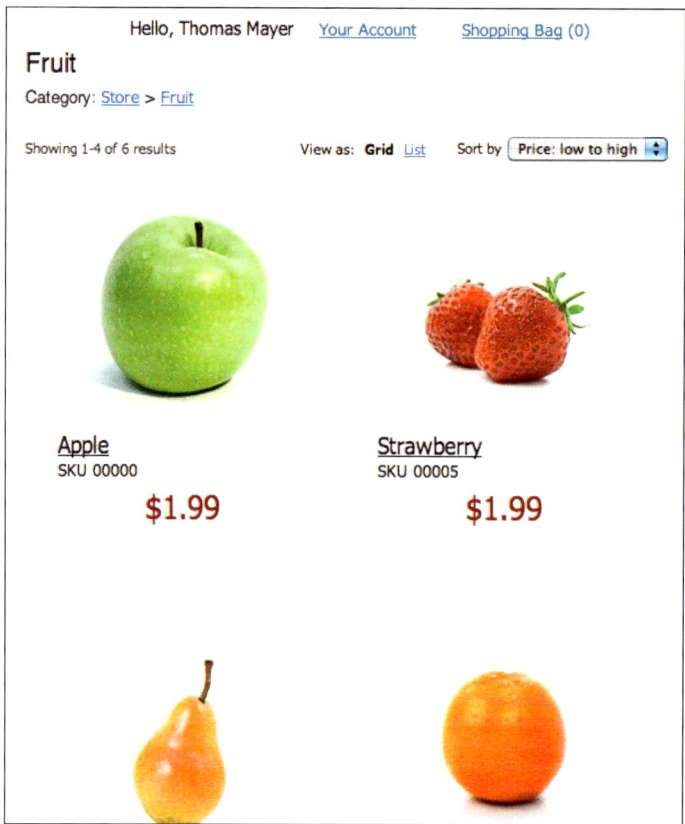

Abbildung 6.36: Den Shop mit Ecwid optimal an Ihr Page-Design anpassen

BigCommerce

`www.bigcommerce.com/socialshop2`

Die E-Commerce-Lösung ist leider nur 15 Tage kostenlos, danach fallen monatliche Gebühren zwischen 18 und 225 Euro an, je nachdem, für welches Paket man sich entscheidet.

Dafür bietet die Anwendung eine äußerst umfangreiche Palette an Optionen: von verschiedenen Shop-Layouts über Vermarktungsstrategien bis hin zu Statistiken – in BigCommerce scheint das zu stecken, was draufsteht.

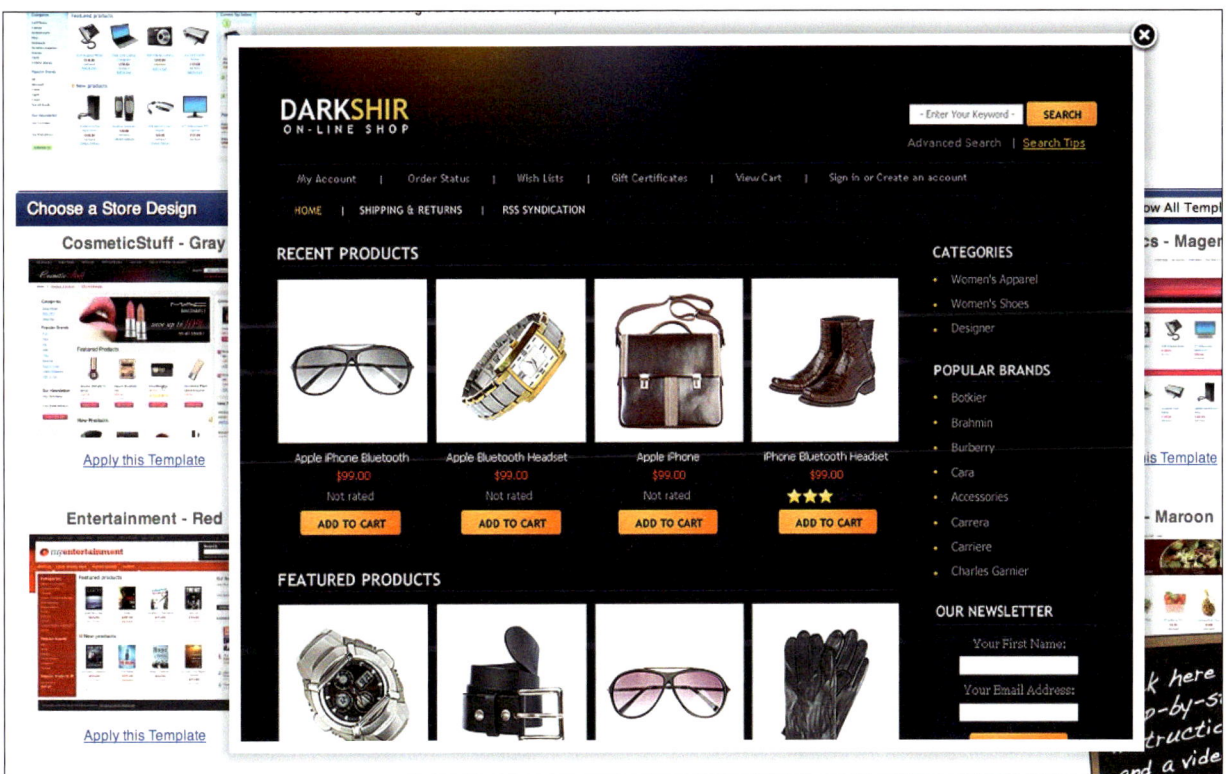

Abbildung 6.37: Layout für jede Art von Onlineshop mit BigCommerce

VendorShop

www.vendorshopsocial.com

VendorShop ist eine weitere vielversprechende App, die die wichtigsten Funktionalitäten eines Onlineshops kostenlos zur Verfügung stellt. In Form von übersichtlichen Formularen können alle Details zu Produkten Schritt für Schritt angelegt werden. Das Design ist minimalistisch und passt sich gut an das Facebook-Layout an.

*Abbildung 6.38: VendorShop –
benutzerfreundlich und effizient*

6.5.2 Alternativlösung

Falls Sie keinen Shop einrichten möchten, da er evtl. nicht zum Konzept Ihrer Page passt oder Ihre Produkte nicht so richtig in das Format eines E-Commerce-Shops passen, können Sie die oben genannten Lösungen ignorieren und einen einfachen Umweg gehen.

Diese Alternativlösung können Sie auf vielen Facebook-Pages großer Firmen finden, die die Produkte ihres eigentlichen Shops nicht auf Facebook anbieten können oder wollen. Die Page des italienischen Jeansherstellers **Replay** ist nur ein Beispiel dafür.

> **Tipp**
> Erstellen Sie eigene Anwendungen auf individualisierten Tabs mit einem Banner, der ein oder mehrere Produktbilder zeigt, die den eigentlichen Shop Ihrer Webseite bewerben. Denken Sie in Richtung Werbeplakate in Großstädten – je aussagekräftiger und ansprechender sie sind, desto eher werden Nutzer darauf klicken.

Abbildung 6.39: Produktwerbung auf Facebook-Page mit Verlinkung zum Shop

Facebook doesn't understand search.
Not yet, at least. They do understand capturing emotion better,
which is due to them using terms
like "friend" and "like".

Robert Scoble, Kult-Blogger

Kapitel 7

Eigene Gewinnspiele und Promos starten

Gewinnspiele sind eine ideale Möglichkeit, um Fans zu motivieren, mit einer Facebook-Page (= Ihrer Firma) zu interagieren. Sie sind Teil der Social-Media-Strategie vieler Unternehmen.

Je besser der Preis und je einfacher die Teilnahme an dem Gewinnspiel, desto größer der Erfolg Ihrer Kampagne. Ihre Fans werden ihren Freunden mitteilen, dass sie teilgenommen haben, und promoten auf diese Weise gleichzeitig Ihre Page, wodurch Sie wiederum neue Fans gewinnen. Gewinnspiele haben hohes virales Potenzial – das Stichwort lautet: Mund-zu-Mund-Propaganda.

Gewinnspiele, die benutzergenerierte Inhalte als Teilnahmebedingung voraussetzen (z. B. das Erstellen eines Videos oder das Aufnehmen und Einreichen eines Fotos), bergen zusätzliches Potenzial, da visuelle Elemente wie Fotos und Videos die am häufigsten genutzten Medien auf Facebook sind. Folglich werden die Freunde Ihrer Fans deren Bilder auf der Pinnwand sehen und erfahren dadurch von Ihrer Kampagne.

Promotions auf Facebook
Gewinnspiele, Preisaus-schreiben, Verlosungen und Wettbewerbe, bei denen ein Gewinner mittels einer Zufallszie-hung oder aufgrund einer Leistung, die nach spezi-ellen Kriterien beurteilt wurde, ermittelt wird.

Achtung
Facebook wird immer strenger, was Regelver-stöße betrifft. Wenn Ihre Firma nicht gerade **Apple** oder **Coca-Cola** heißt, wird Ihre Page möglicherweise ohne jegliche Vorwarnung geschlossen! Die großen Marken haben allerdings das Pech, dass sie im Spotlight der Öffent-lichkeit stehen und Facebook schneller auf Regelverstöße aufmerk-sam wird. Nichtsdesto-trotz – halten Sie sich an die Werberichtlinien von Facebook.

7.1   Was erlaubt ist und was nicht

Zuerst sollten Sie sich mit den Richtlinien für Promotions von Facebook vertraut machen. Lesen Sie in jedem Fall die nachfolgend aufgeführten wichtigen Regeln, bevor Sie mit der Veröffentlichung eigener Gewinnspiele auf Ihrer Page beginnen.

Sie können die offiziellen Richtlinien für Promotions unter `www.facebook.com/promotions_guidelines.php` aufrufen.

Abbildung 7.1: Ganz schön viel Kleingedrucktes – die Richtlinien für Promotions

Falls Sie aus dem Text nicht schlau werden (was durchaus der Fall sein kann), lesen Sie nachfolgend das Wichtigste auf Deutsch:

7.1.1   Ich muss ...

- mein Gewinnspiel in Form einer Anwendung als Tab erstellen, wenn ich es auf meiner Page nutzen möchte (d. h., das Gewinnspiel kann nicht auf der Pinn-wand stattfinden).

- Nutzungsbestimmungen erstellen, die als Bedingung für die Teilnahme am Gewinnspiel von jedem akzeptiert werden müssen (d. h. einen Text auf einer externen Website oder einem Pop-up aufsetzen).

- schriftlich auf dem Gewinnspiel-Tab und in den Nutzungsbestimmungen klarstellen, dass Facebook mit der ganzen Sache nichts zu tun hat (d. h. das Gewinnspiel nicht organisiert, sponsert oder anderweitig unterstützt).

- darauf hinweisen, dass alle Teilnehmerdaten, die durch die Kampagne gesammelt werden, nicht an Facebook, sondern an mich übermittelt werden.

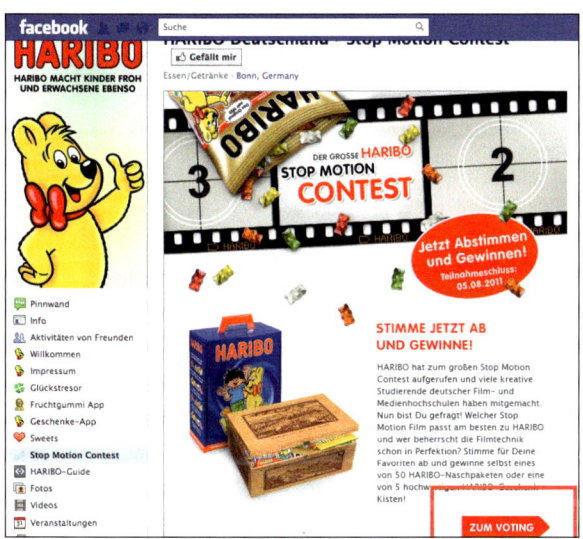

Abbildung 7.2: Haribo nutzt seine 111 000 Fans, um Traffic für die Kampagnenseite zu generieren. Der Klick auf das Gewinnspiel-Tab führt aus Facebook heraus

Tipp
Sie befinden sich ebenfalls auf der sicheren Seite, wenn Sie eine Promotion auf Ihrer Website stattfinden lassen und das Ganze nur mit einer Landing-page in Form eines Facebook-Tabs bewerben. Sobald die Fans auf **Mitmachen** klicken, werden sie von Facebook auf Ihre Seite umgeleitet, auf der Sie machen können, was Ihnen vorschwebt.

Hinweis
Die hier verwendeten Beispiele beziehen sich nicht auf Facebook-Pages im neuen Chronik-Format. Bei Drucklegung dieses Buches war noch nicht genau abzusehen, wie Facebook in Zukunft individuelle Seiten auf Pages integrieren wird.

7.1.2 Ich darf auf keinen Fall ...

- Facebook-Standardfunktionen verwenden, um Nutzer automatisch für Gewinnspiele einzuschreiben (wie z. B. Schreiben eines Kommentars, Hochladen eines Fotos, Einchecken oder Klicken auf *Gefällt mir*) – Nutzer müssen immer zuerst zustimmen!

- Aktionen durch Standardfunktionen als Voraussetzung festlegen, um Nutzern die Teilnahme am Gewinnspiel überhaupt erst zu ermöglichen (wie z. B. einen Kommentar schreiben, einen Pinnwandbeitrag mögen oder ein Foto auf die Pinnwand posten zu müssen, um am Gewinnspiel teilnehmen zu können) – diese Art von Aktionen kann ausschließlich auf dem Gewinnspiel-Tab eingesetzt werden!

Abbildung 7.3: VERBOTEN! – Gewinnspiele auf der Pinnwand unter Einsatz von Standardfunktionen

- Standardfunktionen als Wertungsinstrumente nutzen (wie z. B. den *„Gefällt mir"*-Button einsetzen, um über etwas abzustimmen) – für Abstimmungen sollten eigene Anwendungen erstellt werden!

- Gewinner via Facebook benachrichtigen (Nachricht, Chat, Pinnwand etc.) – dies ist nur durch direkten Kontakt wie E-Mail oder Telefon möglich, d. h., diese Daten muss ich kennen!

- grafische Elemente oder Wortlaute der Marke *Facebook* auf Werbeanzeigen für meine Promo verwenden – und ebenso wenig verändern, manipulieren oder sehr ähnlich aussehende eigene erstellen; Gleiches gilt für das Bild des *„Gefällt mir"*-Buttons!

Neben den ganzen Vorschriften gibt es glücklicherweise auch ein paar Ausnahmen.

7.1.3   Ich darf ...

- eine Anwendung erstellen, die der Nutzer zuerst genehmigen muss, um am Gewinnspiel teilnehmen zu können.

- einen *„Gefällt mir"*-Button auf dem Tab installieren, auf dem das Gewinnspiel stattfindet (und zwar nur dort!), der angeklickt werden muss, damit teilgenommen werden kann.

- Nutzer einchecken lassen, damit sie am Gewinnspiel teilnehmen können, falls diese Funktionalität Teil eines Gewinnspiel-Tabs ist.

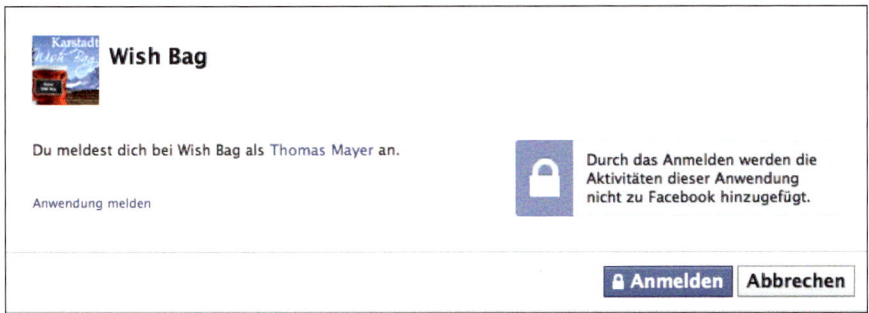

Abbildung 7.4: Absolut legitim – eigene Anwendung erstellen, die akzeptiert werden muss, wie beim Karstadt Wish Bag

7.2 Eigene Gewinnspiele in 5 Minuten

Sie möchten Zeit sparen oder haben keine Möglichkeiten, eigene Anwendungen für Gewinnspiele selbst zu programmieren? Kein Problem: Es gibt zwei Fertiglösungen, die speziell für diesen Zweck erschaffen wurden.

Beide Apps greifen Ihnen auch schwer unter die Arme, was das Befolgen der zuvor genannten Richtlinien angeht.

7.2.1 Wildfire

www.wildfireapp.com

Das **Wildfire-App** wurde bereits in *Kapitel 6* kurz angerissen, da es als geniale Fertiglösung für benutzerdefinierte Tabs daherkommt. Sie müssen sich lediglich anmelden, den Kampagnentyp auswählen, aufsetzen und fertig.

1. Rufen Sie www.wildfireapp.com auf.

2. Klicken Sie auf *SIGN UP NOW*.

3. Füllen Sie das Anmeldeformular aus und klicken Sie anschließend auf *Create Account*.

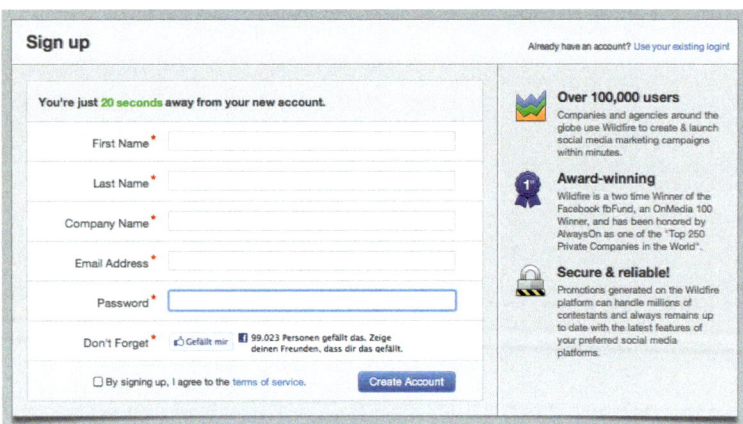

Abbildung 7.5: Wildfire – Anmeldung

4. Melden Sie sich an, sobald Sie ein Konto erstellt haben und Ihre Zugangsdaten bereitliegen.

5. Klicken Sie auf der Startseite auf *Create a Campaign*.

6. Klicken Sie im Pop-up *Choose Campaign Format* auf den Promotiontyp Ihrer Wahl.

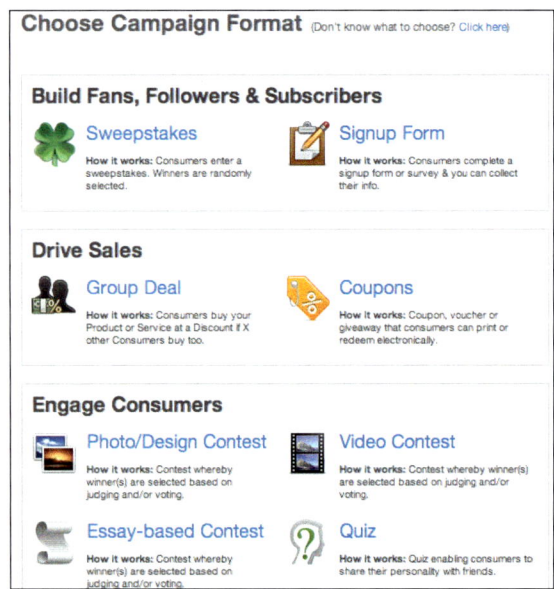

Abbildung 7.6: Wildfire bietet 10 verschiedene Typen von Promotions

Auf der entsprechenden Promotion-Seite angekommen, werden Sie durch sechs Seiten geführt, auf denen Sie jeweils folgende Aspekte definieren müssen:

- Details zur Kampagne (Name, Beschreibung, Preis und URL)

- Dauer der Kampagne (Start- und Endzeitpunkt, Datum zu Einsendeschluss und Ziehung des Gewinners)

- Gewinnspielformular (Daten, die Sie erheben möchten, oder die Gewinnspielfrage)

- Banner zur Kampagne

- Regeln (= Nutzungsbestimmungen festlegen)

- Promotion veröffentlichen

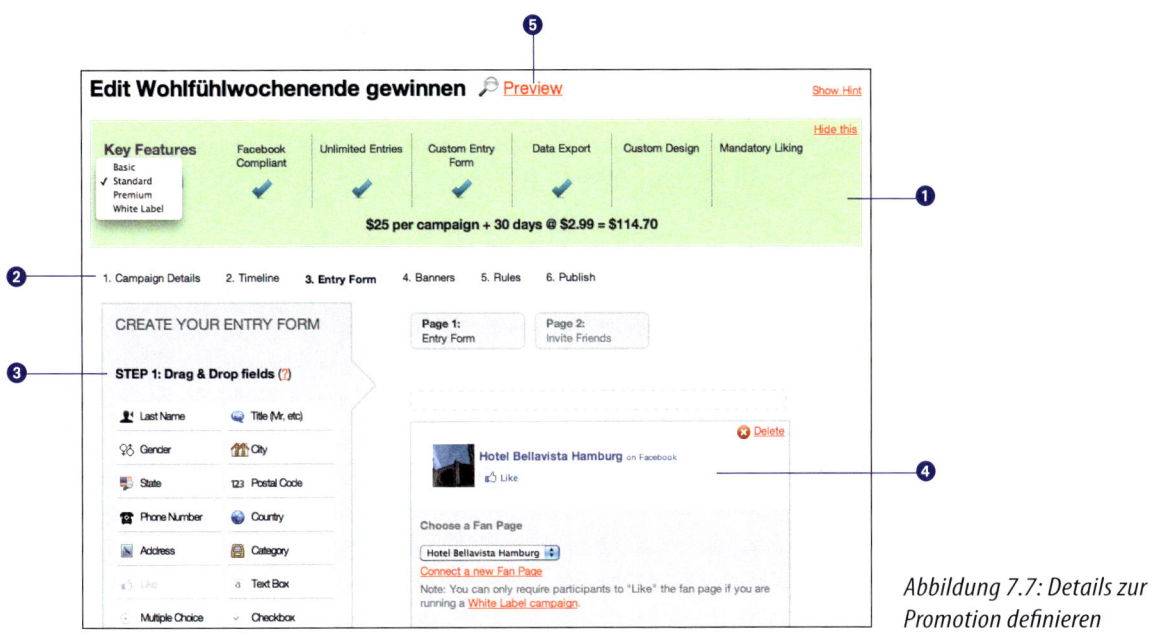

Abbildung 7.7: Details zur Promotion definieren

Sie bestimmen zuerst das Preispaket Ihrer Promotion (❶). Das *Basic*-Paket startet bereits ab 5 Dollar (3,80 Euro) + 0,99 Dollar (0,75 Euro) für jeden Tag, an dem die Promotion läuft. Ab dem *Premium*-Paket kann ein individuelles Design erstellt werden. Sie werden auf den Seiten *1. Campaign Details* bis *6. Publish* (❷) durch den gesamten Prozess des Erstellens der Promotion geführt. Je nach gewähltem Paket stehen Ihnen auf Seite *3. Entry Form* in der Seitennavigation links verschiedene Tools zur Verfügung, die alle für ein Gewinnspielformular verwendet werden können (❸). Diese können Sie einfach per Drag&Drop auf die Vorschau des Formulars ziehen (❹). Auf *Preview* erhalten Sie eine Vorschau der Promotion (❺).

7. Klicken Sie am Fuß jeder Seite auf *Save* bzw. *Continue*, sobald Sie alle Einstellungen vorgenommen haben.

8. Laden Sie auf Seite *4. Banners* eigene Banner für Ihre Promo hoch.

9. Fügen Sie auf Seite *5. Rules* Anweisungen und Nutzungsbestimmungen für die Promotion hinzu.

Abbildung 7.8: Beispiel einer mit Wildfire erstellten Promotion

10. Klicken Sie auf Seite *6. Publish* auf *Pay*, um die Promotion zu bezahlen, und unter *Actions* auf *Publish now*, um die Promotion auf dem entsprechenden Kanal zu veröffentlichen.

> **Tipp**
> Auf **www.goodies4fans.com** finden Sie immer die aktuellsten Facebook-Promos und -Gewinnspiele.

7.2.2   Halalati

www.halalati.com

Eine Gewinnspielanwendung, die unter anderem auf Deutsch zur Verfügung steht, ist **Halalati**. Eigentlich handelt es sich dabei um eine Kopie von Wildfire, aber um eine gute. Halalati bietet ebenfalls unterschiedliche Preispakete für drei Optionen an.

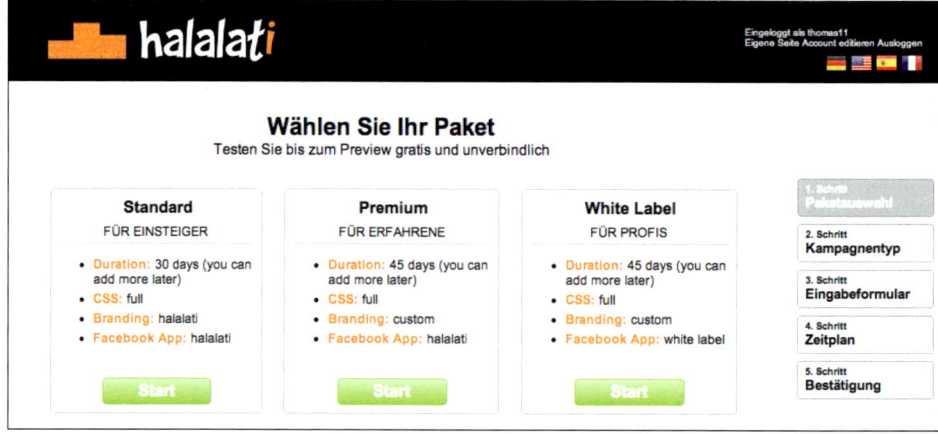

Abbildung 7.9: Von Standard bis White Label – Preispakete von Halalati

Auch hier haben Sie die Wahl zwischen verschiedenen Kampagnentypen für Gewinnspiele, Wettbewerbe und Promos. Wenn Sie sich für einen Typ entschieden haben, werden Sie durch eine Schritt-für-Schritt-Anleitung bis zur fertigen Kampagne geführt.

Abbildung 7.10: Promotions in deutscher Sprache erstellen

Verglichen mit Wildfire ist Halalati nicht ganz so umfangreich, was Features angeht, jedoch für Anfänger daher fast noch besser geeignet. Auch die Tatsache, dass Promotions in vier Sprachen erstellt werden können, ist ein großes Plus. Ein guter Kundenservice, u. a. auch über Twitter, steht ebenfalls zur Verfügung.

Großes Manko bei dieser Anwendung: Die ersten 30 Tage sind nicht unter 159 Euro erhältlich.

Tipp
Sie können zahlreiche weitere Anwendungen finden, die auf Promotions wie Gewinnspiele spezialisiert sind, aber Wildfire ist mit Abstand die beste App. Halalati bietet vor allem dann eine gute Alternative, wenn Sie Gewinnspiele auf Deutsch einrichten möchten.

Timing, perseverance, and ten years
of trying will eventually make you look
like an overnight success.

Biz Stone, Twitter-Co-Gründer

Kapitel 8

Werbung schalten

Langsam wird es höchste Zeit, dass Sie ein bisschen die Werbe-
trommel für Ihre neue Business-Page schlagen. Wenn Sie bereits
die ersten Fans gewinnen konnten und regelmäßig eigene
Inhalte auf der Pinnwand veröffentlichen und ggf. sogar schon
eine eigene Kampagne gestartet haben, sollte Ihr nächstes Ziel
sein, die Fan-Community der Page zu vergrößern.

Abbildung 8.1: Typische Facebook-Werbeanzeigen

8.1   Werbeanzeigen auf Facebook

Facebook hat seine eigenen Werbemittel, denen ein eigener Bereich auf der Seite eingeräumt wurde. Ähnlich wie bei Google oder anderen Websites können Sie eigene Werbeanzeigen schalten, um entweder eine Facebook-Page oder eine externe Website zu bewerben.

1. Klicken Sie in der Fußleiste von Facebook auf *Werbung*.

Sie landen auf der Seite *Werbeanzeigen und Seiten*, von der aus Sie jegliche Art von Facebook-Werbung verwalten können.

2. Klicken Sie auf *Werbeanzeige erstellen*.

Abbildung 8.2: Facebook-Werbeanzeigen – Startseite

> Sie müssen als Facebook-Nutzer agieren (nicht als Page), um Werbeanzeige erstellen zu können (siehe **Kapitel 4**).

Auf der nächsten angezeigten Seite können Sie Ihre ersten eigenen Werbeanzeigen erstellen. Facebook bietet grundsätzlich zwei verschiedene Typen von Werbung an.

8.1.1 Standardmäßige Facebook-Werbeanzeigen

Hierbei handelt es sich um klassische Onlinewerbemittel, wie Sie sie etwa auch von Google kennen. Man spricht im Onlinemarketing von sogenannten „Creatives", d. h. Werbeanzeigen, die aus drei Teilen bestehen: Titel, Beschreibung und Bild. Je besser Sie jeden Bestandteil wählen, desto erfolgreicher wird Ihre Werbeanzeige. Ziel ist es zunächst immer, so viele Klicks wie möglich auf Ihrer Werbeanzeige zu erhalten. Dabei spielt es eine große Rolle, dass einerseits zwar viele, andererseits aber auch die richtigen Nutzer die Werbung sehen.

1. Wählen Sie unter *Destination* die Landingpage für Ihr Werbemittel aus, d. h. die Seite, auf der die Nutzer landen sollen, nachdem sie auf die Anzeige geklickt haben.

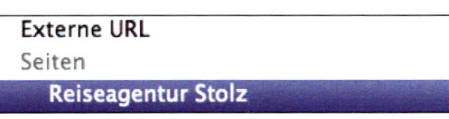

Abbildung 8.3: Landingpage definieren

Die im Dropdown-Menü angezeigten Seiten sind nach Typ geordnet. Wenn Sie bereits eine eigene Anwendung erstellt haben (z. B. ein Gewinnspiel, das Sie bewerben möchten), können Sie diese ebenfalls als Landingpage auswählen.

2. Wählen Sie unter *Art* der Werbung *Facebook-Werbeanzeigen* aus.

Als Nächstes müssen Sie die *Meldungsart* definieren. Hierbei gibt es zwei verschiedene Strategien:

Page Post Ad

Sie können eine Werbeanzeige zu einem Beitrag Ihrer Page erstellen. Dazu wählen Sie im nächsten Punkt unter *Page Post Selection* im Dropdown-Menü einen Ihrer neuesten Beiträge aus.

Abbildung 8.4: Den richtigen Beitrag als Werbung auswählen

> **Tipp**
> Vor allem Fragen, Beiträge mit klarem Call-to-Action wie z. B. „Klicke auf **Gefällt mir**, wenn ..." oder Veranstaltungstipps eignen sich ausgezeichnet als Page-Post-Werbung.

Facebook-Werbeanzeigen für Pages

Die zweite Möglichkeit ist eine Werbeanzeige, die Sie hinsichtlich Text und Bild individuell gestalten.

1. Wählen Sie unter *Meldungsart* die Option *Facebook-Werbeanzeigen für Seiten* aus.

2. Wählen Sie unter *Zielreiter* den Tab aus, auf dem die Nutzer landen sollen, nachdem sie auf die Anzeige geklickt haben.

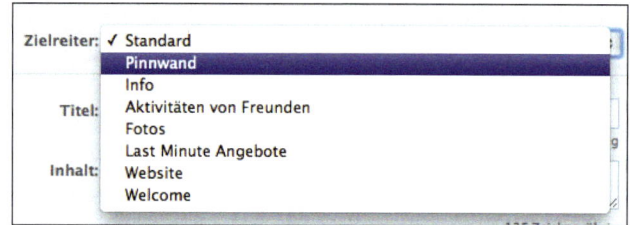

Abbildung 8.5: Landing-Tab definieren

Im nächsten Schritt müssen Sie das Creative (= die eigentliche Anzeige) kreieren.

3. Entwerfen Sie einen ansprechenden Werbetext für Ihre Anzeige.

Der Text sollte kurz und knapp ausdrücken, worum es in der Werbung geht, und bestenfalls einen Call-to-Action enthalten. Es stehen 135 Zeichen inklusive Leerstellen zur Verfügung (lesen Sie *Abschnitt 8.5* für Beispiele von Werbeanzeigen).

> Wenn Sie eine Page bewerben, wird der offizielle Name der Page automatisch von Facebook übernommen. Das Gleiche gilt für eine Anwendung. Sie können den Titel nur individualisieren, wenn Sie eine externe Website bewerben.

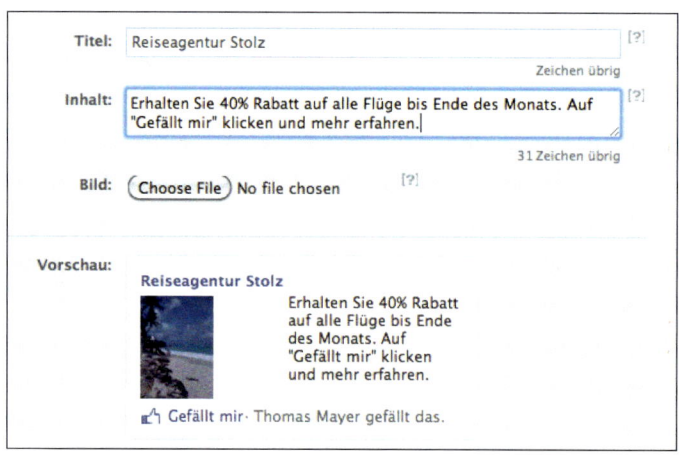

Abbildung 8.6: Creative erstellen

Facebook weist als Anzeigenbild automatisch das Profilbild Ihrer Page zu.

4. Wählen Sie ein anderes *Bild* von Ihrer Festplatte aus, um es zu ändern.

8.1.2 Gesponserte Meldungen

Die zweite Art von Werbung, von der Sie Gebrauch machen können, sind sogenannte gesponserte Meldungen. Dabei handelt es sich um Anzeigen, die ausschließlich Freunden Ihrer Fans angezeigt werden und die einer persönlichen
Empfehlung entsprechen – ein großartiges Modell, da Freunde bestehender Fans
eher auf eine Anzeige klicken, wenn sie diese praktisch von einem ihrer Freunde,
dessen Bild und Name angezeigt werden, empfohlen bekommen.

> **Tipp**
> Eine persönliche Emp-
> fehlung eines Freundes
> strahlt viel mehr Ver-
> trauen aus als eine
> neutrale Botschaft
> irgendeiner Firma.

1. Wählen Sie unter *Destination* die richtige Landingpage aus.

2. Wählen Sie unter *Art* die Option *Gesponserte Meldungen*.

3. Wählen Sie unter *Meldungsart* die Option *Meldung über „Gefällt mir"-Angaben
auf einer Seite*.

Alternativ können Sie auch erneut einen einzelnen Beitrag auswählen, um diesen
zu bewerben.

Abbildung 8.7: Gesponserte Meldung zu Ihrer Page

8.2   Targeting – die richtige Zielgruppe im Visier

Auf der gleichen Seite muss im nächsten Punkt die Zielgruppe Ihrer Werbeanzeige definiert werden – ein entscheidender Schritt! Das sogenannte Targeting (= genaue Ansprache der Zielgruppe) kann ausschlaggebend für Erfolg oder Misserfolg Ihrer Werbung sein.

8.2.1   Ort und Demografie bestimmen

1. Bestimmen Sie den *Ort*, an dem Ihre Anzeige gesehen werden soll.

Sie können das Land oder die Stadt auswählen.

2. Wählen Sie die passende Option aus und geben Sie den Namen des Landes bzw. der Stadt in das Textfeld ein.

Es werden vordefinierte Vorschläge zur Auswahl angezeigt. Sie können beliebig viele Länder oder Städte auswählen.

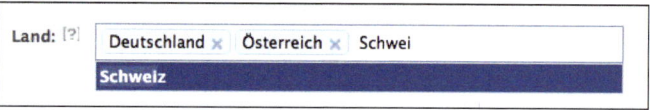

Abbildung 8.8: Location-Targeting der Anzeige definieren

Als Nächstes müssen Demografie und Interessen bestimmt werden.

3. Wählen Sie das *Alter* der Zielgruppe Ihrer Anzeige aus. Wählen Sie *Beliebig* für alle Altersgruppen oder bestimmen Sie eine spezielle Altersgruppe.

4. Wählen Sie das *Geschlecht* der Zielgruppe Ihrer Anzeige aus. Wählen Sie *Alle* für geschlechtsunabhängige Anzeigen oder setzen Sie die Einstellung auf *Männer* oder *Frauen*.

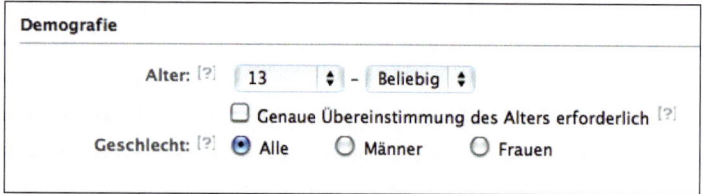

Abbildung 8.9: Demografie definieren

5. Wählen Sie die *Interessen* Ihrer Werbezielgruppe aus. Geben Sie unter *Precise Interests (Präzise Interessen)* den genauen Namen einer Page oder Aktivität an oder klicken Sie auf *Zur erweiterten Kategorieauswahl wechseln*, um eine generelle Überkategorie zu bestimmen.

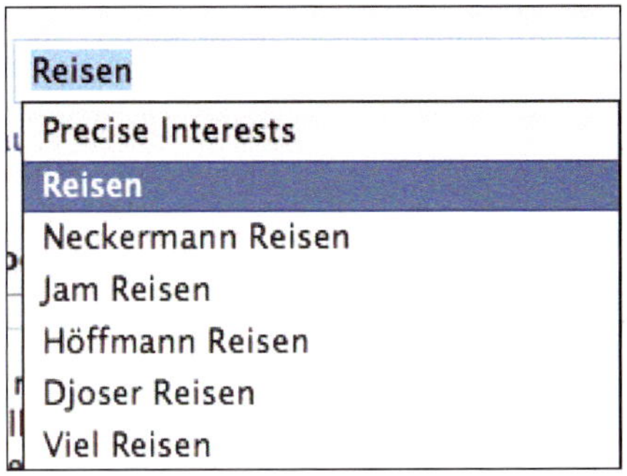

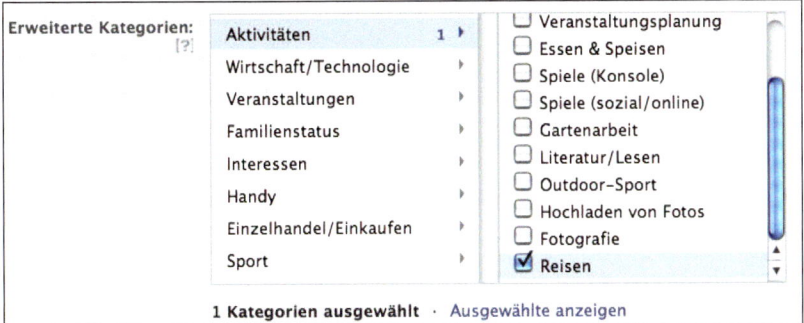

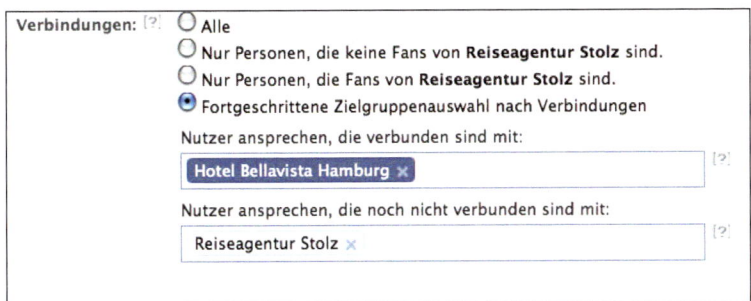

Abbildung 8.10: Präzise Interessen definieren

Abbildung 8.11: Generelle Interessen definieren

8.2.2 Verbindungen der Nutzer definieren

Im nächsten Schritt können Sie genau definieren, in welcher Relation die Nutzer, die auf Ihre Anzeige antworten, zu einer Ihrer Pages stehen. Sie können z. B. bestimmen, dass nur Nutzer, die noch nicht Fan von Page A sind, die Anzeige sehen sollen, oder Sie zielen konkret auf alle Nutzer ab, die Fan von Page B sind usw.

6. Definieren Sie unter *Verbindungen*, welche Gruppe Ihre Anzeige außerdem sehen soll.

Abbildung 8.12: Erweitertes Targeting – Verbindungen definieren

> Bei jedem Schritt der Demografie-Einstellungen sehen Sie in der rechten Seitenspalte eine Schätzung, wie viele Facebook–Nutzer Sie mit der geplanten Anzeige erreichen können.

8.2.3   Erweiterte Demografie-Einstellungen

Bezieht sich Ihre Werbeanzeige auf ein bestimmtes Segment, was Geschlecht, Berufsgruppe oder Ausbildung angeht (z. B. spezielle Sport- oder Modeartikel)?

7. Wählen Sie unter *Erweiterte Demografien* und unter *Ausbildung & Arbeit* die entsprechenden Kriterien aus.

Geschätzte Reichweite [?]

18.009.020 Personen

- die in **Deutschland** leben
- die **18** Jahre oder älter sind

Abbildung 8.13: Geschätzte Reichweite der Werbeanzeige

8.3   Budget richtig planen

Jede Werbung kostet Geld. Geben Sie sich keinen Illusionen hin: Die einzige Intention von Facebook ist es, mit Werbeanzeigen von Nutzern den höchstmöglichen Profit zu machen. Dies bedeutet, dass die Anzeigen, die für das Unternehmen besonders gewinnbringend sind, von Facebook gepuscht werden, was sich wiederum positiv auf Ihre erfolgreichsten Anzeigen auswirkt.

8.3.1   Konto für Werbung erstellen

Damit die Bestellung für Werbeanzeigen abgeschickt werden kann, muss ein Facebook-Konto für Werbeanzeigen erstellt werden.

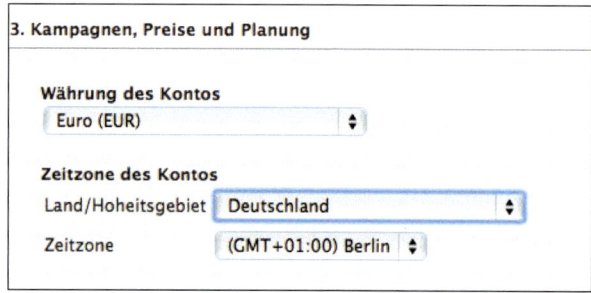

Abbildung 8.14: Konto erstellen

1. Wählen Sie unter *Währung des Kontos* die Währung aus, in der Sie Werbeanzeigen bezahlen möchten.

2. Wählen Sie unter *Zeitzone des Kontos* das richtige Land und Ihre Zeitzone aus.

8.3.2 Das richtige Werbemodell auswählen

Das System der Facebook-Werbung funktioniert ähnlich wie Google-Anzeigen. Sie geben ein Gebot für Ihre Anzeige ab. Sie können dabei zwischen zwei verschiedenen Abrechnungsmodellen wählen:

- CPC (Cost-per-Click)

  Sie zahlen den gebotenen Preis pro Klick auf Ihre Anzeige.

- CPM (Cost-per-Mille)

  Sie zahlen den gebotenen Preis pro 1000 Impressionen (= Einblendungen) Ihrer Anzeige.

Leider stellt das Werbenetzwerk von Facebook eine Art Blackbox dar, die keine Auskunft darüber gibt, worauf man wirklich bietet.

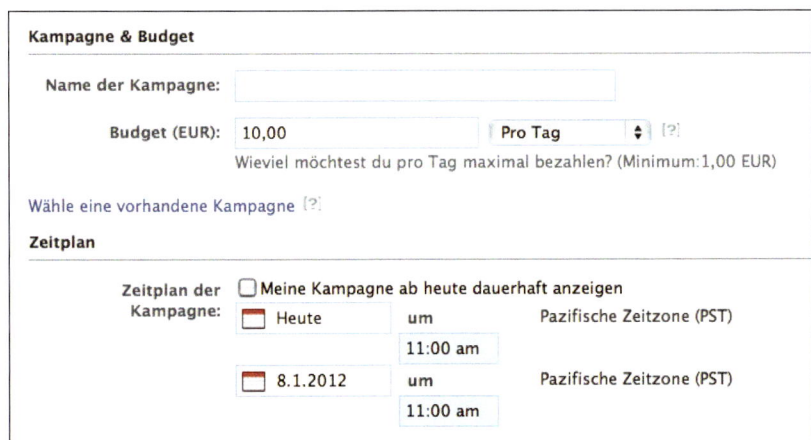

Abbildung 8.15: Name und Zeitplan der Werbeanzeige bestimmen

> **Achtung**
> Sie sollten darauf achten, von Anfang an die richtige Währung einzustellen, da sie später nicht mehr geändert werden kann.

> Das CPM-Modell ist eher sinnvoll für große Kampagnen mit Hunderten von verschiedenen Werbemitteln, die gleichzeitig aktiviert sind. Daher ist CPM für Anfänger weniger zu empfehlen. Allerdings stellt CPM die einzige Methode dar, wie Sie die Leistung Ihrer Werbeanzeigen über das vorgeschlagene Gebot hinaus steigern können, da es hiermit möglich ist, günstiger viele Klicks für 1000 Impressionen zu erhalten, als wenn Sie pro Klick zahlen würden. Dies hängt vom Erfolg der Anzeige sowie davon ab, wie Facebook sie einstuft. Nutzen Sie zu Beginn lieber CPC.

Timing
Wie in **Kapitel 5** er-
wähnt, kann die Uhrzeit,
wann Ihre Werbung live
geht, eine entscheidende
Rolle spielen, vor allem
dann, wenn Sie Ziel-
gruppen ansprechen, die
in einer anderen Zeitzo-
ne leben, wie z. B. USA.
Planen Sie Ihre Werbe-
anzeigen entsprechend.

Tipp
Richten Sie sich nach der
Empfehlung von Facebook
und behalten Sie Ihr
Budget im Hinterkopf.

1. Geben Sie unter *Kampagne & Budget* der Werbeanzeige einen Namen und definieren Sie Ihr Budget.

Sie können ein Tagesbudget oder ein Budget für die gesamte Laufzeit der Kampagne bestimmen.

2. Definieren Sie unter *Zeitplan* den Zeitraum, in dem die Werbeanzeige aktiv sein
   soll. Aktivieren Sie das Häkchen in der Box, wenn Ihre Anzeige ohne Unterbre-
   chung geschaltet sein soll.

3. Wählen Sie unter *Preise* die Option *Für Klicks zahlen (CPC)* aus.

4. Geben Sie unter *Maximalgebot* den centgenauen Betrag ein, den Sie pro Klick
   für Ihre Anzeige ausgeben möchten.

Preise

○ Für Impressionen zahlen (CPM)

◉ Für Klicks zahlen (CPC)

Maximalgebot (EUR). Wieviel möchtest du pro Klick bezahlen? (min. 0,01 EUR) [?]

0,34   Vorgeschlagenes Gebot: 0,23 – 0,49 EUR

Hinweis: Steuern sind in den Geboten, Budgets sowie den anderen angezeigten Beträgen nicht enthalten.

Vorgeschlagenes Gebot verwenden (einfach)

Abbildung 8.16: Preismodell der Kampagne bestimmen

5. Klicken Sie auf *Werbeanzeige überprüfen*.

Sie landen auf einer Übersichtsseite, auf der alle Spezifikationen der Anzeige
zusammengefasst werden.

6. Klicken Sie auf *Werbeanzeige bearbeiten*, wenn Sie einen Fehler in den Angaben finden, oder klicken Sie auf *Bestellung aufgeben*, wenn die Werbeanzeige
   bereit für die Veröffentlichung ist.

7. Wählen Sie im Pop-up *Finanzquelle hinzufügen* die gewünschte Zahlungsmethode aus und klicken Sie auf *OK*.

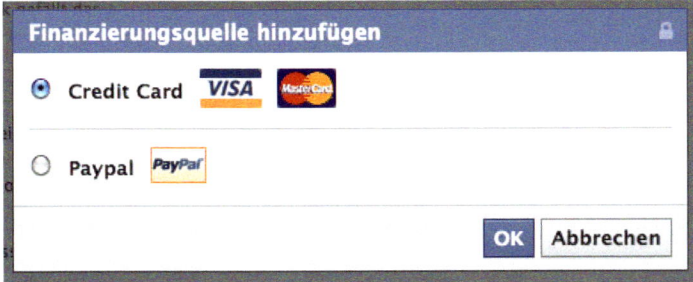

Abbildung 8.17: Zahlungsmethode auswählen

Auf dem folgenden Pop-up müssen Sie als letzten Schritt die Kreditkarten- oder PayPal-Konto-Informationen angeben, um Ihre Werbeanzeige live schalten zu können.

Sie landen auf der Übersichtsseite Ihrer Werbeanzeigen.

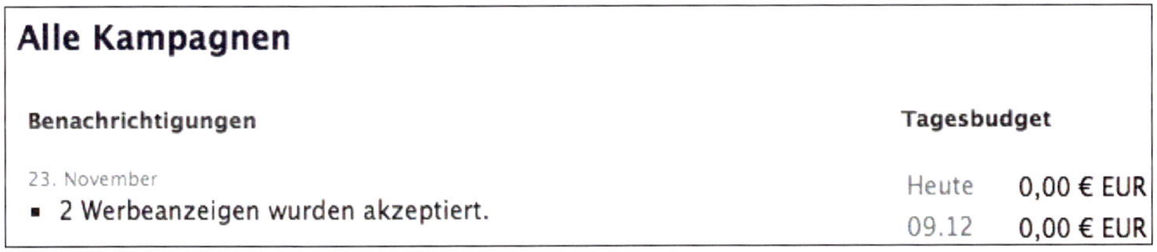

Alle Kampagnen		
Benachrichtigungen		**Tagesbudget**
23. November	Heute	0,00 € EUR
▪ 2 Werbeanzeigen wurden akzeptiert.	09.12	0,00 € EUR

Abbildung 8.18: Status der Werbekampagnen

Oben auf der Seite erscheint unter *Benachrichtigungen* eine Meldung zur Bestätigung der Liveschaltung Ihrer Anzeige(n). Unter *Tagesbudget* wird der Betrag angezeigt, der pro Tag ausgegeben wurde.

> Bevor Ihre neu erstellte Werbeanzeige live geschaltet wird, muss sie zuerst von Facebook akzeptiert werden. Sobald dies geschehen ist, erhalten Sie (d. h. der Facebook-Nutzer, der die Werbeanzeige erstellt hat) eine Bestätigungs-E-Mail.

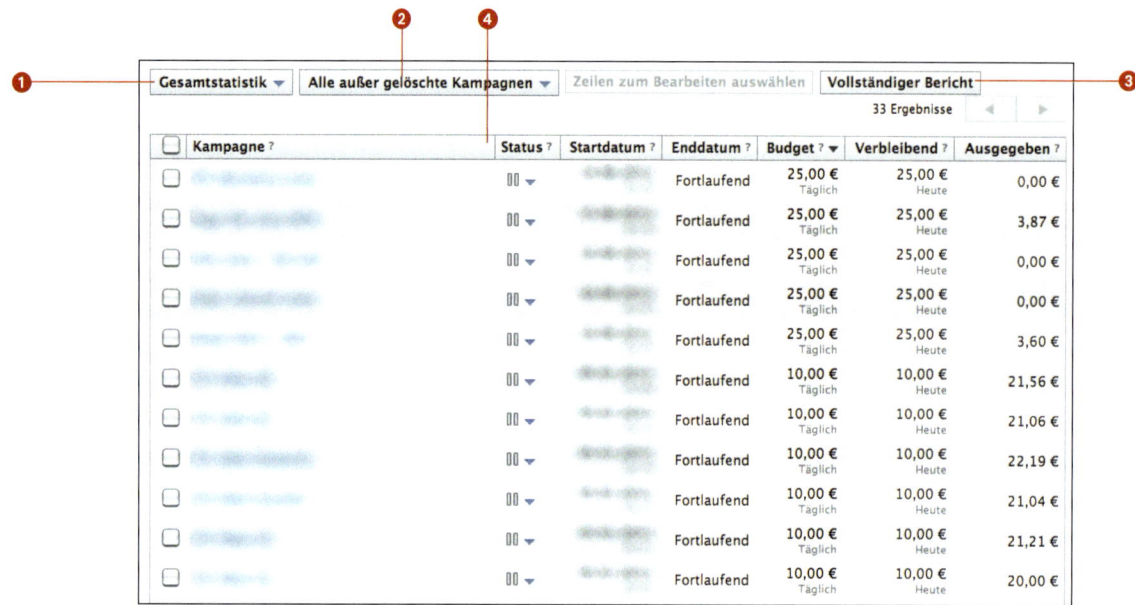

Abbildung 8.19: Übersicht über alle Werbekampagnen

Darunter finden Sie sämtliche Daten zu jeder einzelnen Kampagne. Eine Kampagne kann aus einer oder mehreren Werbeanzeigen bestehen, d. h., Sie können Werbeanzeigen zu bestehenden Kampagnen hinzufügen oder entfernen.

Unter *Gesamtstatistik* (❶) können Sie Kampagnen nach Zeitraum wie *Heute*, *Gestern*, *Letzte Woche* usw. filtern. Der Status der angezeigten Kampagnen kann unter *Alle außer gelöschte Kampagnen* (❷) ausgewählt werden. Berichte zu Ihren Werbekampagnen können unter *Vollständiger Bericht* (❸) erstellt werden. Ausführliche Infos zu Berichten finden Sie in *Kapitel 9*.

In der Tabelle können Sie jede Spalte auf- und absteigend sortieren, indem Sie auf den Namen der jeweiligen Spalte klicken (❹). Unter *Status* sehen Sie, ob eine Kampagne derzeit live geschaltet ist oder pausiert. Sie können so Kampagnen an- und ausschalten. *Startdatum* und *Enddatum* geben den exakten Zeitraum an, in dem die Kampagne gelaufen ist. Sofern Sie die Kampagne nicht löschen, wird das *Enddatum* als *Fortlaufend* angezeigt.

In den letzten drei Spalten wird angezeigt, wie hoch das tägliche Budget der Kampagne ist, wie viel davon pro Tag noch übrig ist und wie viel bereits für die Kampagne ausgegeben wurde. Der Betrag unter *Ausgegeben* stellt die Gesamtsumme aller Ausgaben pro Kampagne dar.

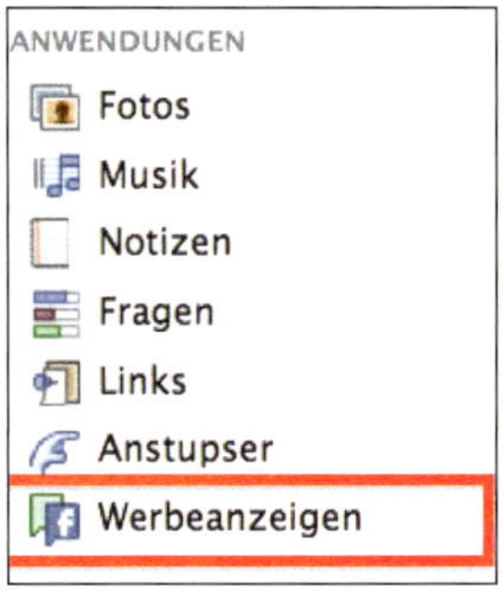

8.4 Werbeanzeigen testen

Testen Sie verschiedene Anzeigen. Erstellen Sie zu Beginn mindestens zwei verschiedene Werbeanzeigen, die jeweils nach anderen Targeting-Kriterien ausgerichtet sind.

Wenn Sie z. B. vier verschiedene Anzeigen kreieren, könnten zwei davon ausschließlich auf männliche und die anderen beiden nur auf weibliche Nutzer abzielen. Zwei könnten jeweils aus Text + Bild A und die anderen beiden aus Text + Bild B bestehen.

Abbildung 8.20: Die Werbeanzeigen-Übersicht kann von der Facebook-Startseite aus geöffnet werden

Nur durch Tests und eine Analyse der Ergebnisse jeder Anzeige gewinnen Sie Erkenntnisse darüber, was am besten funktioniert (vgl. *Kapitel 9*).

Analysieren Sie gleichzeitig die Demografie Ihrer bestehenden Fangemeinde, um eine Idee zu erhalten, welche Personen am meisten an Ihren Inhalten, Produkten und Services interessiert sind. Darauf basierend, können Sie versuchen, mehr Fans der gleichen Segmente oder andere Zielgruppen, aus denen Sie noch keine Fans haben, zu gewinnen (siehe *Kapitel 9.2.3*).

Abbildung 8.21: Werbeanzeigen-Test; Quelle: Facebook

Tipp
Testen Sie verschiedene Werbeanzeigen 2 bis 3 Tage lang, um ein klares Bild über den Erfolg oder Misserfolg jeder einzelnen Anzeige zu erhalten. Teilen Sie Ihr Budget entsprechend auf, damit Sie es nicht überschreiten.

8.5   Workshop: gute Creatives erstellen

Sie sind bereits ein erfahrener Facebook-Nutzer? Dann werden Sie mit den vielen Werbeanzeigen vertraut sein, die Ihnen auf jeder beliebigen Seite des Netzwerks angezeigt werden.

Leider befinden sich darunter sehr viele, die oftmals schlicht und einfach schlecht produziert sind oder das falsche Targeting nutzen (wie z. B. in *Abb. 8.1*). Als Folge sehen Sie eine ästhetisch eher wenig ansprechende Werbung, die Sie nicht interessiert.

Diese Fehler sollten Sie vermeiden, indem Sie Werbeanzeigen kreieren, die alle Betrachter inspirieren und das Interesse an Ihrer Business-Page wecken.

> Wussten Sie, dass Facebook die Anzeigen, die sehr gut funktionieren, d. h. viele Nutzer zum Klick animieren, damit belohnt, dass die Kosten pro Klick fallen?

8.5.1   Beispiel A – schlechte Werbeanzeige

Warum handelt es sich hierbei um eine eher schlechte Anzeige?

Abbildung 8.22: Schlechte Werbeanzeige

- Kein konkreter Call-to-Action in der Beschreibung

- Text verdeutlicht nicht, worum es geht

- Schreibstil bzw. Grammatik sind nicht ideal

- Bild ist nicht ideal geeignet für eine Anzeige; es ist unklar, was es darstellt

8.5.2 Beispiel B – gute Werbeanzeige

Warum ist diese Anzeige viel besser?

Wellness–Salon Schön

Bestes Spa der Stadt! Gönnen Sie sich mal eine Auszeit. Auf "Gefällt mir" klicken und unsere besten Angebote via Facebook erhalten.

👍 Gefällt mir· Johannes Schwarz gefällt das.

Abbildung 8.23: Gute Werbeanzeige

- Ansprechendes Bild: Wenn Personen im Bild sind, sollten sie als Close-up zu erkennen sein

- Gute, ansprechende Beschreibung, durch die sich das Produkt verkauft

- Call-to-Action in Beschreibung vorhanden

- Angebot als Anreiz zum Besuch der Page im Text erwähnt

8.6 Facebook-Werberichtlinien

Ähnlich wie bei den *Richtlinien für Promotions* (vgl. *Kapitel 7*) gilt es auch bei Facebook-Werbeanzeigen die offiziellen Regeln (= die Facebook-Werberichtlinien) zu kennen und zu befolgen.

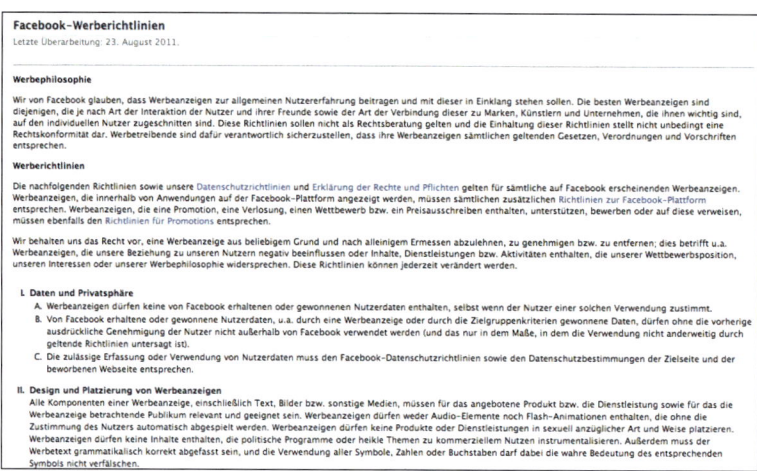

Abbildung 8.24: Noch mehr Kleingedrucktes – die Facebook-Werberichtlinien

Facebook betont, dass es bei Werbeanzeigen in erster Linie um Interessen der Nutzer und deren Freunde gehen soll, um auch mit diesem Instrument einen positiven Beitrag zur Nutzererfahrung zu leisten.

Wenn Sie Werbeanzeigen für eine Promotion wie z. B. ein Gewinnspiel schalten, müssen sich diese gleichzeitig nach den Richtlinien für Promotions richten.

Hier die wichtigsten Punkte, die Sie wissen müssen:

8.6.1   Daten und Privatsphäre

■ Werbeanzeigen dürfen keine Nutzerdaten jeglicher Art enthalten.

■ Jede Verwendung von Nutzerdaten muss den Facebook-Datenschutzrichtlinien entsprechen.

8.6.2   Design und Platzierung

■ Alle Komponenten der Werbeanzeige müssen die Dienstleistung oder das Produkt des Werbenden darstellen.

- Jede Anzeige muss zu einer funktionierenden Landingpage führen, die genau die beworbenen Produkte darstellt.

- Inhalte der Anzeige müssen für das Zielpublikum relevant und geeignet sein.

- Animierte Flash-Bilder sind in Anzeigen nicht erlaubt.

- Sexistische (oder zu sexuelle) und politische Inhalte sind in Anzeigen nicht erlaubt.

- Jeder Werbetext muss grammatikalisch korrekt verfasst sein, d. h. auch, Zahlen dürfen nicht anstelle von Buchstaben benutzt werden und umgekehrt.

- Texte von Werbeanzeigen dürfen sich nicht auf persönliche Eigenschaften eines Nutzers beziehen (wie z. B. Herkunft, Religion, Alter, sexuelle Orientierung).

- Alle Anzeigen müssen stets die Anforderungen der jeweiligen Zielgruppe erfüllen (z. B. darf sich Werbung für Alkohol und Glücksspiel nur an eine Zielgruppe ab 18+ richten).

Abbildung 8.25: Achtung! Werbung für Alkohol unterliegt bestimmten Restriktionen, was z. B. Sprache und Bilder der Creatives angeht

8.6.3   Inhalte von Anzeigen

■ Alle Werbeanzeigen müssen den Gesetzen und Richtlinien jedes Landes entsprechen, in denen sie geschaltet werden.

■ Alle Texte müssen der Wahrheit entsprechen und dürfen kein Spam darstellen.

■ Werbeanzeigen, die Produkte speziell für Erwachsene bewerben (z. B. Sexspielzeug und Verhütungsmittel), sind nicht erlaubt.

■ Werbeanzeigen, die alkoholische Produkte bewerben, sind nicht überall erlaubt und unterliegen strengeren Auflagen (ausführliche Infos finden Sie im Facebook-Hilfebereich).

■ Werbeanzeigen, die Dating-Dienste bewerben, unterliegen ebenfalls strengeren Auflagen.

■ Werbeanzeigen, die Drogen oder Tabak bewerben, sind nicht erlaubt.

■ Werbeanzeigen, die Glücksspiel bewerben, sind nur mit vorheriger Genehmigung von Facebook und auch nur in bestimmten Ländern zugelassen.

Die restlichen Details von Hassbotschaften bis hin zu Belästigungen erspare ich Ihnen an dieser Stelle besser.

Abbildung 8.26: Verboten –
Werbung für Drogen oder Tabak

Lesen Sie den ausführlichen Text der *Facebook-Werberichtlinien* unter
`www.facebook.com/ad_guidelines.php`.

8.7 Planen Sie eine Facebook-Werbekampagne

Halten Sie bei Ihrer Planung die folgenden Schritte genau ein:

Was sind Ihre Ziele?

-> Neue Fans auf der Page generieren? Oder: -> Eine bestimmte Aktion auf Ihrer Website, wie z. B. E-Mail-Registrierung oder Sale?

Kampagnenplan erstellen

-> Planen Sie die gleichzeitige Aktivierung zweier verschiedener Anzeigen (z.B. gleicher Text mit verschiedenen Bildern oder umgekehrt) über einen Zeitraum von 2 bis 3 Tagen. Für die darauf folgenden 2 bis 3 Tage planen Sie zur gleichen Zeit Anzeigen, die z. B. nach männlich/weiblich aufgespalten werden.

Wen möchten Sie erreichen?

-> Erstellen Sie ein genaues Targeting Ihrer Anzeigen. Achten Sie dabei stets auf die Reichweite Ihrer Werbung, je nach definiertem Targeting.

Was möchten Sie ausgeben?

-> Planen Sie Ihr Budget und teilen Sie es entsprechend den verschiedenen Anzeigen, die über 1 oder 2 Wochen laufen, auf.

Erfolge messen

-> Analysieren Sie im Statistiken-Bereich der Facebook-Werbemittel genau, welche Anzeigen am erfolgreichsten sind, d. h. den größten Gewinn bringen. Achten Sie auf die CTR und insbesondere auf die Konversionsrate. Achten Sie genau darauf, welcher Traffic über die Facebook-Anzeigen einging. Ausführliche Informationen zum Thema „Erfolge messen" finden Sie in *Kapitel 9*.

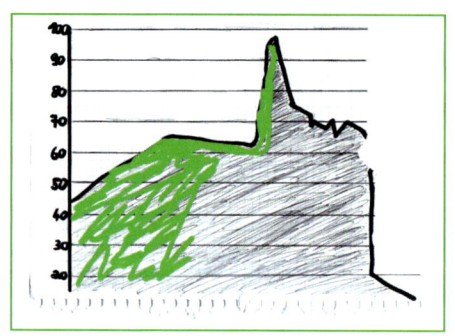

Nicht alles was zählt, kann
gezählt werden, und nicht
alles was gezählt werden
kann, zählt!

Albert Einstein

Kapitel 9

Erfolge richtig messen

Spätestens jetzt dürften Sie sich Fragen stellen wie: Woher kommen meine Fans eigentlich? Was für Menschen sind die Besucher meiner Page? Welche darunter sind meine größten Fans? Welche Gruppe meiner Fans mag welche Inhalte am liebsten? Welche Inhalte kommen generell am besten an?

Um langfristig am meisten zu erreichen, gehört es zum festen Bestandteil jeder Social Media-Kampagne, alle Aktionen am Erfolg zu messen. Neben den in Kapitel 8 beschriebenen Werbeanzeigen stellt Facebook Ihnen einen großen Statistikbereich zur Verfügung, mit dem Sie tiefe Einblicke in die Fan-Community Ihrer Page erhalten.

9.1   Aktualisierungen via E-Mail

Ein sehr praktisches Standard-Feature von Facebook ist ein wöchentliches E-Mail-Update mit statistischen Zahlen zu Ihrer Business-Page. Ohne jeglichen Aufwand erhalten Sie direkt im Posteingang einen Überblick, wie viele neue Fans Sie akquirieren konnten, wie viele Kommentare hinterlassen wurden usw.

1.599 monatlich aktive Nutzer ⬇**32** seit letzter Woche

2.034 Personen gefällt das ⬆**6** seit letzter Woche

70 Pinnwandeinträge oder Kommentare diese Woche ⬇**83** seit letzter Woche

352 Besuche diese Woche ⬇**53** seit letzter Woche

Abbildung 9.1: Die neuesten Zahlen zur Page

> Sie sehen die gleiche Statistik auch auf Ihrer Facebook-Startseite rechts oben, wenn Sie als Page agieren (nicht als Nutzer).

Sie können die wöchentlichen E-Mails im Bereich der Einstellungen Ihrer Page verwalten.

1. Klicken Sie auf der Pinnwand auf *Seite bearbeiten*.

2. Klicken Sie im Navigationsmenü links auf *Deine Einstellungen*.

3. Klicken Sie unter *E-Mail-Benachrichtigungen:* auf den Link *Alle E-Mail-Einstellungen für deine Seiten anzeigen*.

Die E-Mail-Updates sind standardmäßig aktiviert.

4. Entfernen oder setzen Sie das Häkchen neben *Wöchentliche Seitenaktualisierungen für Administratoren*, um die E-Mail-Updates zu (de-)aktivieren.

5. Klicken Sie auf *Änderungen speichern*.

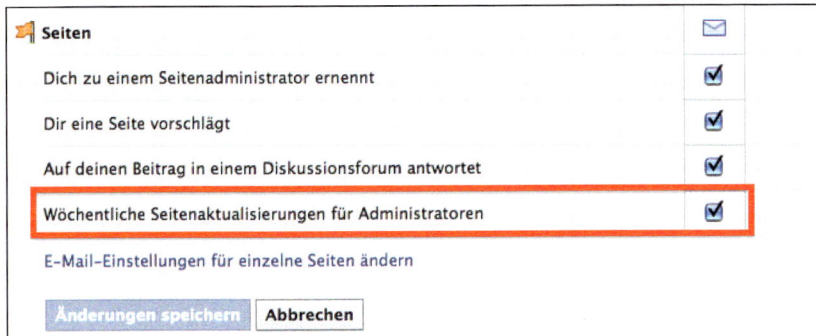

Abbildung 9.2: Einstellungen für E-Mail-Updates

9.2 Facebook-Statistiken

Einer der größten Vorteile, die Ihnen eine Business-Page von Facebook als Marketinginstrument bietet, sind die eingebauten Facebook-Statistiken. Mithilfe dieser erhalten Sie wertvolle Einblicke in die Leistung Ihrer Page.

Statistiken können von Ihrer Page aus aufgerufen werden.

1. Klicken Sie unterhalb Ihres Profilbilds auf *Statistiken*.

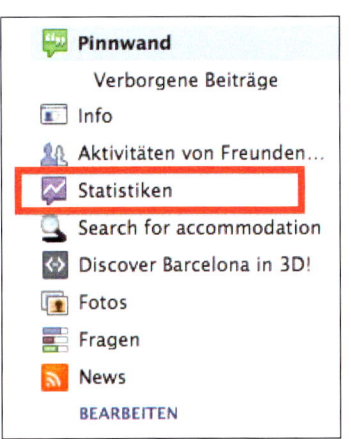

Abbildung 9.3: Statistiken aufrufen

> Die Statistiken stehen Ihnen nicht auf Live-Basis zur Verfügung aber innerhalb 24 Stunden nachdem ein Tag vorbei ist. Sobald Sie Ihre Page mindestens 30 Fans hat, sind Ihnen die Statistiken zugänglich, vorher nicht!

Sie sehen nun die Übersichtsseite der Statistiken Ihrer Page, auf der Sie vier verschiedene Grundmetriken vorfinden, mit denen die Leitung Ihrer Page gemessen wird.

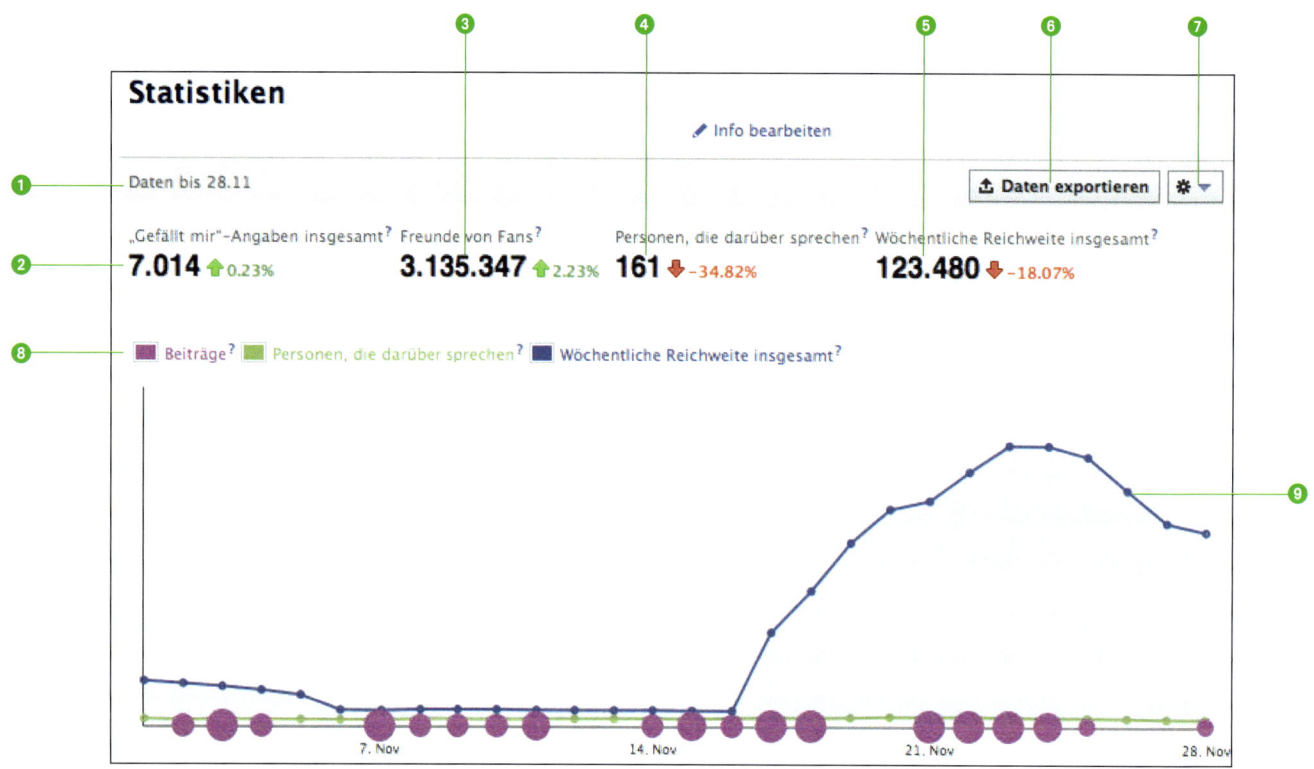

Abbildung 9.4: Leistung Ihrer Page analysieren

Das Datum (❶) zeigt Ihnen an, bis zu welchem Tag die dargestellten Daten von Facebook gemessen wurden.

Die vier Metriken (❷-❺) liefern Infos über die Größe Ihrer Fangemeinde und darüber, wie gut die Page-Inhalte bei Ihrem Publikum ankommen.

Sie können zu jeder Zeit alle Berichte herunterladen, indem Sie auf *Daten exportieren* (6) klicken. Im angezeigten Pop-Up können Sie zwischen *Datenart*, *Datenformat* (z.B. **Excel**-Datei) und *Datenbereich* (= Zeitraum der Messung) auswählen.

Auf alle Hilfethemen, wie z.B. einen Rundgang durch die einzelnen Features des Statistikbereichs, kann über das Dropdown-Menü (7) zugegriffen werden.

Im Diagramm werden drei Werte (8) dargestellt: die Entwicklung Ihrer Inhalte, das Feedback Ihrer Fans und die Reichweite (= Verbreitungsgrad) der Inhalte. Im Beispiel der *Abb. 9.4* kann man einen deutlichen Anstieg der Reichweite (9) zum Zeitpunkt einer Werbekampagne der Page erkennen.

9.2.1 Vier Grundmetriken

Im Folgenden werfen wir einen Blick auf die vier Metriken (2-5), die die Leistung Ihrer Page definieren. Jede Metrik wird jeweils als Zahl dargestellt. Daneben wird der Trend der letzten sieben Tage prozentual angezeigt – ein grüner Pfeil für Wachstum, ein roter für Abnahme.

1. „Gefällt mir"-Angaben
Die Zahl der *„Gefällt mir-Angaben"* (2) zeigt an, wie viele Fans Ihre Business-Page hat, d.h. wie viele Facebook-Nutzer am Kopf der Page auf *Gefällt mir* geklickt haben.

2. Freunde von Fans
Eine recht interessante, aber hypothetische Zahl ist der Wert *Freunde von Fans* (3), der Ihnen ein Bild über die potenzielle Reichweite Ihrer Inhalte vermittelt. Dabei handelt es sich um die Anzahl der Facebook-Nutzer, die Sie theoretisch mit Ihrer Fan-Community erreichen können, wenn jeder Ihrer Fans die Inhalte all seinen Freunden mitteilt, d.h. mit ihnen darüber spricht. Im Beispiel der *Abb. 9.4* wären das bei rund 7000 Fans schon mehr als drei Millionen Nutzer.

3. Personen, die darüber sprechen
Beim Wert *Personen, die darüber sprechen* (4) handelt es sich um die Anzahl aller Facebook-Nutzer, die im Laufe der vorhergehenden Woche Inhalte auf Facebook erstellt haben, die sich auf Ihre Page beziehen.

> **Analyse**
> Lernpunkt hierbei ist, welche Inhalte das beste Feedback innerhalb und jenseits Ihrer Fan-Community produzieren. Nutzen Sie diese Einblicke, um Beitragstyp und Zeit der Veröffentlichung zu optimieren. Konzentrieren Sie sich auf Inhalte, die funktionieren (vgl. **Kapitel 5**)

Zusammenhang zwischen Punkt 3 und 4: Je mehr Personen über Ihre Page sprechen, desto mehr wird sie promotet.

4. Wöchentliche Reichweite insgesamt

Die reelle Zahl der Facebook-Nutzer, die sie innerhalb der letzen sieben Tage mit Ihren Inhalten tatsächlich erreicht haben, wird in *Wöchentliche Reichweite insgesamt* dargestellt.

9.2.2   Performance von Inhalten

Im unteren Teil der Seite finden Sie detaillierte Infos zu den einzelnen Seitenbeiträgen Ihrer Page. Sie können die Daten je nach Spalte auf- oder absteigend sortieren.

Abbildung 9.5: Nach Beitragstyp filtern

Reichweite ?	Eingebundene Nutzer ?	Personen, die darüber sprechen ?	Viralität ?
844	29	7	0.83%
774	77	48	6.2%
716	16	11	1.54%
73	3	1	1.37%
51	4	1	1.96%
626	42	12	1.92%

Abbildung 9.6: Resultate einzelner Beiträge

2.   Klicken Sie auf *Alle Beitragsarten*, um nach Beitragstypen zu filtern.

An dieser Stelle schauen wir uns vier weitere Metriken näher an, die sehr wertvolle Einblicke liefern.

Reichweite

Die Zahl der *Reichweite* gibt genau an, wie viele Personen den entsprechenden Beitrag gesehen haben. Sie gilt für bis zu 28 Tage nach Veröffentlichung des Beitrags. Wenn Sie auf die Zahl klicken, erhalten Sie mehr Details darüber, auf welchem Wege die Nutzer Ihren Beitrag gesehen haben.

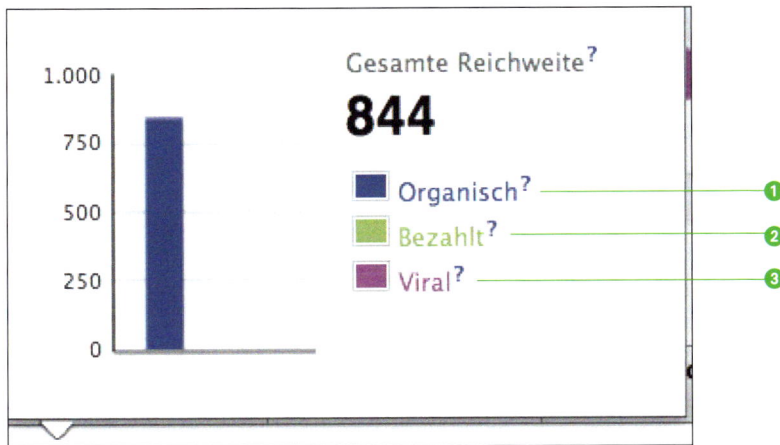

Abbildung 9.7: Reichweite von Beiträgen – aufgespalten

Organisch (**1**) gibt an, wie viele Nutzer Ihren Beitrag in ihrem Neuigkeiten-Feed oder direkt auf Ihrer Page-Pinnwand gesehen haben; *Bezahlt* (**2**) steht für alle, die Ihren Beitrag durch eine Werbeanzeige gesehen haben (vgl. *Kapitel 8*) und *Viral* (**3**) stellt alle Nutzer dar, die einen Beitrag gesehen haben, weil einer ihrer Freunde mit dem Beitrag interagiert (auf *Gefällt mir* geklickt, kommentiert usw.) hat.

Eingebundene Nutzer

Diese Zahl stellt alle Nutzer dar, die auf den Beitrag (z.B ein Foto) geklickt haben.

Personen, die darüber sprechen

Diese Zahl stellt alle Nutzer dar, die mit dem Beitrag interagiert haben, sodass sie mit dieser Aktion selbst einen Facebook-Beitrag erstellt haben. Dies geschieht durch Klicken auf *Gefällt mir*, Schreiben eines Kommentars, Beantworten einer Frage oder Antworten auf eine Veranstaltung.

Viralität

Dieser Prozentsatz stellt alle Nutzer dar, die einen eigenen Beitrag mit Bezug auf Ihre Page erstellt haben und gleichzeitig zu denjenigen Nutzern gehören, die diesen Beitrag selbst gesehen haben.

9.2.3   Erfahren Sie mehr über Ihre Fans

Am spannendsten wird es, wenn Sie zum ersten Mal Details über Ihr Publikum erfahren, d.h. wo Ihre Fans herkommen, welches Geschlecht sie haben und wie alt sie sind.

1. Klicken Sie im Seitenmenü auf einen der vier Unterpunkte von *Statistiken*, z.B. auf *„Gefällt mir"-Angaben*.

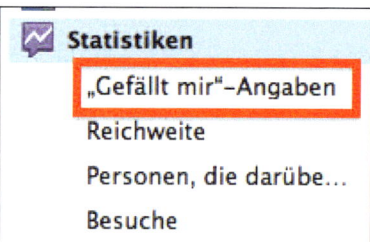

Abbildung 9.8: Weitere Metriken

Auf der folgenden Seite finden Sie eine Übersicht über alle demographischen Angaben zu Ihren Fans, inklusive Alter, Geschlecht, Land, Stadt und Sprache. Hierbei gilt:

- **Alter und Geschlecht**
  Das Alter und das Geschlecht von Nutzern, wie sie es auf ihrem Facebook-Profil veröffentlichen.

- **Land und Stadt**
  Das Land und die Stadt, die der IP-Adresse des Nutzers entsprechen.

- **Sprache**
  Die Sprache von Nutzern, wie sie in ihren Facebook-Spracheinstellungen definiert ist.

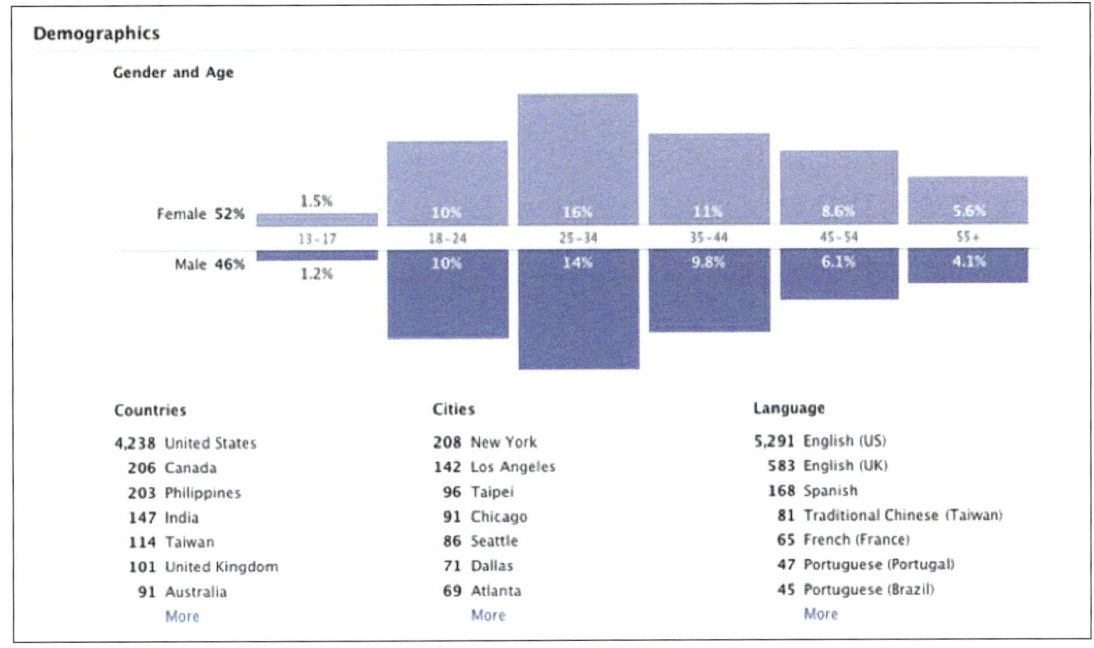

Abbildung 9.9: Beispiel von Statistik zu Demographie und Orten; Quelle: Facebook

Die demographischen Daten befinden sich stets im oberen Teil der Seite, unabhängig davon, welchen der vier Unterpunkte von *Statistiken* Sie anklicken.

9.2.4 Loyalität der Fans

Im unteren Bereich der gleichen Seite befindet sich ein weiteres wichtiges Diagramm, das Daten darüber liefert, wie neue Fans auf Ihre Page aufmerksam wurden, wie viele Fans Sie neu gewinnen konnten und wie viele Sie verloren haben.

Vor allem die verlorenen Fans sollten Anlass dazu geben, Ihre Inhalte zu überprüfen. Gab es einen bestimmten Tag, an dem Sie besonders viele Fans verloren haben? Wenn ja, warum? Haben Sie die falschen Inhalte veröffentlicht oder waren es evtl. zu viele an einem Tag, sodass sie von manchen Fans als Spam empfunden wurden?

> Die Summe der Prozentangaben zu Alter und Geschlecht ergibt manchmal nicht 100%, da nicht zwangsläufig alle Ihrer Fans diese Angaben auf ihrem Profil veröffentlichen.

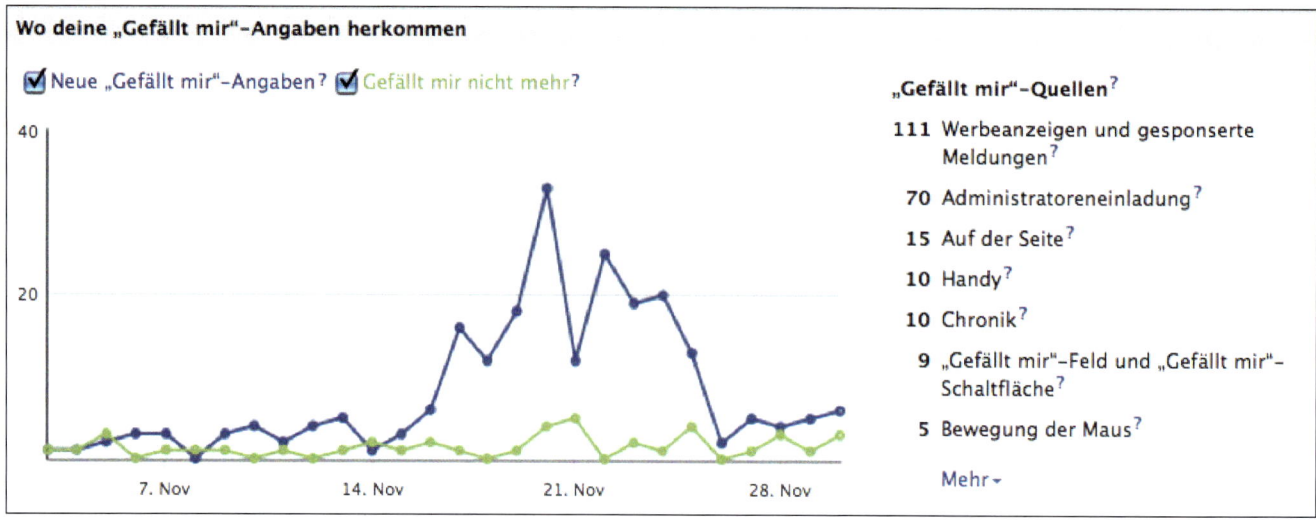

Abbildung 9.10: Win or lose — über welchen Kanal kamen die neuen Fans?

Unter *„Gefällt mir"-Quellen* sehen Sie genau, wie viele Nutzer durch welche Aktion auf Ihrer Page auf *Gefällt mir* geklickt haben.

9.2.5 Reichweite Ihrer Inhalte

Welche Ihrer Beiträge sich am besten verbreiten, können Sie in diesem Unterpunkt einsehen.

1. Klicken Sie im Statistiken-Untermenü auf *Reichweite*.

Unter den demographischen Angaben werden Diagramme zu zwei Messbereichen angezeigt.

Art der Reichweite

Die zwei Diagramme in diesem Bereich stellen dar, auf welche Weise Sie Nutzer erreicht haben, d.h. die Reichweite und Frequenz Ihrer Inhalte.

2. Klicken Sie auf *Alle Seiteninhalte*, um zwischen Ihren eigenen Beiträgen und denen Ihrer Fans, die Ihre Page promotet haben, zu filtern.

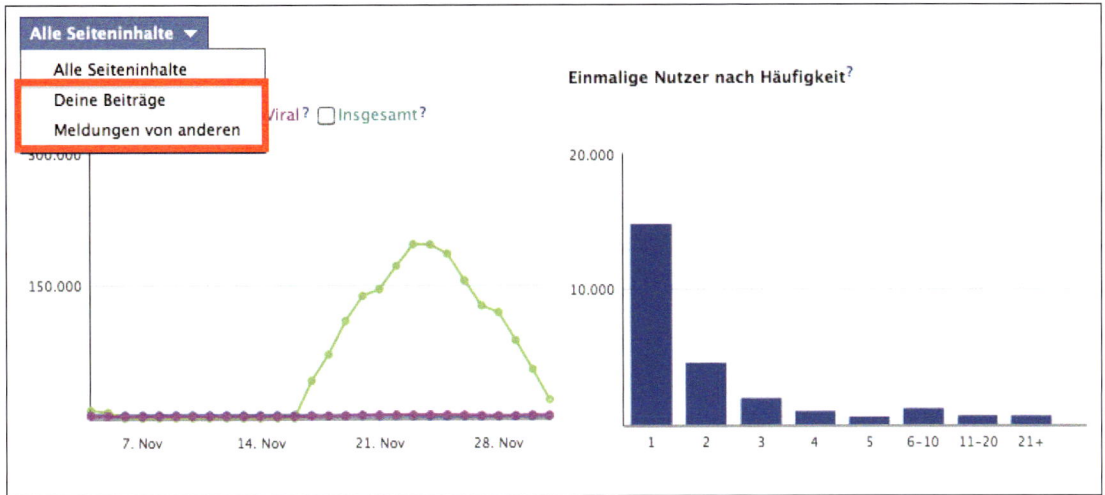

Abbildung 9.11: Daten zu Reichweite

Im linken Diagramm können Sie sehen, durch welches Mittel Sie die meisten Nutzer erreicht haben. Das Beispiel in *Abb. 9.11* ist deckungsgleich mit dem in *Abb. 9.4*: Die höchste Reichweite wurde hier durch geschaltete Werbeanzeigen (= *Bezahlt*) über einen Zeitraum von ca. zwei Wochen erreicht.

Die Balken im rechten Diagramm geben an, wie viele Personen die Inhalte im gleichen Zeitraum wie oft gesehen haben. In dem Beispiel hat die Mehrzahl der Nutzer die gleichen Inhalte einmal gesehen.

Besuche Ihrer Page
Im unteren Teil der Seite sehen Sie ein weiteres Diagramm, das angibt, wie viele Nutzer Ihre Page wie oft besucht haben. Die obere Kurve zeigt die Gesamtzahl aller Besuche an (auch von Personen, die mehr als einmal auf Ihrer Page waren), während die untere darstellt, wie viele Einzelpersonen pro Tag Ihre Page besucht haben.

Die zwei Spalten unter der Grafik geben an, welchen Page-Tab die Besucher gesehen haben (links) und durch welche externen Websites Besucher auf Ihre Page gekommen sind (rechts).

Abbildung 9.12: Einmalige Besucher oder Stammfans?

Tipp
Dieses Diagramm ist ein hervorragendes Indiz für die Stärke Ihrer Fangemeinde: Je weiter beide Kurven auseinander gehen, desto mehr weitere Nutzer haben Ihre Fans mit den Inhalten Ihrer Page erreicht, die sie verbreitet haben.

Der Unterschied zwischen diesem Bereich und dem der Reichweite liegt darin, dass es sich hier lediglich um verbreitete und gesehene Inhalte handelt und nicht wie bei der Reichweite um Nutzer, die tatsächlich Ihre Page besucht haben.

Personen, die über Sie sprechen

Sind Sie in aller Munde? Die Metrik *Personen, die darüber sprechen* erteilt Ihnen Auskunft darüber, wie Ihre Fans über Sie sprechen, d.h. welche Beitragstypen am effektivsten waren.

1. Klicken Sie im Statistiken-Untermenü auf *Personen, die darüber sprechen*.

Die beiden auf dieser Seite angezeigten Diagramme beschäftigen sich mit der Anzahl der Beiträge, die auf der Grundlage Ihrer eigenen Beiträge erstellt wurden (links), sowie die Anzahl der Nutzer, die diese von Fans erstellten Beiträge gesehen haben (rechts).

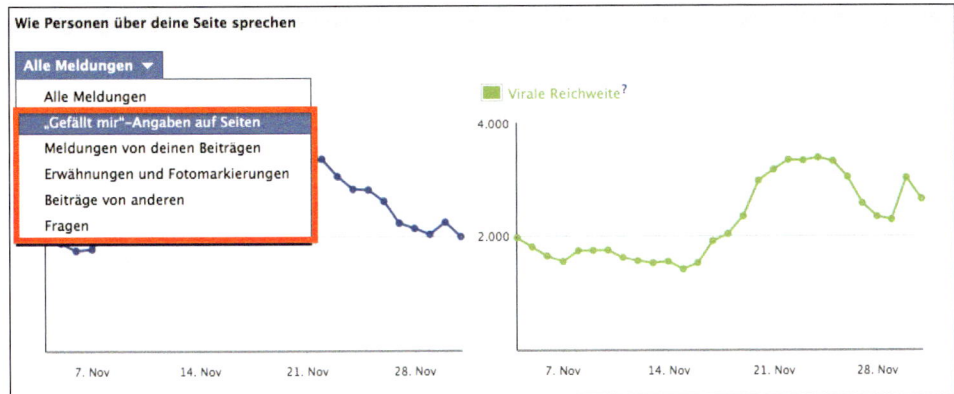

Abbildung 9.13 Welchen Effekt hatten Ihre Beiträge?

Analyse
Lernpunkt bei dieser Statistik: Achten Sie regelmäßig darauf, welcher Beitragstyp zu welchem Zeitpunkt den besten Effekt in Sachen **Virale Reichweite** erzielte. Ziel ist es, mehr dieser Inhalte auf Ihrer Page zu veröffentlichen, um das Maximum an Nutzern zu erreichen.

2. Klicken Sie auf *Alle Meldungen*, um nach Beitragstyp zu filtern.

Besuche

Diese Statistik beschäftigt sich mit den Check-Ins eines Orts. Sie ist nur verfügbar, wenn Ihre Page einen Facebook-Ort darstellt oder Sie Ihren Ort und Ihre Business-Page miteinander verbunden haben, sodass Nutzer via Handy eingecheckt oder Ihre Page als Ort in einem Beitrag markiert haben.

Tipp
Nutzen Sie alle verfügbaren Statistiken, um eigene Berichte zu erstellen. Die Export-funktion ist hierbei eine große Hilfe, z.B. falls Sie auch andere soziale Netzwerke, wie Twitter, nutzen, deren Statistiken alle in den gleichen Bericht mit einfliessen sollen.

9.3 Berichte Ihrer Werbung

Die in *Kapitel 8* ausführlich beschriebenen Werbeanzeigen, die Sie für Ihre Page anfertigen können, sollten Sie natürlich ebenfalls auswerten, um herauszufinden, welcher Typ von Werbung am besten für Ihre Zwecke funktioniert.

9.3.1 Performance von Werbeanzeigen

Sie finden alle notwendigen Statistiken im Bereich für Werbeanzeigen.

1. Klicken Sie in der Fußzeile von Facebook auf *Werbung*.

2. Klicken Sie im Seitenmenü links auf *Berichte*.

Abbildung 9.14: Statistiken für geschaltete Werbeanzeigen

In der folgenden Übersicht können Sie Berichte definieren.

Abbildung 9.15: Berichte erstellen

Stellen Sie zuerst die Art des Berichts ein, den sie erstellen möchten (❶). Sie haben die Möglichkeit, die Leistung Ihrer Werbeanzeigen, die demographischen Daten aller Nutzer, die die Werbung gesehen haben, sowie die Aktionen, die von Besuchern nach Klicken auf Ihre Werbung durchgeführt wurden, zu analysieren. Je nach Auswahl steht rechts ein Erklärtext zu jeder Option zur Verfügung (❼).

Sie können die Statistiken nach Nutzerkonto, Kampagne oder einzelnen Werbeanzeigen auflisten (❷) oder einen speziellen Filter aufsetzen, wenn Sie nur eine oder mehrere bestimmte Kampagnen anzeigen möchten (❸).

Was den Zeitraum der erfassten Daten betrifft, so kann nach Monat, Woche oder Tag (❹, ❺) gefiltert werden.

Sehr praktisch für den Export erstellter Berichte ist die Option *Format* (❻), mit der Sie in HTML- oder Excel CSV-Dateien exportieren können.

3. Klicken Sie auf *Bericht erstellen*, um den Bericht Ihrer Wahl zu erstellen.

Sie landen nun auf der Facebook-Seite, die Ihnen die meisten Daten auf einen Blick liefert. Nicht erschrecken – sieht schlimmer aus, als es ist.

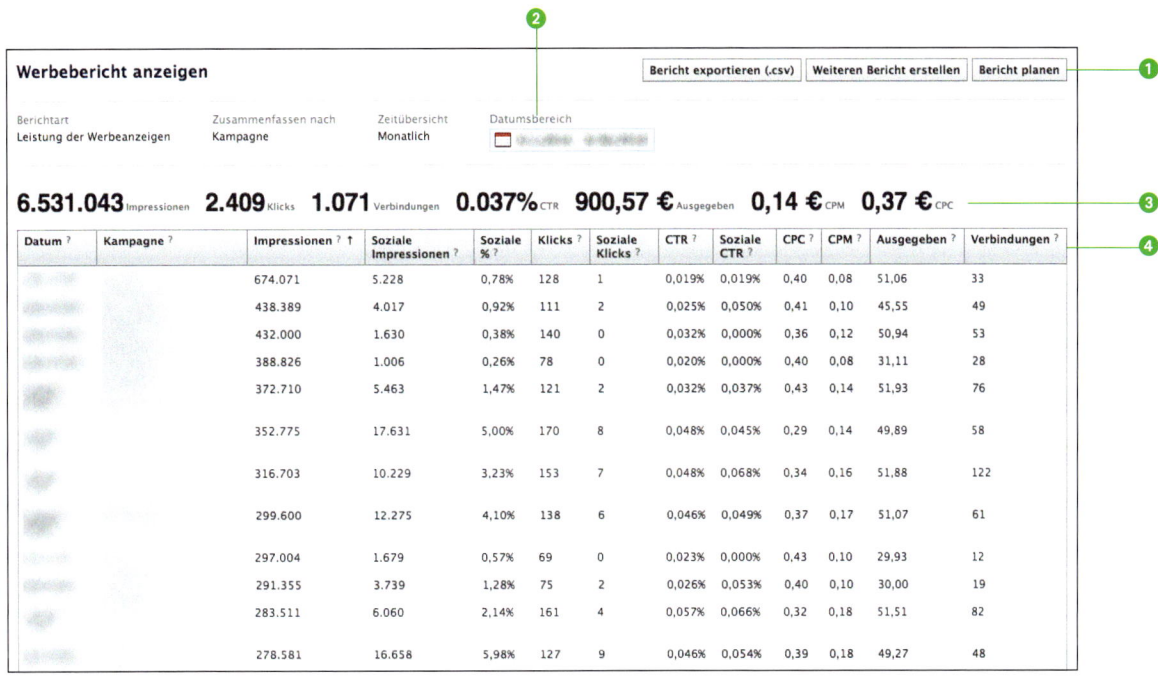

Abbildung 9.16: Ergebnisse Ihre Werbekampagnen analysieren

Alle Daten Ihrer Kampagnen können via *Bericht exportieren* ins Excel-CSV-Format exportiert werden. *Weitere Berichte* bringt Sie zurück zur vorherigen Seite und *Bericht planen* erlaubt Ihnen, spezielle zukünftige Berichte voreinzustellen. (❶)

Darunter sehen Sie die von Ihnen auf der vorherigen Seite definierten Merkmale des Berichts. (❷)

In der nächsten Spalte steht die Zusammenfassung aller Resultate, von der Performance Ihrer Werbeanzeigen bis hin zu Ihren Ausgaben (❸). Hierzu ein paar Begriffserläuterungen:

- **Impressionen**
  Die Anzahl der Einblendungen Ihrer Werbeanzeigen auf Facebook.

Tipp
Berechnen Sie zusätzlich die Konversionsrate (engl. conversion rate – CR) jeder Werbeanzeige, um den prozentualen Anteil aller Nutzer, die eine Verbindung eingegangen sind, zu erhalten.

Formel: (Verbindungen geteilt durch Klicks) mal 100

Wenn demnach die Konversionsrate 1 % beträgt, hat einer von 100 Besuchern z.B. auf **Gefällt mir** geklickt, Ihre Anwendung installiert oder hat die Veranstaltung bestätigt.

- **Verbindungen (= Konversion)**
  Die Anzahl der Nutzer, die bei Ihrer Page auf „*Gefällt mir*" geklickt, eine Veranstaltung bestätigt oder eine Anwendung installiert haben, nachdem sie auf Ihre Werbeanzeigen geklickt haben.

- **CTR (= Click-Through-Rate/Durchklickrate)**
  Die durchschnittliche Anzahl der Klicks, die Nutzer durchgeführt haben, um von der Werbeanzeige auf Ihre Page zu gelangen (pro 100 Impressionen der Werbeanzeige).
  Formel: (Klicks geteilt durch Impressionen) mal 100

- **CPM (Cost-per-Mille)**
  Die durchschnittlichen Kosten der Werbeanzeige pro 1000 Impressionen oder dessen, was Sie diese Werbeanzeige pro 1000 Einblendungen durchschnittlich gekostet hat.
  Formel: Kosten geteilt durch erhaltene Impressionen der Werbeanzeigen

- **CPC (Cost-per-Click)**
  Die durchschnittlichen Kosten der Werbeanzeige pro Klick oder dessen, was Sie diese Werbeanzeige pro Klick durchschnittlich gekostet hat.
  Formel: Kosten geteilt durch erhaltene Klicks der Werbeanzeige

Die Details zu jeder Werbeanzeige befinden sich in den einzelnen Spalten. Die Daten jeder Spalte können Sie jeweils auf- oder absteigend sortieren, indem Sie auf den Namen der Spalte klicken (❹). Hier befinden sich drei weitere Messwerte, die im Folgenden erläutert werden:

- **Soziale Impressionen**
  Die Anzahl der Einblendungen Ihrer Werbeanzeige auf Facebook, die durch Freunde der Betrachter entstanden sind (vgl. Gesponsorte Meldungen, *Kapitel 8*).

- **Soziale Klicks**
  Die Klicks auf gesponserte Meldungen.

- **Soziale CTR**
  Die durchschnittliche Anzahl sozialer Klicks, die Nutzer durchgeführt haben,
  um von den Werbeanzeigen auf Ihre Page zu gelangen (pro 100 soziale
  Impressionen der Werbeanzeige).
  Formel: (soziale Klicks geteilt durch soziale Impressionen) mal 100

Testen und Optimieren

Um die CTR Ihrer geschalteten Werbung zu verbessern, müssen Sie selbst an den Werbeanzeigen feilen (s. **Kapitel 8**), z.B. das Targeting überdenken oder Text und Bild des Werbemittels verbessern.

Um die CR Ihrer geschalteten Werbung zu steigern, sollte die Landing-Page optimiert werden, sodass jeder, der auf Ihre Werbeanzeige klickt, die von Ihnen bevorzugte Aktion durchführt, z.B. Hinzufügen eines nicht zu übersehenden Call-to-Action oder Verwenden animierenderer Bilder oder Texte (s. **Kapitel 6 und 7**).

In allen Fällen gilt: testen, testen, testen! Nur so finden Sie heraus, welche Werbeanzeigen am besten funktionieren.

Generelles Ziel sollte es immer sein, durch den geringsten Aufwand (= Kosten), das maximale Potential jeder Werbeanzeige (= die meisten Verbindungen) zu realisieren.

9.3.2 Demographie der Antwortenden

Um wie in *9.2.3* der Demographie der Nutzer, die auf Ihre Werbeanzeigen klicken, auf die Spur zu kommen, können Werbeberichte auch zum diesem Zweck erstellt werden.

1. Klicken Sie in der Fußzeile von Facebook auf *Werbung*.

2. Klicken Sie im Seitenmenü links auf *Berichte*.

3. Wählen Sie unter *Berichtart* die Option *Demographie der Antwortenden* aus.

4. Klicken Sie auf *Bericht erstellen*.

Abbildung 9.17: Berichtart ändern

Der folgende Bericht eignet sich hervorragend dazu, die Effizienz Ihres Targeting zu überprüfen. Klicken die Nutzer, die Sie im Visier haben, auch auf Ihre Werbeanzeigen? Wie ist das Klickverhalten derjenigen, die auf Ihre Anzeigen antworten? Sind CTR und CR zufriedenstellend oder muss an einem von beiden noch gearbeitet werden?

Abbildung 9.18: Drei zusätzliche Messwerte stehen zur Verfügung

Demografie	Segment 1	Segment 2 ↑

Im folgenden Beispiel sehen Sie, dass drei von vier Werbeanzeigen keinen Erfolg brachten. Die Werbeanzeige, die auf eine Gruppe von männlichen Nutzern zwischen 45 und 54 Jahren abgezielt war, sieht dagegen vielversprechender aus.

Tipp
Nutzen Sie alle Ihnen zur Verfügung stehenden Statistiken, um mehr aus Ihrer Werbung herauszuholen: Die Analyse von Berichten hilft Ihnen dabei, Ihre Kampagnen zu optimieren.

gender_age	F	45–54	1,713%	0,000%	0,000%
gender_age	M	45–54	2,449%	1,994%	0,056%
gender_age	M	35–44	2,170%	0,000%	0,000%
gender_age	F	35–44	2,519%	0,000%	0,000%

Abbildung 9.19 Inwiefern hat sich die erfolgreichere Werbeanzeige von den anderen unterschieden?

9.4   Tracking von Links

Jedes Mal, wenn Sie Ihren Beiträgen einen Link hinzufügen, sollten Sie später imstande sein, zu erfahren, wie viele Ihrer Fans darauf geklickt haben. Dadurch gewinnen Sie zusätzliche Erkenntnisse darüber, welche Inhalte bei der Community gut ankommen.

Da es sich bei Links in Beiträgen nicht um eine Facebook-Funktion handelt, werden darüber auch keine Daten in den Facebook-Statistiken erhoben.

9.4.1 URLs kürzen

Eine der beliebtesten Methoden, Links ein Tracking hinzuzufügen, sind URL-Kürzungsdienste (URL-Shortener), da einige dieser Dienste die zumeist langen, unhandlichen URLs nicht nur verkürzen, sondern auch jeden gekürzten Link gleichzeitig tracken.

Hierzu zwei Empfehlungen:

bit.ly

`http://bitly.com`

Bei **bit.ly** handelt es sich um einen der am häufigsten genutzten Kürzungsdienste im Web. Vor allem für Social Media-Zwecke wie Facebook oder Twitter werden Links regelmäßig von Nutzern weltweit mit **bit.ly** gekürzt.

Vorteil bei **bit.ly**: Geben Sie jeder URL einen individuellen Namen. Außerdem bietet **bit.ly** durch URL-Tracking recht gute Statistiken zu jeder URL.

1. Rufen Sie `http://bitly.com` auf.

2. Fügen Sie die URL, die Sie kürzen möchten, in das Textfeld auf der Startseite ein.

> Ein **URL-Shortener** ist eine Online-Anwendung, mit der Sie in der Regel kostenlos einen beliebigen Link in ein Textfeld einfügen können, um für diesen automatisch eine gekürzte Version zu erstellen.

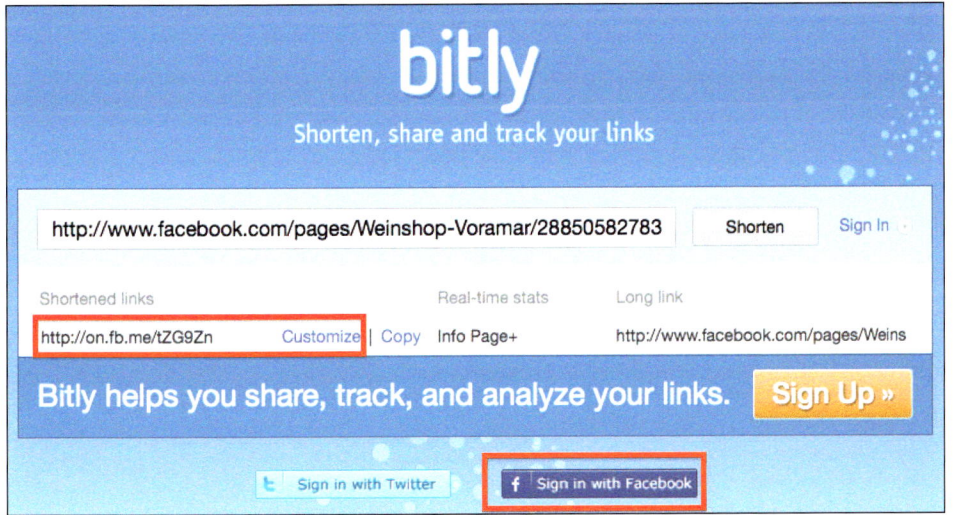

Abbildung 9.20: Facebook-Links werden automatisch in das Format fb.me gekürzt

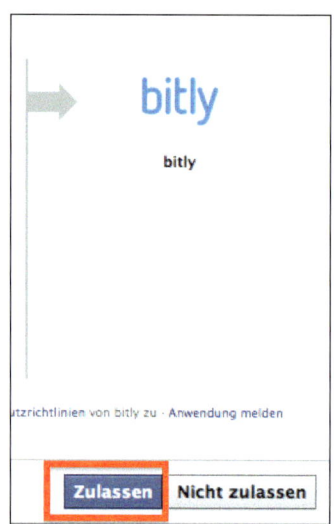

Abbildung 9.21: bit.ly zu Facebook hinzufügen

Tipp
Nutzen Sie beim Individualisieren der **bit.ly**-URL kurze und prägnante Keywords. Wenn Sie den Link in einem Beitrag auf Ihrer Business-Page hinzufügen, sollte er so kurz wie möglich bleiben und sich gut in den Text des Beitrags integrieren lassen, wie z.B. **bit.ly/ Sommer-Gewinnspiel**.

3. Klicken Sie auf *Shorten*.

Sie erhalten eine gekürzte Version der ursprünglichen URL, wie z.B. `on.fb.me/ tZG9Zn` in *Abb. 9.20*. Den letzten Teil der URL, den sogenannte Slug, können Sie individualisieren, indem Sie sich bei **bit.ly** registrieren. Dies kann entweder über das Anmeldeformular oder durch direktes Verbinden über Ihr Facebook-Konto geschehen.

4. Klicken Sie auf *Sign in with Facebook*, um sich mit Ihrem bestehenden Facebook-Konto anzumelden.

5. Klicken Sie auf *Zulassen*, um die Anwendung **bitly** zu genehmigen.

6. Klicken Sie auf *Alrighty then*, um das Konto zu bestätigen.

Ab sofort können Sie URLs individualisieren.

7. Klicken Sie auf *Customize*, nachdem Sie die URL gekürzt haben.

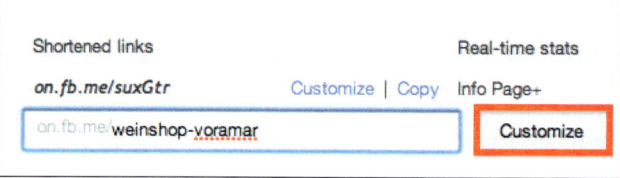

Abbildung 9.22: Gekürzte URL individualisieren

Jede URL wird von **bit.ly** automatisch getrackt. Sie können alle Daten im Statistikbereich abrufen.

8. Klicken Sie in der Kopfleiste der Seite auf *Analyze*.

Der Statistikbereich von **bit.ly** ist den Facebook- und Google Analytics-Statistiken in einigen Punkten sehr ähnlich. Neben den Klicks per Link erhalten Sie demographische Angaben über den Aufenthaltsort der Klickenden und über die Quelle, wo der Link angeklickt wurde.

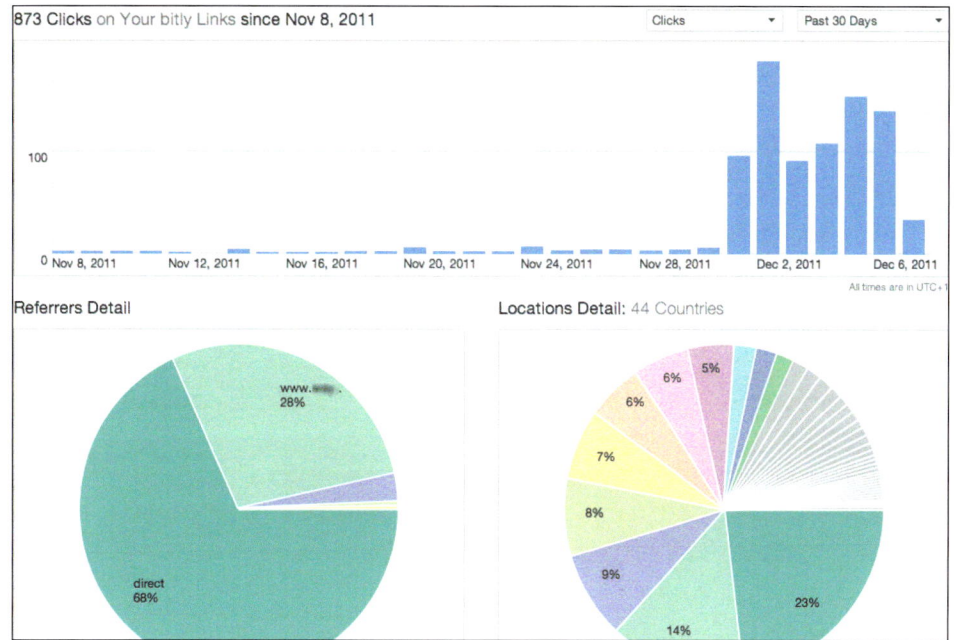

Abbildung 9.23: bit.ly-Statistiken: Daten zu jedem gekürzten Link

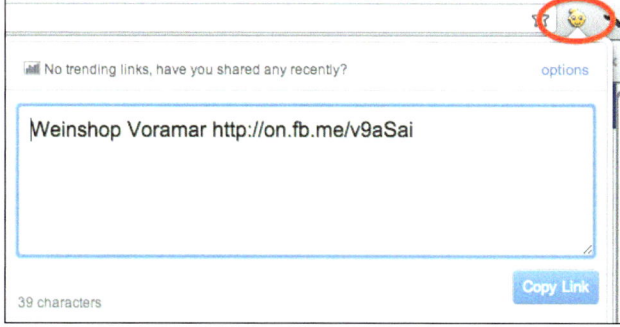

Abbildung 9.24: bit.ly-Erweiterung für Google Chrome

Achtung
Überprüfen Sie möglichst nach jedem Kürzen eines Links, ob dieser auch in die Liste des **bit.ly**-Archivs aufgenommen wurde. Leider verschwinden hin und wieder **bit.ly**-Links auf mysteriöse Weise und können dementsprechend nicht nach Klicks ausgewertet werden.

Tipp
Für einige Browser, wie Google Chrome, bietet **bit.ly** eine praktische Erweiterung, mit der man direkt vom Browser aus jeden Link kürzen kann, d.h. **bitly.com** nicht extra aufrufen muss.

budurl

`budurl.com`

Eine Alternative zu **bit.ly** bietet **budurl**.com. Leider ist dieser Dienst nicht kosten-frei, sondern bietet verschiedene Preispakete ab ca. 6 € pro Monat.

Hervorzuheben ist, dass der Dienst URLs suchmaschinenfreundlich kürzt. Ebenso wie bei **bit.ly** sehen Sie, wie viele Klicks jeder Link erhält und woher diese kommen (aufgelistet nach Quellseite, IP-Adresse usw.). Darüber hinaus können QR-Code"QR-Codes (ähnlich einem Bar-Code) erstellt werden, die genau wie die gekürzten Links für mobiles Internet entwickelt wurden.

> **Nachteile von URL-Kür-zungsdiensten**
> Manko bei URL-Shorte-nern: Sie versteckten die eigentliche URL vor dem Nutzer. Dieser weiß also vorher nicht, auf welcher Seite er landen wird.

Abbildung 9.25: budurl – gute Lösung für mobiles Internet

9.4.2   Google URL Builder

Wenn Sie Ihre eigentliche E-Commerce-Website mit Google Analytics verbunden haben, besteht die Möglichkeit, jeden Ihrer Links, den Sie z.B. auf Facebook ver-wenden möchten, eigens zu tracken.

Falls Sie Google Analytics nicht nutzen, überspringen Sie diesen Punkt.

Google bietet eine exzellente und einfache Lösung in seinem Werkzeugkasten, den Google URL Builder.

1. Rufen Sie folgende Seite auf: `www.google.com/support/googleanalytics/bin/answer.py?answer=55578` oder googeln Sie einfach den Begriff „Google URL Builder".

2. Fügen Sie die URL, die Sie tracken wollen, in *Website URL:* ein.

Abbildung 9.26: Tracking von Links mit Google URL Builder

3. Füllen Sie die drei Pflichtfelder aus und erstellen Sie für jedes Merkmal ein Kürzel.

4. Klicken Sie auf *URL erstellen*.

Und schon haben Sie für eine beliebige URL ein simples, aber effektives Tracking, das in Ihren Google Analytics-Berichten ausgewertet werden kann.

Aus:

`www.facebook.com/pages/Weinshop-Voramar/288505827838634`

wurde:

Jede URL, die Sie mit einem Tracking-Code versehen, taucht in den Google Analytics-Statistiken des Administrators der entsprechenden Domain auf, sobald Nutzer auf den Link klicken. D.h. es macht nur Sinn URLs zu tracken, deren Domain Sie selbst verwalten. Wenn Sie z.B. mit dem URL Builder ein Tracking-Code zu einer Nike.com-URL hinzufügen, wird der Administrator dieser Domain die Statistiken zu diesem Tracking in seinem Google Analytics-Konto erhalten.

Kampagne Quelle und **Kampagnenmedium** sollten für Links, die Sie auf Facebook verwenden, immer gleich sein, damit diese in Google Analytics richtig zugeordnet werden. Vermeiden Sie Großbuchstaben, Leer- und Sonderzeichen. Den übrigen Textfeldern können Sie optional weitere Kürzel hinzufügen, um z.B. zwischen Kategorien oder Sprachen der Links zu unterscheiden.

```
www.facebook.com/pages/Weinshop
-Voramar/288505827838634?utm_source=facebook&utm_medium=social&utm_
campaign=beitrag-pinnwand
```

5. Kopieren Sie die neu erstellte URL. Sie können sie wie zuvor beschrieben mit einem URL-Shortener kürzen.

9.5   Eigene Berichte erstellen

Mit den bislang vorgestellten Mitteln sind Sie schon gut gewappnet, was das Messen Ihrer Facebook-Aktivitäten angeht. Da es heutzutage eine Vielzahl von Tracking-Tools gibt, sollten zwei der wichtigsten, mit denen Sie komfortabel Berichte exportieren können, an dieser Stelle nicht vorenthalten werden.

9.5.1   Hootsuite

Mit dieser webbasierten Anwendung können Sie mehrere soziale Netzwerke wie Facebook, Twitter oder Foursquare zu einem Konto hinzufügen und die dazugehörigen Aktivitäten analysieren.

Hierzu muss der **Hootsuite**-Anwendung (ebenso wie jeder anderen Anwendung) Zugriff auf Ihr(e) Facebook-Profil/-Page gewährt werden.

Die Anmeldung dauert nur eine Minute. Die Basic-Version ist kostenlos, die Profiversion mit erweiterten Features ab 4,50 € monatlich erhältlich.

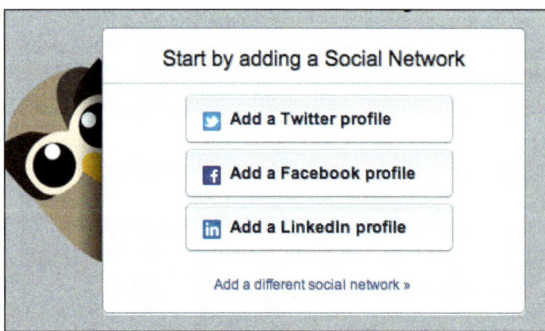

Abbildung 9.27: Verschiedene soziale Netzwerk-Profile und -Pages mit Hootsuite verbinden

Praktisch bei **Hootsuite** ist die Tatsache, dass Ihnen verschiedene Kanäle, die sie überwachen möchten, nebeneinander in einzelnen Tabs zur Verfügung stehen, ähnlich wie in einem Webbrowser. Die ist besonders dann von Nutzen, wenn Sie mehr als eine Facebook-Page kontrollieren möchten. Im Bereich *Publisher* können Sie mit **Hootsuite** Beiträge voreinstellen, um sie zu einem späteren Zeitpunkt automatisch zu veröffentlichen.

Im Bereich *Analytics* können Sie mit dem *Report Builder* bausteinartig alle Aspekte, die Ihnen auch die Facebook-eigenen Statistiken bieten, individuell in einem Bericht zusammenstellen und das Ganze exportieren. Alle Berichte können via E-Mail aboniert werden und kommen so auf Wunsch direkt in ihrem Posteingang an.

9.5.2   Klout

Eine weitere webbasierte Software ist **Klout.** Die Idee hierbei ist die gleiche wie bei **Hootsuite:** Verbinden Sie alle Ihre Social Media-Kanäle in ein Medium, um Aktivitäten optimal zu überwachen und die Ergebnisse zu messen.

Der Unterschied liegt darin, dass es hier mehr darum geht, den Einfluss einzelner Nutzer sowie den eigenen Einfluss zu messen, d.h. die eigene Positionierung bezüglich Themen und Inhalten zu analysieren.

> **Tipp**
> **Hootsuite** ist ideal, wenn Sie mehrere Social Media-Kanäle gleichzeitig beobachten müssen, d.h. die Anwendung macht erst richtig Sinn, sobald Sie in mehreren sozialen Netzwerken aktiv sind. Für Facebook alleine reichen die Facebook-Statistiken aus. Allerdings macht das Feature **Report Builder** das Erstellen und Exportieren von Berichten sehr einfach.

Abbildung 9.28: Mit Klout die einflussreichsten Fans und Freunde identifizieren

If I had to guess, social commerce is the next area to really blow up.

Marc Zuckerbergh, Facebook-Gründer und CEO

Kapitel 10

Facebook in die eigene Website integrieren

Meist stellt die Website das Onlinezentrum Ihres Geschäfts dar. Die Social-Media-Einbindung in Ihre Website ist heutzutage essenziell, um Ihre Firma durch soziale Netzwerke zu promoten und Kunden eine Kommunikationsplattform zu bieten.

In diesem Kapitel werfen wir einen Blick auf die verschiedenen Strategien, Facebook so in eine Website zu integrieren, dass sowohl E-Commerce- als auch Facebook-Page davon profitieren.

10.1 Facebook-Banner

Facebook bietet verschiedene Website-Tools zur Promotion Ihrer Page an. Dabei handelt es sich um simple HTML-Banner (auch Badges genannt), die in den Code der eigenen Website eingefügt werden können. Nachfolgend finden Sie einen Überblick über die nützlichsten Facebook-Banner.

10.1.1 „Gefällt mir"-Banner

Bei diesem Banner handelt es sich um eine Box, die Ihren Facebook-Nutzernamen sowie den Namen und das Profilbild Ihrer Page zusammen anzeigt.

Abbildung 10.1: Beispiel – „Gefällt mir"-Box

1. Rufen Sie www.facebook.com/Banners auf.

2. Klicken Sie auf *„Gefällt mir"-Banner*.

3. Wählen Sie im Menü unter *1. Wähle eine Seite aus* die Page, die Sie auf Ihrer Website promoten möchten.

4. Kopieren Sie den Code unter *2. Kopiere den Code unten ...* und fügen Sie ihn dort in den Quellcode Ihrer Website ein, wo er platziert werden soll.

```
<!-- Facebook Like Badge START --><div style="width: 100%;"><div style="background: #3B5998;padding: 5px;"><img
src="http://www.facebook.com/images/fb_logo_small.png" alt="Facebook"/><img
src="http://badge.facebook.com/badge/232410926814127.100001541608372.1004456001.png" alt="" width="0"
height="0"/></div><div style="background: #EDEFF4;display: block;border-right: 1px solid #D8DFEA;border-bottom: 1px
solid #D8DFEA;border-left: 1px solid #D8DFEA;margin: 0px;padding: 0px 0px 5px 0px;"><div style="background:
#EDEFF4;display: block;padding: 5px;"><table cellspacing="0" cellpadding="0" border="0"><tr><td valign="top"><img
src="http://www.facebook.com/images/icons/fbpage.gif" alt=""/></td><td valign="top"><p style="color:
#808080;font-family: verdana;font-size: 11px;margin: 0px 0px 0px 0px;padding: 0px 8px 0px 8px;"><a
href="http://www.facebook.com/people/Thomas-Mayer/100001541608372" target="_TOP" style="color: #3B5998;font-family:
verdana;font-size: 11px;font-weight: normal;margin: 0px;padding: 0px 0px 0px 0px;text-decoration: none;" title="Thomas
Mayer">Thomas Mayer</a> gefällt</p></td></tr></table></div><div style="background: #FFFFFF;clear: both;display:
block;margin: 0px;overflow: hidden;padding: 5px;"><table cellspacing="0" cellpadding="0" border="0"><tr><td
valign="middle"><a href="http://www.facebook.com/pages/Hotel-A/232410926814127" target="_TOP" style="border: 0px;color:
#3B5998;font-family: verdana;font-size: 12px;font-weight: bold;margin: 0px;padding: 0px;text-decoration: none;"
title="Hotel A"><img
src="http://www.facebook.com/profile/pic.php?oid=AWxThs0lOKANf7mwghI3u6VKV_YxKEjZbTUghRhGU5frjq-HmC3Lc6YtQVZgFgdjcIU&siz
e=square" style="border: 0px;margin: 0px;padding: 0px;" alt="Hotel A"/></a></td><td valign="middle" style="padding: 0px
8px 0px 8px;"><a href="http://www.facebook.com/pages/Hotel-A/232410926814127" target="_TOP" style="border: 0px;color:
#3B5998;font-family: verdana;font-size: 12px;font-weight: bold;margin: 0px;padding: 0px;text-decoration: none;"
title="Hotel A">Hotel A</a></td></tr></table></div></div><div style="display: block;float: right;margin: 0px;padding:
4px 0px 0px 0px;"><a href="http://www.facebook.com/badges/like.php" target="_TOP" style="color: #3B5998;font-family:
verdana;font-size: 11px;font-weight: none;margin: 0px;padding: 0px;text-decoration: none;" title="Erstelle dein „Gefällt
mir"-Banner">Erstelle dein „Gefällt mir"-Banner</a></div></div><!-- Facebook Like Badge END -->|
```

Abbildung 10.2: Banner-Code der „Gefällt mir"-Box

10.1.2 Seitenbanner

Dieser Banner bewirbt Ihre Page direkt. Der Banner im Hochformat zeigt Profilbild, Name, neuesten Status sowie Anzahl Ihrer Fans an.

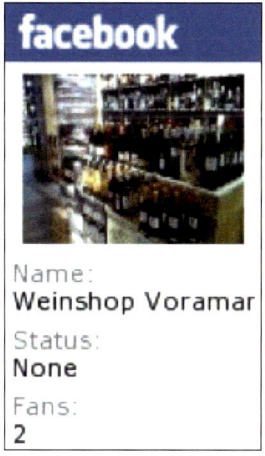

Abbildung 10.3: Beispiel – Seitenbanner

1. Rufen Sie `www.facebook.com/Banners` auf.

2. Klicken Sie auf *Seitenbanner*.

3. Klicken Sie auf *Diesen Profilbanner bearbeiten* neben der Page, für die Sie einen Seitenbanner erstellen möchten.

Abbildung 10.4: Seitenbanner auswählen

4. Nehmen Sie die gewünschten Änderungen vor und klicken Sie auf *Speichern*.

Abbildung 10.5: Seitenbanner bearbeiten

5. Klicken Sie auf *Other*, um den Code für Ihre Website zu erhalten.

6. Kopieren Sie den Code und fügen Sie ihn dort in den Quellcode Ihrer Website ein, wo er platziert werden soll.

> Falls Sie ein Blog als Haupt-Website haben, können Sie den Code aller Banner auch in die HTML-Widgets Ihrer Blog-Software einfügen. Facebook bietet speziell angepassten Code für **Blogger** und **TypePad** an.

Abbildung 10.6: Banner-Code kopieren

10.1.3 Banner zu WordPress-Blogs hinzufügen

Wenn Sie WordPress-Nutzer sind und Ihre Facebook-Page auf Ihrem Blog promoten möchten, können Sie ebenso den Code der Facebook-Banner in ein Text-Widget in WordPress einfügen, um diese auf Ihrem Blog anzuzeigen.

1. Melden Sie sich via WordPress bei Ihrem persönlichen Blog an.

2. Klicken Sie auf *Design*.

3. Klicken Sie auf *Widget*.

4. Kopieren Sie den Code des gewünschten Facebook-Banners und fügen Sie ihn in ein *Text*-Widget in WordPress ein.

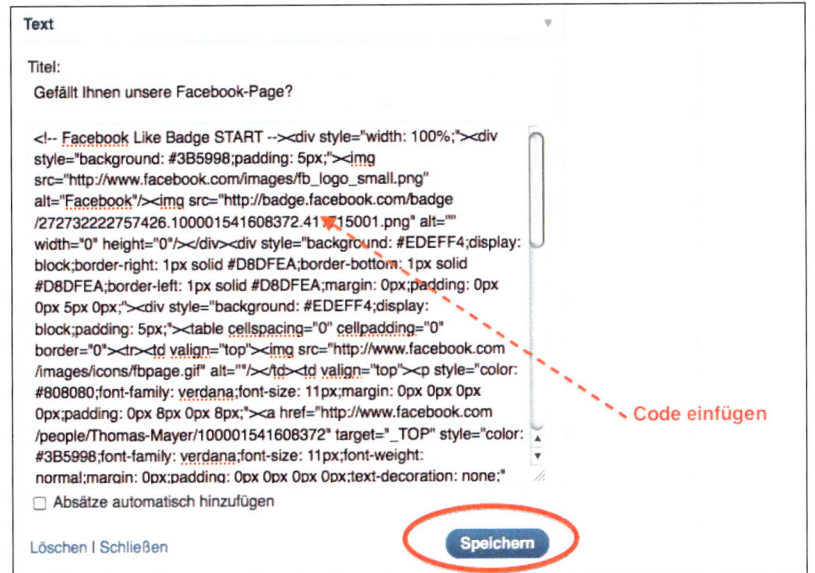

Abbildung 10.7: Code in Word-
Press-Widget einfügen

5. Klicken Sie auf *Speichern*.

6. Ziehen Sie das bearbeitete *Text*-Widget via Drag&Drop in die gewünschte Spalte Ihres „WordPress-Themes".

10.2 Soziale Plug-ins

Die sozialen Plug-ins von Facebook sind den Bannern recht ähnlich. Sie können durch das Kopieren weniger HTML-Zeilen schnell Ihrer Website hinzugefügt werden. Allerdings besteht zwischen Facebook-Bannern und sozialen Plug-ins ein entscheidender Unterschied: Soziale Plug-ins sind dynamisch und stellen die Aktivitäten der Nutzer dar, die mit Ihrer Page interagieren. Ebenso können Nutzer durch diese Plug-ins von einer externen Website aus Mitteilungen und Beitrage für Ihr persönliches Facebook-Profil erstellen.

Die sozialen Plug-ins stellen eine wichtige Verbindungsmöglichkeit zwischen dem Facebook-Netzwerk und externen Websites dar. Im Folgenden finden Sie eine Übersicht über die besten und meistverwendeten sozialen Plug-ins. Alle Plug-ins sind im Entwickler-Bereich auf Facebook verfügbar - `http://developers.facebook.com/docs/reference/plugins`.

10.2.1   Der „Gefällt mir"-Button

Abbildung 10.8: Like – der berühmt-berüchtigte „Gefällt mir"-Button

Das wohl bekannteste und wichtigste soziale Plug-in von Facebook, das Sie unbedingt in Ihre Website integrieren sollten. Seit Sommer 2011 nehmen Suchmaschinen wie Google die sogenannten *sozialen Signale* (engl.: = social signals) von Websites sehr ernst, d. h., je höher der Einfluss, desto positiver wirken sich die Signale auf die Rankings der Suchergebnisse von Google aus – unabdingbar für alle, die wegen ihres Geschäfts auf gute Rankings ihrer Website in Google angewiesen sind.

> Je mehr Nutzer auf Ihrer Website auf **Gefällt mir** klicken, desto höher ist die Wahrscheinlichkeit, dass sich diese Aktionen positiv hinsichtlich der Positionierung in den Suchergebnissen von Google auswirken!

Was kann dieses Plug-in?

Sie können den Button in den Versionen *Gefällt mir* und *Empfehlen* installieren, je nachdem, welche besser zu Ihrer Seite oder Ihren Produkten und Services passt. Lediglich der Name ist unterschiedlich, die Funktionalität bleibt die gleiche.

Alle Nutzer, die bei Facebook eingeloggt sind und auf den Button auf Ihrer Website klicken, erstellen einen neuen Beitrag in deren Chronik, den ihre Freunde sehen können. Der Beitrag besteht aus einer Zeile Text sowie einem Link zu ihrer Website, z. B.: „Thomas gefällt Website XY".

Sobald der Button angeklickt wird, verändern sich seine Farbe und seine Form, und er gibt an, wie viele Nutzer bereits auf der entsprechenden Seite darauf geklickt haben.

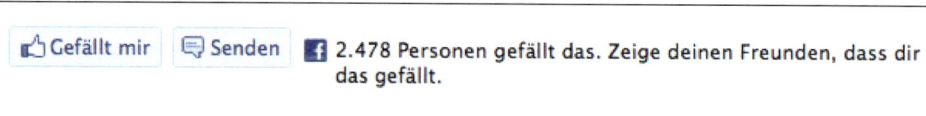

Abbildung 10.9: Wie vielen Nutzern gefällt die Seite?

Abbildung 10.10: Auf vielen deutschen Websites vorhanden – der Empfehlen-Button

Durch eine Interaktion mit einem sozialen Plug-in (d. h. durch Anklicken) stellt Facebook eine Verbindung zwischen der Website und dem Facebook-Nutzer her, der auf den „Gefällt mir"-Button auf der entsprechenden Seite geklickt hat.

Ebenso wenn der Nutzer auf **Gefällt mir** innerhalb von Facebook klickt (z. B. auf einer Page), abonniert er in seinem **Neuigkeiten**-Feed gleichzeitig die Inhalte der Seite, die ihm gefallen.

Rechtliche Bedenken

Gerade in Deutschland gab es in der Vergangenheit einige rechtliche Bedenken in Bezug auf den Einsatz des Buttons auf einer kommerziellen Website. Dies liegt vor allem daran, dass nach wie vor noch nicht geklärt ist, welche Daten von wem an Facebook oder die entsprechende Website gesendet werden.

Dazu empfiehlt Rechtsanwalt Dr. Martin Schirmbacher auf seinem Blog **www.online-marketing-recht.de** Folgendes:

„Aus meiner Sicht ist der Einsatz des Facebook Like-Buttons rechtlich nicht unbedenklich. Grund zur Panik besteht aber keinesfalls. Unternehmen, die mit Erfolg den Like-Button einsetzen, müssen sich durch die aktuelle Situation nicht verunsichern lassen. Erwägenswert ist jedoch eine Erwähnung des Like-Buttons in der Datenschutzerklärung auf der Website."

Den Button installieren

1. Rufen Sie `http://developers.facebook.com/docs/reference/plugins/like` auf.

2. Geben Sie unter *Step 1 – Get Like Button Code* in das Feld *URL to Like* den Link zu der Seite ein, der Sie den Button hinzufügen möchten.

Lassen Sie sich von den Anleitungen auf Englisch nicht abschrecken. Sie sind recht einfach, und die Vorschau des Buttons wird, wie der fertige Button auf Ihrer Website, auf Deutsch angezeigt.

Sie können den „Gefällt mir"-Button beliebig vielen Seiten Ihrer Website hinzufügen.

Abbildung 10.11: „Gefällt mir"-Button definieren

Mit dem **„Senden"**-Button können Sie eine Nachricht zur entsprechenden Website erstellen und diese zusätzlich zum Link der Seite als private Facebook-Nachricht oder E-Mail versenden.

Diesen Button können Sie unabhängig vom **„Gefällt mir"**-Button installieren. Zur Installation wird das JavaScript SDK benötigt, d. h., der Button kann nicht in iFrames verwendet werden (siehe unten). Den Code erhalten Sie auf **http://developers. facebook.com/docs/ reference/plugins/send.**

Sobald Sie die gewünschte URL eingegeben haben (❶), wird eine Livevorschau des Buttons, wie er auf der Website aussehen wird, angezeigt (❾). Je nach Modifikationen (❷ bis ❽) verändert sich diese Vorschau.

Sie können optional einen *„Senden"*-Button aktivieren (❷), der neben dem *„Gefällt mir"*-Button angezeigt wird.

Unter *Layout Style* (❸) haben Sie die Möglichkeit, die Form des Buttons zu variieren. Sie sollten sich für diejenige Option entscheiden, die im Hinblick auf Platz und Ästhetik am besten zu Ihrer Website passt.

Unter *Width* (④) können Sie die Gesamtbreite von Button und Button-Text, der angezeigt wird, nachdem darauf geklickt wurde, definieren (nur für die Option *Standard* unter *Layout Style* (③) relevant).

Show Faces (⑤) ermöglicht es, die Profilbilder von Freunden angemeldeter Facebook-Nutzer im Miniaturformat unter dem Button anzuzeigen. Bestimmen Sie unter *Verb to display* (⑥) die Nomenklatur, d. h. welches Wort auf dem Button angezeigt werden soll – *Gefällt mir* oder *Empfehlen*.

Abbildung 10.12: „Gefällt mir"- und „Senden"-Button im box_ count-Stil

Unter *Color scheme* (⑦) stehen Ihnen zwei Farboptionen für den Button zur Verfügung: eine für helle und eine für dunkle Hintergründe.

Font (⑧) bietet Ihnen sechs verschiedene Standardschrifttypen, wie Sie sie aus **MS Word** kennen.

3. Klicken Sie auf *Get Code*, um den HTML-Code des Plug-ins zu erhalten.

Das daraufhin angezeigte Pop-up umfasst drei Tabs: *HTML5*, *XFBML* und *IFRAME*. *XFBML* können Sie ignorieren. *HTML5* stellt die beste Option dar, da die FBML veraltet und ein iFrame keine Ideallösung ist (siehe nachfolgend).

4. Klicken Sie auf den Tab *HTML5*, falls Sie sich nicht dort befinden.

5. Kopieren Sie den *HTML5*-Code unter *1.* und fügen Sie ihn einmal direkt unter den `<body>`-Tag auf jeder Seite Ihrer Website ein, auf der Sie das Plug-in nutzen möchten.

Bei diesem Code handelt es sich um das JavaScript SDK. Sobald Sie diesen Code eingefügt haben, können Sie den zweiten Code beliebig oft an verschiedenen Stellen der gleichen Seite verwenden.

> **JavaScript SDK** steht für JavaScript Software Development Kit. Dabei handelt es sich um eine Code-Bibliothek von Facebook, die es auf einfache Weise ermöglicht, die Plug-ins von Facebook zu integrieren. Das SDK ist eine Sammlung von JavaScript-Funktionen, die Sie innerhalb einer Website nutzen können, um Nutzern z. B. den **„Gefällt mir"**-Button anzuzeigen.

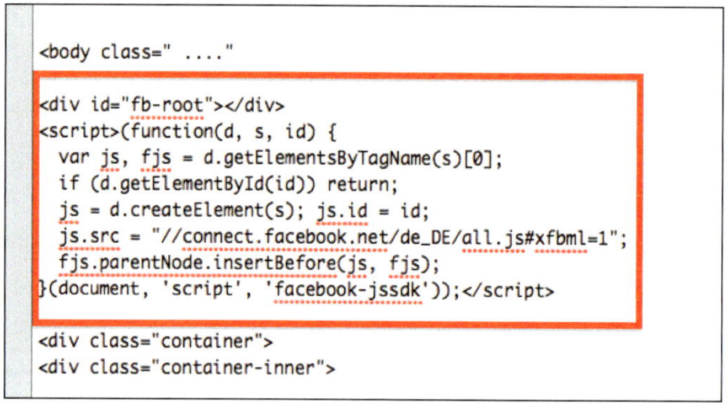

<body class=" ...."
<div id="fb-root"></div>
<script>(function(d, s, id) {
var js, fjs = d.getElementsByTagName(s)[0];
if (d.getElementById(id)) return;
js = d.createElement(s); js.id = id;
js.src = "//connect.facebook.net/de_DE/all.js#xfbml=1";
fjs.parentNode.insertBefore(js, fjs);
}(document, 'script', 'facebook-jssdk'));</script>
<div class="container">
<div class="container-inner">

Abbildung 10.13: JavaScript SDK-Code auf Website eingefügt

6. Kopieren Sie den *HTML5*-Code unter *2.* und fügen Sie ihn an jede Stelle Ihrer Website ein, an der der *„Gefällt mir"*-Button angezeigt werden soll.

Dieser Code ist der eigentliche Button-Code und enthält alle Attribute, die Sie zuvor in der Box aus *Abb. 10.11* definiert haben.

7. Klicken Sie auf *OK*, um das Pop-up zu schließen.

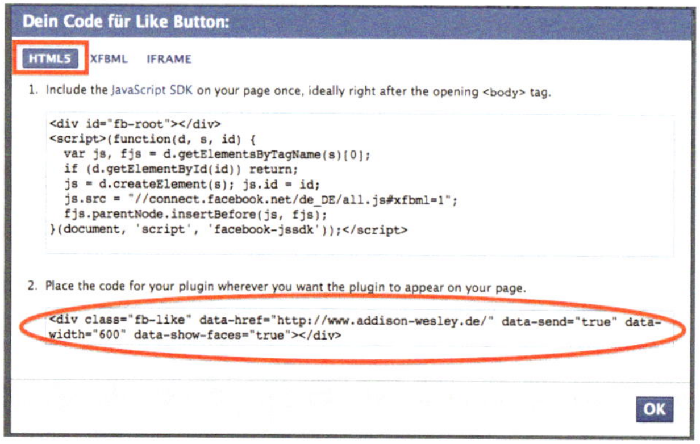

Dein Code für Like Button:
HTML5
XFBML
IFRAME
1. Include the JavaScript SDK on your page once, ideally right after the opening <body> tag.
<div id="fb-root"></div>
<script>(function(d, s, id) {
var js, fjs = d.getElementsByTagName(s)[0];
if (d.getElementById(id)) return;
js = d.createElement(s); js.id = id;
js.src = "//connect.facebook.net/de_DE/all.js#xfbml=1";
fjs.parentNode.insertBefore(js, fjs);
}(document, 'script', 'facebook-jssdk'));</script>
2. Place the code for your plugin wherever you want the plugin to appear on your page.
<div class="fb-like" data-href="http://www.addison-wesley.de/" data-send="true" data-width="600" data-show-faces="true"></div>
OK

Abbildung 10.14: Alle Modifikationen sind Teil des erstellten Codes

Ausführliche Infos über den **„Gefällt mir"**-Button finden Sie auf **www.facebook.com/like**.

Der iFrame – eine gute Alternative? Nicht wirklich ...

Es ist sehr einfach, den iFrame-Code zu nutzen, da dieser lediglich kopiert und direkt an die Stelle der Website, an der das Plug-in auftauchen soll, eingefügt werden muss (ähnlich wie bei den Bannern in **Abschnitt 10.1**). Für viele Entwickler dürfte der iFrame-Code leichter zu lesen und zu verstehen sein. Allerdings können Sie mit dieser Option den **„Senden"**-Button nicht verwenden.

Ein Vorteil des iFrame ist, dass er die Ladezeit der Seite nicht verlangsamt. Er wird erst dann geladen, wenn die Seite selbst schon vollständig geladen wurde. Dies bedeutet aber im Umkehrschluss, dass der **„Gefällt mir"**-Button erst verhältnismäßig spät angezeigt wird, wenn andere Seitenelemente bereits geladen wurden. Wenn Sie mehrere Plug-ins (= iFrame-Codes) auf derselben Seite verwenden, wirkt sich dies eher negativ auf die Ladezeit aus. Die Ladezeit einer Website ist ein wichtiges Qualitätskriterium für Google!
Außerdem sind Sie in Ihren Optionen bezüglich Design mit einem iFrame viel eingeschränkter, wenn es darum geht, den Code ästhetisch ansprechend zu integrieren, sodass er in allen Browsern richtig dargestellt wird. Generell wurde der iFrame-Tag in der Vergangenheit oft kritisiert und wird daher meistens nicht empfohlen. **HTML5** stellt hier definitiv die beste Option dar. Es handelt sich um den neuesten Standard in Sachen textbasierter Auszeichnungssprache, der von allen Marktführern (wie Google, Microsoft, Apple und Opera) auch für die Zukunft empfohlen wird.

10.2.2 Facebook-Kommentare

Sogenanntes Social Sharing ist eines der großen Themen im Bereich Social Media im Jahre 2012. Kundenmeinungen und -bewertungen sind am wertvollsten, wenn sie mit Freunden geteilt werden, da eine persönliche Empfehlung eines Produkts oder Service mehr Gewicht hat. Geben Sie Ihren Kunden die Möglichkeit, mit Ihrer Website zu interagieren.

Was kann dieses Plug-in?

Das Plug-in Facebook-Kommentare eignet sich ideal für die Erstellung und Verbreitung nutzerdefinierter Inhalte. Es handelt sich um eine Kommentarbox, in der Nutzer die Möglichkeit haben, Kommentare über ihr Facebook-Konto auf Ihrer Website zu hinterlassen. Sehr nützlich: Jeder auf diese Weise erstellte Kommentar kann optional direkt als Status-Update auf der Chronik des Nutzers veröffentlicht werden, womit Ihre Website auf Facebook promotet wird (vgl. *Abb. 10.16*).

Auch wenn das Plug-in „Kommentare" heißt, können Sie es theoretisch für jede Art von nutzerdefinierten Inhalten auf Ihrer Website verwenden, die Freunden der Nutzer via Facebook mitgeteilt werden, z. B. für Kundenbewertungen, Fragen und Antworten wie in einem Forum oder einfach als Treffpunkt für Kunden, der zum Meinungsaustausch dient, ähnlich wie die Pinnwand Ihrer Page, nur eben viel produktorientierter.

Abbildung 10.15: Facebook-Kommentare-Plug-in auf mtv.de

Besucher Ihrer Seite können jedem hinterlassenen Kommentar folgen, darauf antworten und ihn via *Gefällt mir* mögen.

Abbildung 10.16: Angemeldete Facebook-Nutzer sehen ihr eigenes Profilbild neben dem Textfeld des Plug-ins

Die Kommentarbox installieren

1. Rufen Sie `http://developers.facebook.com/apps` auf und erstellen Sie eine neue Anwendung mit einem Namen Ihrer Wahl, z. B. *Kommentare*.

2. Rufen Sie `http://developers.facebook.com/docs/reference/plugins/comments` auf.

3. Geben Sie in das Feld *URL to comment on* den Link zu der Seite ein, der Sie die Kommentarbox hinzufügen möchten.

> Bevor Sie das Plug-in installieren, sollten Sie eine eigene Anwendung für Kommentare erstellen (wie in **Kapitel 6.2** beschrieben). Dies ist wichtig für die Moderation von Kommentaren. Vergessen Sie nicht, der Anwendung die URL(s) zuzuordnen! Sie können als URL z. B. die Domain Ihrer Website nutzen, auf der das Plug-in installiert werden soll.

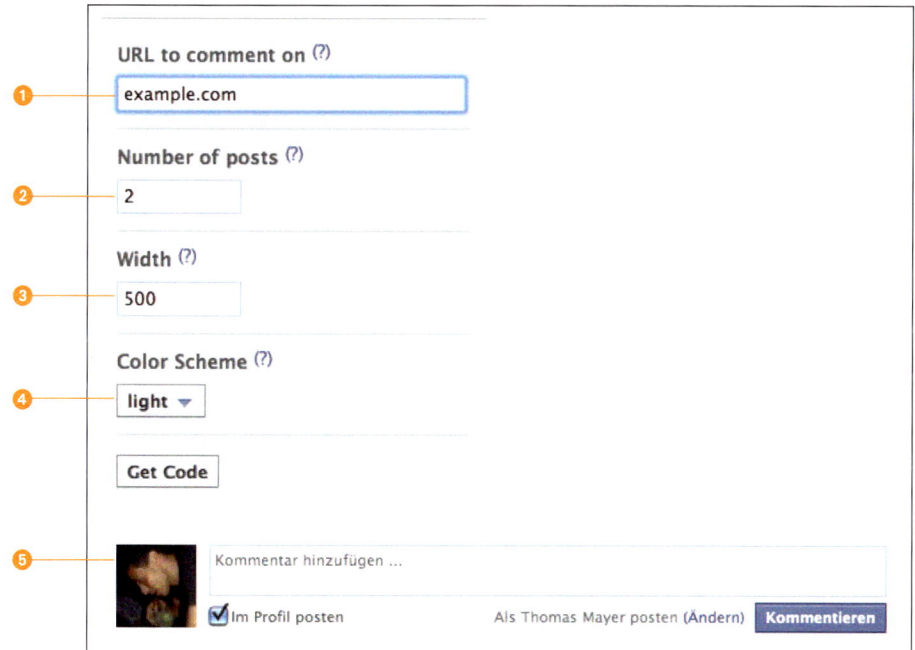

Abbildung 10.17: Kommentarbox definieren

Sie können dieses Plug-in ebenfalls auf jeder Seite Ihrer Webpräsenz verwenden (❶). Für jede Seite, auf die es platziert wird, kann festgelegt werden, wie viele Kommentare standardgemäß auf der Seite angezeigt werden sollen (❷). Alle weiteren Kommentare werden wie bei Pinnwand-Beiträgen durch Klicken auf *Alle ansehen* verfügbar gemacht. Unter *Width* kann die Breite der Kommentarbox modifiziert

Falls der Nutzer nicht bei Facebook angemeldet ist, muss er dies noch tun, bevor er einen Kommentar auf Ihrer Website hinterlassen kann.

werden (❸), und unter *Color Scheme* stehen zwei Optionen für das Design der Box zur Verfügung (❹). Je nach Einstellungen sehen Sie die Vorschau der Kommentarbox (❺) unter bzw. neben den Einstellungsoptionen. Nutzer können ihren Kommentar in das Textfeld der Box eingeben und ihn über *Kommentieren* auf Ihrer Website veröffentlichen. Um den Kommentar nicht automatisch als Status-Update auf der Facebook-Chronik zu veröffentlichen, müssen die Nutzer zuvor das Häkchen bei *Im Profil posten* entfernen.

4. Klicken Sie auf *Get Code*.

5. Wählen Sie die Anwendung *Kommentare*, die Sie zuvor erstellt haben, im Dropdown-Menü aus.

Dem Plug-in muss zur Moderation von Kommentaren die **App ID** Ihrer Anwendung zugeordnet werden. Daher ist es wichtig, dass Sie die richtige Anwendung für den Code definieren.

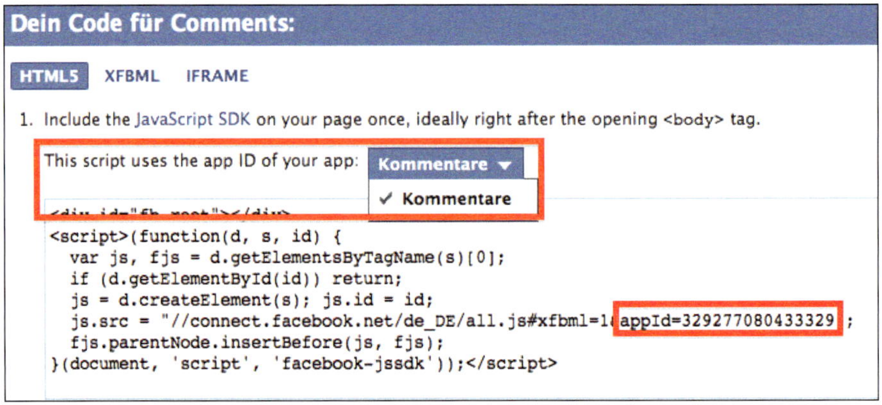

```
Dein Code für Comments:

HTML5   XFBML   IFRAME

1. Include the JavaScript SDK on your page once, ideally right after the opening <body> tag.

This script uses the app ID of your app:  Kommentare ▼
                                           ✓ Kommentare
<div id="fb-root"></div>
<script>(function(d, s, id) {
  var js, fjs = d.getElementsByTagName(s)[0];
  if (d.getElementById(id)) return;
  js = d.createElement(s); js.id = id;
  js.src = "//connect.facebook.net/de_DE/all.js#xfbml=1&appId=329277080433329";
  fjs.parentNode.insertBefore(js, fjs);
}(document, 'script', 'facebook-jssdk'));</script>
```

Abbildung 10.18: Richtige Anwendung auswählen

Die Integration dieses Plug-ins in Ihre Website ist nicht via **IFRAME** möglich.

6. Kopieren Sie die benötigten Codes, wie in *Abschnitt 10.2.1* beschrieben, und fügen Sie sie an die entsprechenden Stellen auf Ihrer Website ein.

Moderation von Kommentaren

Sie haben nun bereits die **Facebook-Kommentare** auf Ihrer Website installiert, besitzen aber noch keine Kontrolle darüber, was mit nutzerdefinierten Inhalten passiert, die mit der Kommentarbox erstellt werden. Sie können alle auf diese

Weise entstehenden Kommentare moderieren, d. h. sie genehmigen, bevor sie veröffentlicht werden – dies ist sehr wichtig, um Spam keine Chance zu geben.

Treffen Sie vorab zwei wichtige Maßnahmen:

1. Fügen Sie die folgenden Meta-Tags zum Header-Code jeder Seite hinzu, auf der Sie das Plug-in verwenden möchten:

```
<meta property="fb:admins" content="Facebook-Nutzer-ID"/>

<meta property="fb:app_id" content="Facebook-App-ID"/>
```

2. Ersetzen Sie *Facebook-Nutzer-ID* durch Ihre Nutzer-ID, die Sie der URL Ihres Nutzerprofils entnehmen können. Ersetzen Sie *Facebook-App-ID* durch die *App ID* Ihrer neu erstellten Kommentar-Anwendung.

3. Rufen Sie `www.developers.facebook.com/tools/comments` auf.

Sie befinden sich nun im Moderationsbereich für **Facebook-Kommentare**. Diese URL sollten Sie in den Favoriten Ihres Browsers speichern.

Abbildung 10.19: Im Moderationsbereich Kommentare verwalten

4. Klicken Sie im *Seitenmenü* auf die von Ihnen erstellte Anwendung (hier *Kommentare*).

5. Klicken Sie auf *Einstellungen*.

Tipp
Falls Sie Ihre Nutzer-ID bereits durch einen Nutzernamen in der URL ersetzt haben und die ID nicht mehr wissen, können Sie diese jederzeit über den folgenden Link herausfinden: **https://graph.facebook.com/IhrFacebookNutzername.**

Achtung
Falls bei der Integration des Plug-ins Probleme auftauchen (vor allem hinsichtlich der Moderation neuer Kommentare), liegt die Ursache hierfür zu 90% darin, dass die Meta-Tags nicht richtig oder gar nicht hinzugefügt wurden.

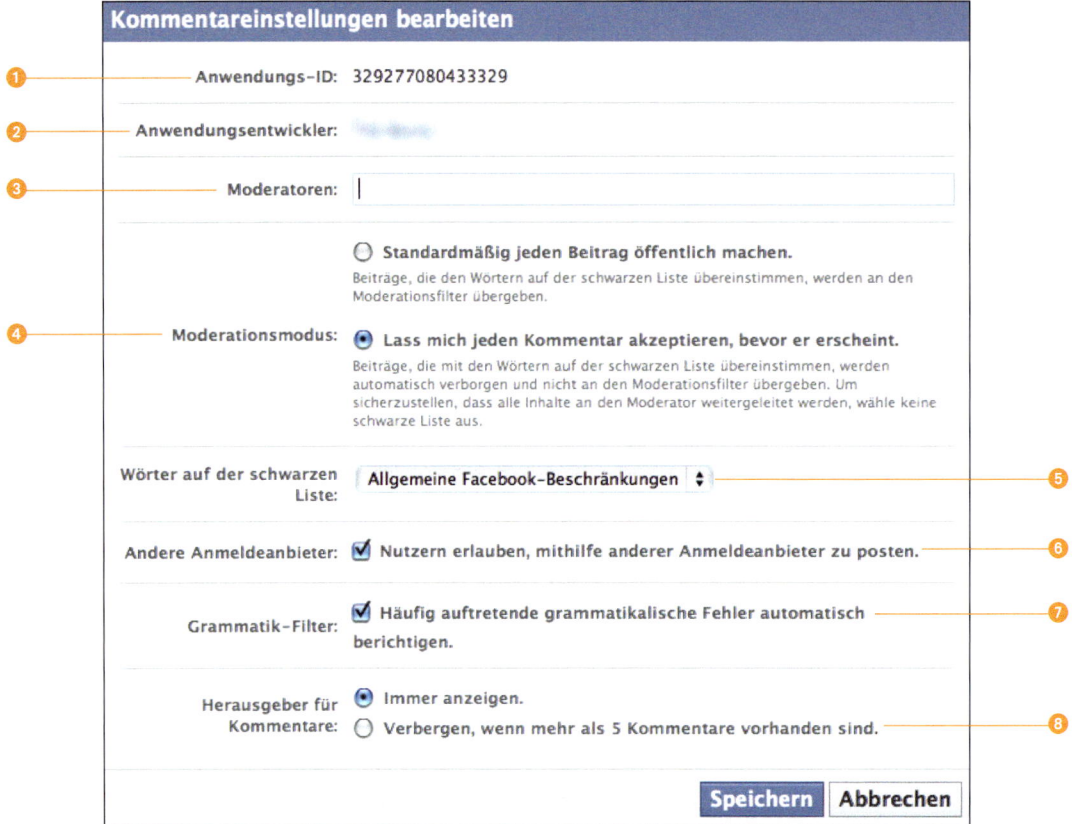

Abbildung 10.20: Einstellungen – Facebook-Kommentare

Im angezeigten Pop-up können Sie alle grundlegenden Einstellungen bezüglich der Moderation der Kommentare bearbeiten. Die *Anwendungs-ID* (entspricht der *App ID*) Ihrer hierzu erstellten Anwendung (❶) und der Nutzername des Administrators der Anwendung (❷) werden oben angezeigt. Sie müssen definieren, wer die eingehenden Kommentare moderieren soll – hierzu muss der Facebook-Nutzername der entsprechenden Person unter *Moderatoren* angegeben werden (❸). Es ist zu empfehlen, dass Sie unter *Moderationsmodus* (❹) die Option *Lass mich jeden Kommentar akzeptieren, bevor er erscheint.* auswählen, um keine developers.facebook.comunerwünschten Kommentare auf Ihrer Website vorzufinden. Sie können eine individuelle Liste mit indizierten Wörtern definieren oder *Allgemeine Facebook-Beschränkungen* nutzen, um sich vor Spam zu schützen (❺). *Andere Anmeldeanbieter* (❻) bietet Ihnen die Möglichkeit, Nutzer einen Kommentar über andere Dienste als Facebook schreiben zu lassen. Darüber hinaus steht eine automatische Rechtschreibprüfung (❼) für Kommentare zur Verfügung.

Bestimmen Sie, ob stets alle Autoren jedes Kommentars oder ob diese nach den ersten fünf Kommentaren auf einer Seite als anonym angezeigt werden (❽).

6. Klicken Sie auf *Speichern*, um alle Änderungen zu übernehmen.

Wenn Sie bis hierhin alles richtig gemacht haben, erhalten alle Facebook-Nutzer, die als Moderatoren bestimmt wurden, eine Benachrichtigung in ihrem Facebook-Profil, wenn ein neuer Kommentar auf Ihrer Website hinterlassen wird.

Wenn Sie selbst einen Kommentar hinterlassen, erhalten Sie keine Benachrichtigung!

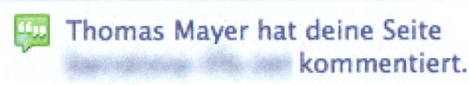

Abbildung 10.21:
Benachrichtigung
zu neuen Kommen-
taren

Abbildung 10.22: Pop-up zu neuen Benachrichtigungen
im Facebook-Profil

7. Testen Sie, ob das Kommentare-Plug-in funktioniert. Bitten Sie Ihre Kollegen deshalb, sich bei Facebook anzumelden und Kommentare auf Ihrer Website zu hinterlassen.

Alle Kommentare werden jetzt im Moderationsbereich unter *Moderatorenansicht* angezeigt.

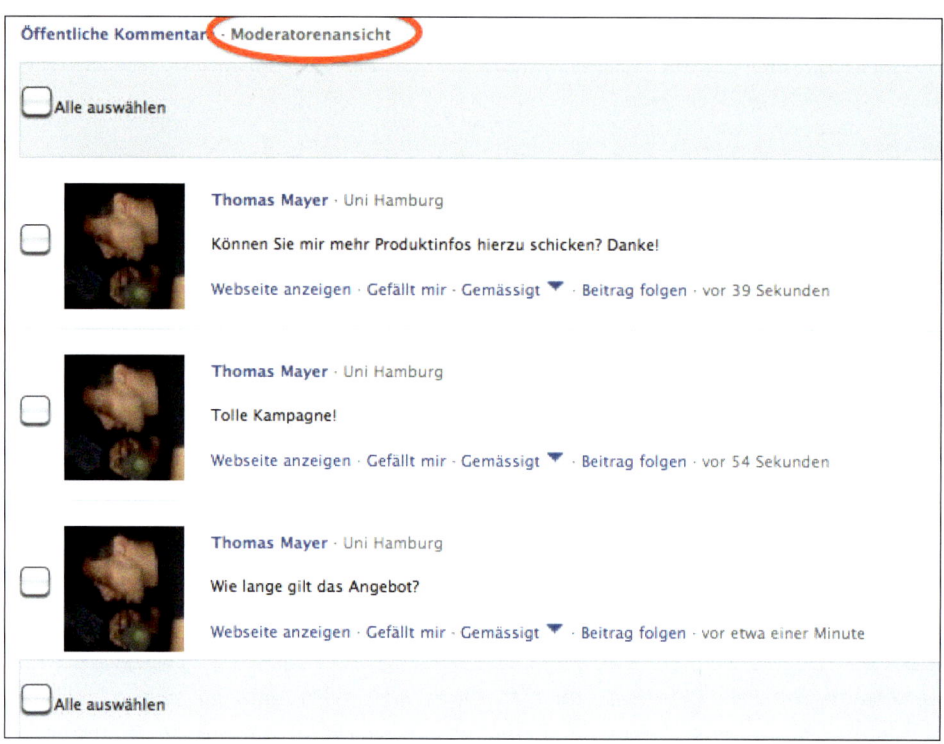

Abbildung 10.23: Neue zu moderierende Kommentare

Es stehen die folgenden Optionen zur Verfügung:

■ *Website anzeigen* – der Link führt zu der Seite, auf der der neue Kommentar hinterlassen wurde; wichtig, um den Kommentar/die Frage in Kontext zu setzen und richtig beantworten zu können.

■ *Gefällt mir* – die gleiche Funktion wie beim „*Gefällt mir*"-Button. Wenn Sie darauf klicken, erstellen Sie einen Beitrag auf Ihrem Nutzerprofil, und unter dem Kommentar wird angezeigt, dass er Ihnen gefällt.

■ *Gemässigt* – wenn Sie auf diesen Link klicken, erhalten Sie ein Dropdown-Menü, in dem Sie die eigentliche Moderation des Kommentars vornehmen können.

> Besucher Ihrer Website können bei allen öffentlichen Kommentaren auf **Gefällt mir** klicken.

- *Beitrag folgen* – diese Option ermöglicht es Ihnen, jedes Mal eine Benachrichtigung in Ihrem Nutzerprofil zu erhalten, wenn der Autor des Kommentars oder ein anderer Nutzer zum gleichen Beitrag Stellung bezieht.

8. Klicken Sie auf *Gemässigt*, um einen Kommentar zu moderieren.

9. Klicken Sie auf *Kommentar bestätigen*, um den Kommentar zu veröffentlichen.

Abbildung 10.24: Optionen zur Moderation eines Kommentars

> Lassen Sie sich nicht durch schlechte Übersetzungen in die deutsche Sprache innerhalb des Facebook-Netzwerks irritieren. Sie werden des Öfteren feststellen, dass viele technische Begriffe lediglich 1:1 übersetzt wurden und im Deutschen keinen wirklichen Sinn ergeben (vgl. **Gemässigt**).

Sie können ebenfalls einen *Kommentar verbergen*, um ihn gänzlich unzugänglich zu machen, *Nutzer ausschließen*, d. h. blockieren, wenn es sich z. B. um Spammer handelt, und via *Boost Comment* einen Kommentar wieder an die oberste Stelle in der Liste setzen (z. B. nützlich, wenn es sich um äußerst positives Feedback oder eine Frage bzw. ein Problem handelt, das viele Ihrer Besucher betrifft).

Sie können jeden veröffentlichten Kommentar wieder unzugänglich machen. Wenn Sie einen Kommentar veröffentlicht haben, wird folgende Benachrichtigung angezeigt:

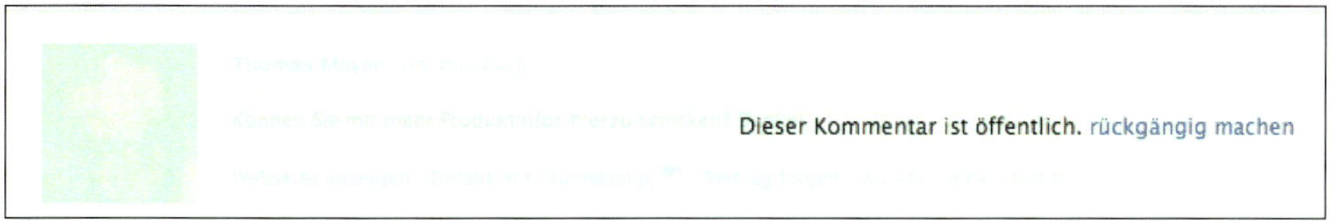

> Solange Sie einen Kommentar nicht bestätigen, d. h. genehmigen und somit veröffentlichen, kann niemand außer Ihnen und dem Autor den Kommentar auf Ihrer Website sehen.

Dieser Kommentar ist öffentlich. rückgängig machen

Abbildung 10.25: Kommentar veröffentlicht

Alle veröffentlichten Kommentare werden automatisch unter *Öffentliche Kommentare* im Moderationsbereich angezeigt.

Abbildung 10.26: Veröffentlichte Kommentare

> Sie können Besuchern Ihrer Website, die über kein Facebook-Konto verfügen, die Option geben, sich alternativ mit einem E-Mail-Dienst anzumelden, um einen Kommentar zu hinterlassen.

10. Klicken Sie auf *Antwort*, um auf den Kommentar zu antworten.

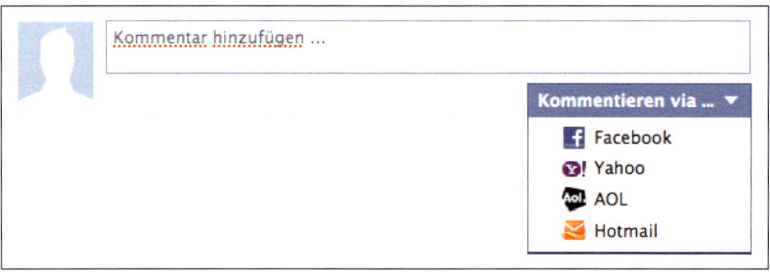

Abbildung 10.27: Anmelden, um Kommentar zu hinterlassen

> Wenn die Option **Auf Facebook veröffentlichen** in der Kommentarbox aktiviert ist, wird durch jeden Kommentar ein Beitrag auf dem Nutzerprofil des Autors erstellt. Des Weiteren können alle Freunde des Autors, die seinen Kommentar in Facebook und nicht auf Ihrer Website sehen, aktiv in die Kommunikation einsteigen, indem sie den Kommentar via Facebook beantworten.

Jede weitere Antwort zu einem Kommentar, die via Facebook und nicht von Ihrer eigenen Website aus erstellt wird, unterliegt den gleichen Regeln in Bezug auf die Moderation.

Im Tab *Moderatorenansicht* des Moderationsbereichs können Sie stets zuerst die vollständige Konversation ansehen, bevor Sie handeln.

11. Klicken Sie auf *Vollständigen Thread anzeigen*, um eine Antwort zu einem Kommentar im Kontext zu sehen.

Abbildung 10.28: Kommentar auf Pinnwand des Autors

Abbildung 10.29: Konversation ansehen

Alle Details zu den **Facebook-Kommentaren** finden Sie auf `http://developers.facebook.com/docs/reference/plugins/comments`.

Wussten Sie, dass Kommentare des Facebook-Plug-ins von Google gelesen werden und somit Ihre Website durch jeden Kommentar mit benutzerdefiniertem Inhalt ergänzt wird?

10.2.3 Aktivitäten-Meldungen und Empfehlungen

Tipp
Diese Plug-ins eignen sich z. B. gut für Ihre Homepage.

Was können diese Plug-ins?

Bei diesen beiden Plug-ins handelt es sich um Boxen, die den HTML-Widgets aus *Abschnitt 10.1* vergleichsweise ähnlich sind. Ein wesentlicher Unterschied besteht im Hinblick auf die interaktiven Nutzermöglichkeiten. Des Weiteren handelt es sich um dynamische Plug-ins, die den Inhalt bei neuen Interaktionen mit der entsprechenden Website aktualisieren. Beide Plug-ins stellen die Interaktionen von Facebook-Nutzern mit Ihrer Website in einer Widget-Box dar.

Das Aktivitäten-Plug-in stellt Interaktionen aller Art dar. Das Empfehlungen-Plug-in zeigt an, bei welchen Seiten am häufigsten auf *Gefällt mir* geklickt wurde. Alle jeweiligen Links in der Widget-Box führen auf die Landingpage, auf der die Nutzerinteraktion durchgeführt wurde.

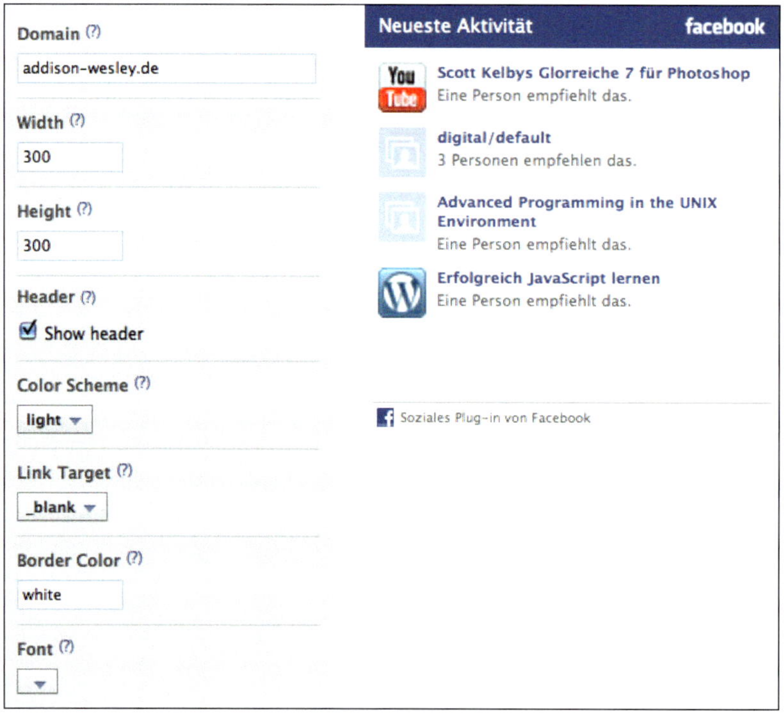

Abbildung 10.30: Aktivitäten-Plug-in – Einstellungen mit Vorschau der Widget-Box

Die Plug-ins installieren

Hier können Sie ähnlich wie in den *Abschnitten 10.2.1* und *10.2.2* beschrieben vorgehen.

1. Rufen Sie `http://developers.facebook.com/docs/plugins` auf.

2. Klicken Sie auf den Namen des gewünschten Plug-ins (z. B. *Recommendations*).

3. Definieren Sie die Einstellungen des Plug-ins.

4. Klicken Sie auf *Get Code* und fügen Sie den gewünschten Code an die richtigen Stellen auf Ihrer Website ein.

> Auch hier müssen Sie, ebenso wie bei den zuvor beschriebenen Plug-ins, die beiden verschiedenen HTML-Codes in Ihre Website integrieren. Es gilt: Bevorzugen Sie **HTML5**!

10.3 Open Graph Protocol

Die ultimative und neueste Methode zur Integration Ihrer Website in das Facebook-Netzwerk ist das Open Graph Protocol. Dabei handelt es sich um eine Methode, mit der Entwickler ihre Anwendung mit dem sozialen Netzwerk von Facebook verbinden können. Wenn Sie das OPG in Ihre Website integrieren, können Sie sie genau wie eine Facebook-Page im Facebook-Netzwerk verwenden.

10.3.1 Was bedeutet das?

Es handelt sich um ein paar Zeilen HTML-Code, mit denen Sie jede externe Website zu einer Facebook-Page machen können. Die Seite an sich bleibt dabei die gleiche, aber durch das Hinzufügen des *Open Graph*-Codes verfügt sie über die gleichen Funktionalitäten wie eine Facebook-Page, da sie mit dem Facebook-Netzwerk verbunden ist und dort auftauchen wird.

Wenn ein Nutzer auf den „Gefällt mir"-Button auf Ihrer Website klickt, wird diese (genauso wie eine Facebook-Page) in den Interessen im Profil des Nutzers angezeigt und sieht ab diesem Zeitpunkt faktisch aus wie eine Facebook-Page (mit eigener Facebook-URL, Profilbild, Pinnwand usw.)! Sie können dann auch Beiträge auf dieser Page veröffentlichen und somit allen, denen diese Page gefällt, Updates senden.

> **Achtung**
> Leider befand sich zum Zeitpunkt des Schreibens dieses Buches das von Facebook verwendete Open Graph Protocol noch in der Beta-Phase. Dies bedeutet, dass die durchgeführten Tests nicht immer erfolgreich waren. Manchmal funktionierte die Implementierung, manchmal nicht. Mit Sicherheit hat Facebook bereits eine aktualisierte Version des OGP veröffentlicht, während Sie diese Zeilen lesen.

Hier ein Beispiel des Blogs `www.barcelona-life.net`, eine Testseite, die via OGP mit Facebook verbunden wurde.

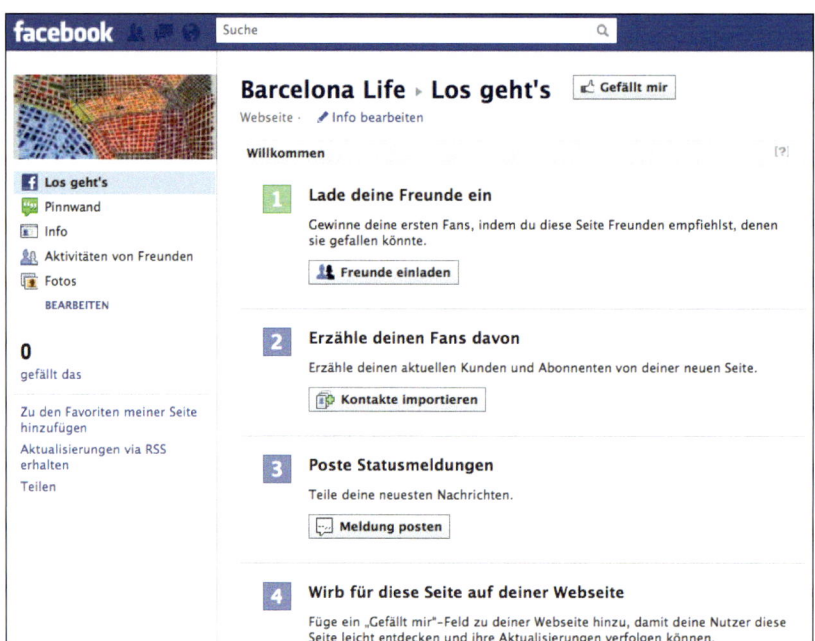

Abbildung 10.31: Der Blog wird Ihnen als Administrator wie eine Page angezeigt, die Sie entsprechend verwalten können

Abbildung 10.32: Nutzer können die Seite über die Suche finden, sobald sie eine „Gefällt mir“-Angabe auf `www.barcelona-life.net` *getätigt haben*

Abbildung 10.33: ... und ebenso in den empfohlenen
Seiten

Abbildung 10.34: Durch eine „Gefällt mir"-Angabe wird die Seite auf der Pinnwand des Nutzers mit seinen Freunden geteilt

10.3.2   Wie funktioniert das?

Ähnlich wie bei den **Facebook-Kommentaren** müssen ein paar zusätzliche Meta-
Tags zum Quellcode Ihrer Website hinzugefügt werden, wodurch Ihre Seite zu
einem Open Graph-Objekt wird.

Facebook stellt die folgenden Tags zur Verfügung, die Sie Ihrer Website hinzufügen
können:

Kategorie	Aktivitäten	Business	Gruppen	Organisationen
Tags	activity	bar	cause	band
	sport	company	sports_league	government
		cafe	sports_team	non_profit
		hotel		school
		restaurant		university

Tabelle 10.1: Open Graph-Tags
von Facebook

Kategorie	Leute	Orte	Produkte und Unterhaltung	Websites
Tags	actor	city	album	blog
	athlete	country	book	website
	author	landmark	drink	article
	director	state_province	food	
	musician		game	
	politician		product	
	public_figure		song	
			movie	
			tv_show	

Tabelle 10.2: Weitere Open Graph-Tags

Zuvor müssen der *„Gefällt mir"*-Button (vgl. *Abschnitt 10.2.1*) und der folgende HTML-Code dem Header jeder Seite, die Sie mit Open Graph verbinden möchten, hinzugefügt werden:

Listing 10.1: Open Graph-Meta Tags hinzufügen

```
<html xmlns="www.w3.org/1999/xhtml"
      xmlns:og="ogp.me/ns#"
      xmlns:fb="www.facebook.com/2008/fbml">
  <head>
    <title>Titel der Seite</title>
    <meta property="og:title" content="NAME oder TITEL"/>
    <meta property="og:type" content="Tag aus der Tabelle oben"/>
    <meta property="og:url" content="URL der entsprechenden Seite"/>
    <meta property="og:image" content="URL zum Profilbild Ihrer
Wahl"/>
    <meta property="og:site_name" content="Name Ihrer Firma"/>
    <meta property="fb:admins" content="Ihre Facebook-Nutzer-ID"/>
    <meta property="og:description"
          content="Beschreibung der Seite"/>
...
  </head>
  ...
</html>
```

Sie können zusätzliche `og:`-Präfixe hinzufügen, falls eine für Ihre Seite wichtige Info fehlt, wie z. B. der Ort für ein Restaurant oder Kontaktinformationen:

Beispiel – Ort

```
<html xmlns:og="ogp.me/ns#">
  <head>
    ...
    <meta property="og:latitude" content="37.416343"/>
    <meta property="og:longitude" content="-122.153013"/>
    <meta property="og:street-address" content="1601 S California
Ave"/>
    <meta property="og:locality" content="Palo Alto"/>
    <meta property="og:region" content="CA"/>
    <meta property="og:postal-code" content="94304"/>
    <meta property="og:country-name" content="USA"/>
    ...
  </head>
```

Listing 10.2: Meta Tags für Orte

Beispiel – Kontakt

```
<html xmlns:og="ogp.me/ns#">
  <head>
    ...
    <meta property="og:email" content="me@example.com"/>
    <meta property="og:phone_number" content="040-xxxxx-xxxx"/>
    <meta property="og:fax_number" content="+1-415-123-4567"/>
    ...
  </head>
```

Listing 10.3: Meta Tags für Kontakte

1. Integrieren Sie den *„Gefällt mir"*-Button in die Seite, die Sie via Open Graph verbinden möchten.

2. Füllen Sie die Variablen des o. a. Codes mit den entsprechenden Informationen aus (je genauer Sie die Infos definieren, desto besser).

Sie können die Infos zu jeder Seite stets aktualisieren, indem Sie die entsprechenden Meta-Tags ändern. Allerdings können die Tags für Titel (**og:title**) und Typ (**og:type**) nur zu Beginn geändert werden. Sobald 50 Nutzer auf der Seite auf **Gefällt mir** geklickt haben, kann der Titel nicht mehr geändert werden, und sobald 10 000 Nutzer auf **Gefällt mir** geklickt haben, kann der Typ nicht mehr geändert werden.

3. Fügen Sie den bearbeiteten Code zum Header der Seite hinzu, die Sie via Open Graph verbinden möchten.

4. Testen Sie auf `developers.facebook.com/tools/debug`, ob alle Meta-Tags richtig implementiert wurden. Fügen Sie die URL der Seite in das Textfeld ein.

Falls Sie Fehlermeldungen erhalten, sollten Sie sich nach den auf der Seite angezeigten Anweisungen richten, die genau beschreiben, wo das Problem liegt.

10.3.3   Verwaltung der Open Graph-Seiten

Um als Administrator die Kontrolle über die Seiten zu haben, denen Sie das Open Graph Protocol hinzugefügt haben, müssen Sie wie bei den **Facebook-Kommentaren** zwei zusätzliche Meta-Tags zu *Admin* und *App ID* erstellen.

1. Fügen Sie die folgenden Meta-Tags allen Seiten hinzu, die Sie via Open Graph verbinden möchten:

> Sie können mehrere Administratoren bestimmen, indem Sie die Nutzer-IDs durch Kommata trennen (siehe Beispiel).

```
<meta property="fb:admins" content="Nutzer-ID 1, Nutzer-ID 2"/>
<meta property="fb:app_id" content="App ID Ihrer Anwendung"/>
```

2. Klicken Sie selbst einmal auf jeder Seite, der das Open Graph Protocol hinzugefügt wurde, auf *Gefällt mir*, um sich als Administrator zu bestätigen.

10.3.4   Inhalte veröffentlichen

Wenn Sie einer Website das Open Graph Protocol hinzugefügt haben, wird diese Seite als neue Facebook-Page im Facebook-Profil des Nutzers angezeigt, nachdem dieser auf der entsprechenden Website auf *Gefällt mir* geklickt hat.

Diese neu entstandene Facebook-Page wird von Ihnen als Administrator auf die gleiche Art und Weise verwaltet, wie Sie Ihre Business-Page managen, d. h., wenn Sie auf der Pinnwand neue Beiträge veröffentlichen, erhalten alle Nutzer, die zuvor auf *Gefällt mir* geklickt haben, ein Update mit dem Beitrag in ihrem *Neuigkeiten*-Feed.

1. Rufen Sie Ihre Facebook-Startseite auf.

2. Klicken Sie im Navigationsmenü links auf *Seiten*.

3. Klicken Sie auf die Page, die die Seite Ihrer Website darstellt.

4. Erstellen Sie die gewünschten Inhalte auf der Page-Pinnwand (wie Sie es von Ihrer Business-Page gewohnt sind).

10.3.5 Wer sollte Open Graph nutzen?

Durch die OPG-Integration kann Ihre Website wie eine Facebook-Page durch die Suche auf Facebook gefunden werden. Sie sieht genau so aus, d. h., sie entspricht faktisch einer Page, was die Funktionalitäten angeht. Sie können sie wie eine Page verwalten. Dies gilt für jede einzelne der Webseiten, in die Sie das OGP integrieren.

Die Nutzung von Open Graph ist interessant für:

- Firmen, deren Produkte oder Services sogenannte „real world things" darstellen – Orte oder Personen, die real existieren, sowie Fan-Pages (z. B. Filmstars, Sportler und Vereine, Musiker, Restaurants, Bars, Hotels usw.)

- professionelle Entwickler, die soziale Interaktionsmöglichkeiten in ihre Facebook-Anwendung einbinden möchten

Selbst wenn Ihre Firma nicht zu den zuvor genannten Kategorien zählt, können z. B. E-Commerce-Händler einzelne Produktseiten Ihrer Website, die besonders beliebt sind, via Open Graph verbinden. Wenn Sie allerdings eine Website ohne E-Commerce haben (z. B. eine Seite für eine Zahnarztpraxis), reicht eine normale Facebook-Business-Page, wie in *Kapitel 4* beschrieben, vollkommen aus.

Die *Open Graph*-Implementierung bei Anwendungen wird hier nicht ausführlich beschrieben. Nähere Informationen erhalten Sie unter `http://developers.facebook.com/docs/opengraph`.

Weitere Hilfethemen zu Open Graph finden Sie unter `ogp.me/#implementations`.

Vor dem Open Graph Protocol hieß die Lösung von Facebook, um externe Websites mit dem Netzwerk zu verbinden, „Facebook Connect". Seit dem **Open Graph**-Update 2010 geschieht dies hauptsächlich in Kombination mit den sozialen Plug-ins **Login Button** und **Registration**.

223

10.4 Facebook mit Google Analytics verbinden

„Gefällt mir"-, *„Gefällt mir nicht mehr"*- und *„Senden"*-Aktivitäten können im Bereich *Soziale Netzwerke* innerhalb von Google Analytics gemessen werden. Dazu müssen Sie lediglich Ihre Website mit Ihrem Google Analytics-Konto verbinden.

Die folgenden vier Codes müssen jeder Seite Ihrer Website, die Sie tracken möchten, hinzugefügt werden.

10.4.1 Google Analytics-Code hinzufügen

1. Fügen Sie den Google Analytics-Code, den Sie über Ihr Analytics-Konto für Ihre Website erhalten, auf jeder zu trackenden Seite direkt vor den `</head>`-Tag hinzu.

Listing 10.4: Google Analytics-Tracking-Code einer Website – die Variable UA-XXXXXXXX-X wird durch die Google Analytics-ID Ihrer Domain ersetzt

```
<script type="text/JavaScript">

  var _gaq = _gaq || [];
  _gaq.push([‚_setAccount', ‚UA-XXXXXXXX-X']);
  _gaq.push([‚_trackPageview']);

  (function() {
    var ga = document.createElement(‚script'); ga.type = ‚text/
JavaScript'; ga.async = true;
    ga.src = (‚https:' == document.location.protocol ? ‚https://ssl'
: ‚www') + ‚.google-analytics.com/ga.js';
    var s = document.getElementsByTagName(‚script')[0];
s.parentNode.insertBefore(ga, s);
  })();
```

> In der alten Google Analytics-Version musste der Code vor den **</body>**-Tag eingefügt werden.

10.4.2 Facebook-Codes (HTML5)

> Sie müssen darauf achten, jeweils den Code aus dem **HTML5**-Tab zu verwenden.

2. Fügen Sie den *JavaScript SDK*-Code (wie in *Abschnitt 10.2.1* beschrieben) auf jeder Seite, auf der Sie den *„Gefällt mir"*-Button mit Google Analytics tracken möchten, direkt nach den `<body>`-Tag hinzu.

```
<div id="fb-root"></div>
```

```
<script>(function(d, s, id) {
  var js, fjs = d.getElementsByTagName(s)[0];
  if (d.getElementById(id)) return;
  js = d.createElement(s); js.id = id;
  js.src = „//connect.facebook.net/es_ES/all.js#xfbml=1";
  fjs.parentNode.insertBefore(js, fjs);
}(document, ‚script‘, ‚facebook-jssdk‘));
</script>
```

Listing 10.5: JavaScript SDK-Code

> **Tipp**
> Sie erhalten die beiden Codes aus den **Schritten 2 und 3** auf **http:// developers.facebook. com/docs/reference/ plugins/like**.

3. Fügen Sie (falls noch nicht vorhanden) den Code des *"Gefällt mir"*-Buttons auf der gleichen Seite genau an die Stelle ein, an der er angezeigt werden soll.

```
<div class="fb-like" data-href="www.ihreWebsite.de" data-send="true"
data-width="450" data-show-faces="true"></div>
```

Listing 10.6: „Gefällt mir"-Button-Code

10.4.3 Verbindung zwischen Google Analytics und Facebook herstellen

4. Fügen Sie den folgenden Code direkt nach den *JavaScript SDK*-Code auf jeder Seite ein, die getrackt werden soll.

```
<script>
function init() {
 FB.init({
                status     : true, // check login status
                cookie     : true, // enable cookies to allow the
server to access the session
                xfbml      : true  // parse XFBML
            });
            FB.Event.subscribe(‚edge.create‘, function(href, widget)
{
                _gaq.push([‚_trackSocial‘, ‚Facebook‘, ‚like‘, href]);
            });
}
window.onload = init;
</script>
```

Listing 10.7: Code zur Verknüpfung von Google Analytics und Facebook

> Mit der hier vorgestellten Methode zum Google Analytics–Social–Tracking können Sie ausschließlich die sozialen Nutzerinteraktionen von Facebook auf Ihrer Website messen (nicht diejenigen, die innerhalb von Facebook durchgeführt wurden).

Fertig!

10.4.4   Wie finde ich den Google Analytics-Tracking-Code?

Haben Sie den Tracking-Code der neuesten Google Analytics-Version bereits auf Ihrer Website installiert? Falls nicht, führen Sie die folgenden Schritte durch:

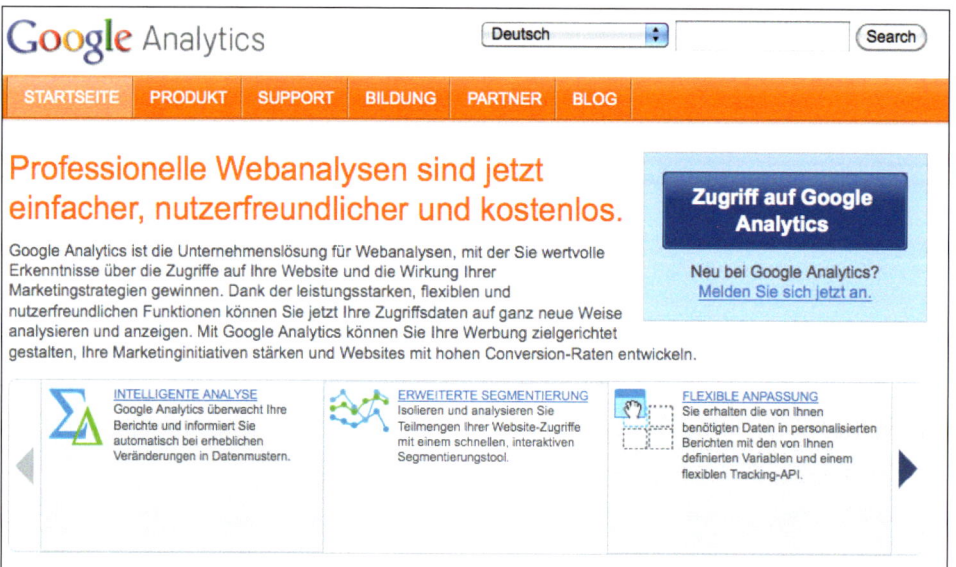

Abbildung 10.35: Google Analytics

> **Tipp**
> Google Analytics stellt die beste kostenlose Onlineanwendung dar, mit der Sie Daten zu einer Website (wie Traffic, Schlüsselwörter und Besucherquellen) analysieren und Berichte erstellen können.

1. Melden Sie sich bei Ihrem Google Analytics-Konto unter `www.google.com/analytics` an.

2. Klicken Sie in der Navigationsleiste auf *New Version* (*Neue Version*), falls Sie die alte Version nutzen.

Abbildung 10.36: Neue Version von Google Analytics nutzen

3. Klicken Sie rechts oben in der orangefarbenen Navigationsleiste auf das Symbol für die Einstellungen.

Abbildung 10.37: Einstellungen-Symbol

4. Klicken Sie unter *Konten* auf den Namen der Website, der Sie ein Tracking hinzufügen möchten.

5. Klicken Sie unter *Web-Propertys* erneut auf den Namen der Website.

6. Klicken Sie auf den Tab *Tracking Code*.

7. Wählen Sie unter *1. Was möchten Sie analysieren?* die Option *Eine einzelne Domain*.

Abbildung 10.38: Website auswählen

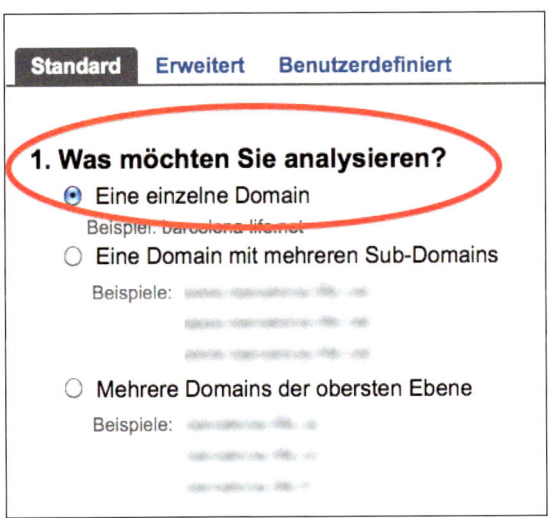

Abbildung 10.39: Anzahl der Domains bestimmen

8. Kopieren Sie den Code unter *2. Fügen Sie diesen Code auf Ihrer Website ein*.

Er sieht ungefähr so aus:

```
<script type="text/JavaScript">
  var _gaq = _gaq || [];
  _gaq.push([‚_setAccount‘, ‚UA-XXXXXXXX-X‘]);
  _gaq.push([‚_trackPageview‘]);
```

Listing 10.8: Google Analytics-Tracking-Code

```
(function() {
   var ga = document.createElement(‚script'); ga.type = ‚text/
JavaScript'; ga.async = true;
   ga.src = (‚https:' == document.location.protocol ? ‚https://ssl'
: ‚www') + ‚.google-analytics.com/ga.js';
   var s = document.getElementsByTagName(‚script')[0];
s.parentNode.insertBefore(ga, s);
   })();
</script>
```

9. Fügen Sie den Code im Header jeder Seite, die Sie tracken möchten, vor den `</head>`-Tag ein.

10. Ersetzen Sie die Variable *UA-XXXXXXX-X* im Tracking-Code durch die Google Analytics-ID Ihrer Domain (falls diese sich nicht bereits an dieser Stelle im Code befindet).

10.4.5   Berichte mit Facebook-Tracking erstellen

Sobald Sie alle Codes richtig implementiert haben, sollten Sie nach spätestens 24 Stunden nachsehen, ob Sie die ersten Zahlen zu Facebook-Aktivitäten von Ihrer Website erhalten.

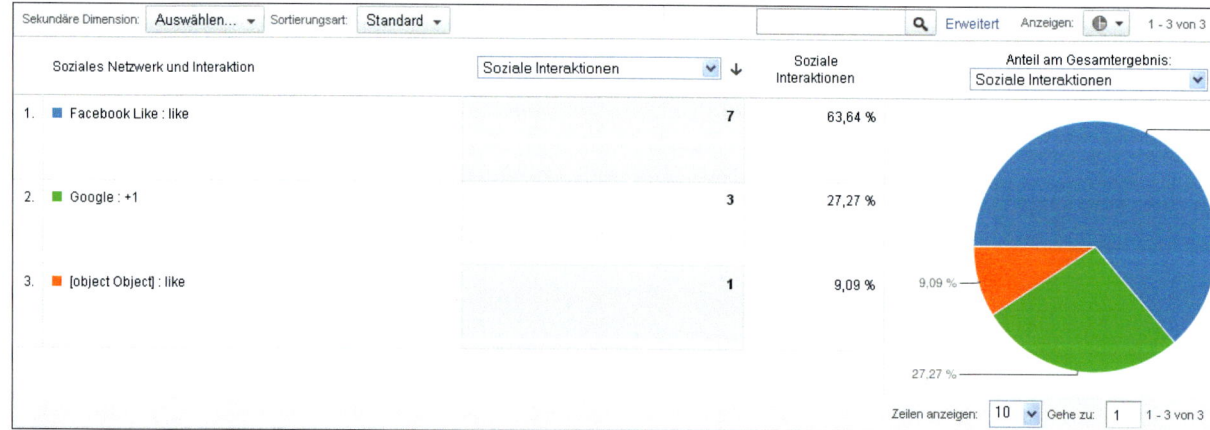

Abbildung 10.40: Soziale Interaktionen in Google Analytics messen

1. Wählen Sie in Ihrem Google Analytics-Konto die Domain aus, der Sie das Tracking hinzugefügt haben.

2. Klicken Sie unter *Besucher* in der Seitennavigation auf *Soziale Netzwerke*.

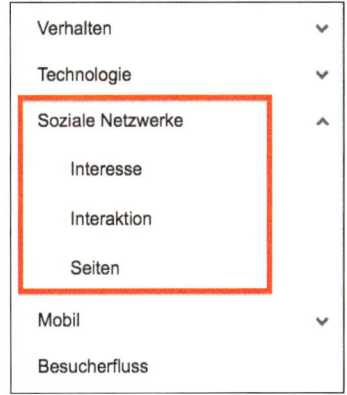

Interesse

Hierbei handelt es sich um die Gesamtzahl aller Besucher Ihrer Seite, die mit einem der sozialen Plug-ins interagiert haben (dies umfasst „*Gefällt mir*"-Angaben von Facebook und Tweets von Twitter). Es stehen die Metriken *Not Socially Engaged* und *Socially Engaged* zur Verfügung.

Interaktion

Hier finden Sie die eigentlichen Zahlen zu „*Gefällt mir*"-Angaben, *Tweets*, *+1*-Angaben usw. Speziell für Facebook stehen die Metriken *Like (Gefällt mir)*, *Unlike (Gefällt mir nicht mehr)* und *Send (Senden)* zur Verfügung. Sie können einsehen, wie viele Interaktionen zu jeder einzelnen Handlung getätigt wurden, und erhalten so den prozentualen Anteil jeder Handlung an der Gesamtzahl der Interaktionen.

Abbildung 10.41: Sie haben drei Optionen: Interesse, Interaktion und Seiten

Seiten

Hier finden Sie alle Angaben zu den Seiten, auf denen Ihre Besucher auf *Gefällt mir* usw. geklickt haben.

Für regelmäßige Updates (vor allem was neue Funktionalitäten und Änderungen in Facebook betrifft) folgen Sie den offiziellen Twitter-Kanälen von Facebook unter **twitter.com/facebook** und **twitter.com/fb_engineering** sowie den Blogs **blog.facebook.com/** und **analytics.blogspot.com/**.

Sie können ebenso die offizielle Website zu diesem Buch unter **www.fb-tipps.de** aufrufen oder schreiben Sie mir direkt an **jacques.frisch@gmx.de**.

Wörterbuch

Anwendung (Application)
Mit „Anwendungen" sind bei Facebook nur solche gemeint, die von Dritten entwickelt wurden und via API-Schnittstelle mit der Facebook-Plattform verbunden werden können. Diese werden meistens als individualisierte Tabs für Kampagnen (wie z.B. Gewinnspiele), Produktwerbung oder die Einbindung von E-Commerce-Shops auf einer Facebook-Page verwendet. Die Entwickler von Anwendungen können über die Anwendungen selbst auf die Daten der Nutzer zugreifen, die diese Anwendung nutzen, sofern diese ihnen eine Genehmigung dazu erteilen. Nutzer können Anwendungen auf Ihrem persönlichen Profil integrieren.

Call-To-Action
Im Marketing übliche Handlungsaufforderung, die in sozialen Netzwerken vor allem von Firmen verwendet wird, um ihre Fans zu motivieren, mit den veröffentlichten Inhalten zu interagieren, wie z.B. Klicke auf „Gefällt mir", wenn...

Chronik (engl. Timeline)
Neueste Version des Facebook-Nutzerprofils. Sie besteht aus einer Zeitleiste, die alle veröffentlichten Inhalte eines Facebook-Nutzers seit dem Datum seiner Erstanmeldung anzeigt. Bei dieser Art von digitalem Lebenslauf können Inhalte auch für die Vergangenheit erstellt werden.

CPC (= Cost-per-Click)
Abrechnungsmodell für Werbeanzeigen im Online-Marketing. Anbieter von Anzeigen zahlen pro Klick eines Nutzers auf den Link, d.h. pro Aufruf ihrer Seite, für die Leistung der Anzeige.

CPM (= Cost-per-Mille)
Abrechnungsmodel bzw. Kennzahl im Online-Marketing und in der Mediaplanung, die angibt, wie viel z.B. für eine Bannerwerbung investiert werden muss, damit 1000 Online-Nutzer einer Zielgruppe die Werbung sehen. Auf Deutsch auch *Tausend-Kontakt-Preis* (*TKP*) genannt.

Creative
Im Online-Marketing verwendete Bezeichnung für die visuelle und textliche Gestaltung von Werbeanzeigen. Creatives einer Bannerwerbung bestehen in der Regel aus Titel, Beschreibung und Bild (vgl. Google-Anzeigen).

E-Mail-Aktualisierungen
Wöchentliche Updates zur Performance einer Facebook-Page, die an die E-Mail-Adresse des Administrators der Page gesendet werden.

FBML (= Facebook Markup Language)
Eigene von Facebook entwickelte HTML-Version. Mittlerweile wird FBML nicht mehr von Facebook unterstützt.

Fragen (engl. Questions)
Facebook-Fragen sind ein Beitragstyp, mit dem Freunde bzw. Fans ähnlich wie bei einer Umfrage nach Ihrer Meinung befragt werden können. Eine Frage kann entweder als offene Frage formuliert oder als Multiple-Choice-Frage kreiert werden.

FTP-Programm (engl. FTP client)
Software, mit der Daten über das *File Transfer Protocol* auf einen Webserver übertragen werden können.

„Gefällt mir"-Angabe (engl. Like)
Die *Gefällt mir*-Angabe ist eine Anwendung, die zu den sozialen Plug-Ins von Facebook gehört. Die Schaltfläche stellt das „Daumen-Hoch-Symbol" dar, das angeklickt werden kann, wodurch Online-Nutzer auf Websites und innerhalb von Facebook ihre Wertschätzung von Seiten(inhalten) ausdrücken können.

Google Analytics
Kostenlose webbasierte Google-Software, mit der Statistiken zu Websites erhoben und Berichte erstellt werden können.

HTML5

Neueste Version von HTML. Eine textbasierte Auszeichnungs-sprache zur Strukturierung und semantischen Auszeichnung von Inhalten wie Texten, Bildern und Hyperlinks in Dokumenten.

iFrame

HTML-Element, das für *Inlineframe* steht. Es dient der Strukturierung von Websites. Ein iFrame wird verwendet, um Webinhalte, meist von einem anderen Server, als Teil einer anderen Seite anzuzeigen.

Inbound Marketing

Marketingstrategie, bei der die Idee, vom Nutzer/Kunden gefunden zu werden, im Mittelpunkt steht. Inspiriert von Seth Godins *Permission Marketing* stellt Inbound Marketing heutzutage einen wichtigen Bestandteil von Online-Marketing-Strategien dar, die sich mit kreativen Inhalten und Social Media Marketing beschäftigen.

Open Graph Protocol

Methode, um die eigene Website mit der Facebook-Plattform zu verbinden und via einer Programmierschnittstelle (= API) auf Daten von Facebook zuzugreifen, mit dem Ziel, eigene Anwendungen zu erstellen.

Orte (engl. Places)

Zusatzfunktion innerhalb von Facebook, der sich auf den Standort eines Nutzers bezieht. Facebook-Nutzer können ähnlich wie in standortbezogenen sozialen Netzwerken, die sich (z.B. der *Foursquare*), eine Ortsangabe machen (= *Check In*) und diese ihren Freunden mitteilen. Facebook-Orte sind Seiten innerhalb von Facebook, die mit einem Kartendienst (*Bing Maps*/*Google Maps*) verknüpft sind und Informationen aller Art zum entsprechenden Ort bereitstellen.

Sharing

Das Teilen, Verteilen, Verbreiten oder Weiterleiten von Web-Inhalten mittels Share-Buttons von Social Media-Diensten wie Facebook, Twitter, Google+, StumbleUpon, Delicious usw.

SMO (= Social Media Optimization)

Fachbegriff für die Optimierung von Websites mit dem Ziel, besser in sozialen Medien wie sozialen Netzwerken und Blogs auf sich aufmerksam zu machen. Dies geschieht vor allem mittels kreativer Inhalte, die einfach verbreitet werden können.

Soziale Klicks (engl. Social Clicks)

Angabe zur Anzahl der Klicks auf Werbeanzeigen, die in Verbindung mit sozialem Kontext angezeigt wurden. Darunter fallen beispielsweise Daten über die Freunde des Betrachters, die mit via „*Gefällt mir*"-Angabe mit einer Page, einem Ort, einer Veranstaltung oder einer Anwendung interagiert haben.

Social Media Marketing

Online-Marketing-Strategie zur Steigerung des Bekanntheitsgrads von Marken und Produkten sowie Website-Traffics mithilfe sozialer Netzwerke. Teil des sogenannten Inbound Marketing, das darauf abzielt, die Aufmerksamkeit von Nutzern durch kreative Inhalte zu gewinnen, diese Inhalte zu verbreiten und dadurch mehr Nutzer auf die eigene Website zu locken.

Soziale Plug-Ins (engl. Social Plugins)

Ein soziales Plug-In ist ein von Facebook angebotenes Erweiterungsmodul, d.h. eine Fertiglösung, mit der kleine Anwendungen leicht auf der eigenen Website integriert werden können.

Statistiken (engl. Insights)

Facebook-Statistiken sind ein innerhalb von Facebook verfügbares Berichtsystem, mit dem die Performance von Facebook-Pages gemessen werden kann. Dazu werden verschiedene Messwerte ausgewertet.

URL-Kürzungsdienst (engl. URL-Shortener)

Webbasierte, meist kostenlose Software, mit der eine URL gekürzt werden kann und durch eine Weiterleitung mit der Original-URL verlinkt wird. Eine gekürzte URL ist ein Alias der Original-URL. Kürzungsdienste werden bei Social Media vor allem verwendet, um durch Kürzen von Text Platz zu sparen (vgl. Twitter) und um Klicks zu messen.

Veranstaltung (engl. Event)
Bei Facebook eine Methode zum Einladen von Facebook-Nutzern zu einer selbst erstellten Veranstaltung. Eine Veranstaltung hat innerhalb von Facebook eine eigene Seite mit einer eindeutigen URL.

Virales Marketing
Marketingmethode der Social Media-Generation, die mithilfe sozialer Netzwerke und Medien eine bestimmte Marke, ein Produkt oder eine Organisation/Bewegung mit ungewöhnlichen und unkonventionellen Mitteln promotet. Besonders charakteristisch für diese Strategie ist die schnelle Verbreitung von Inhalten über das Internet, von Nutzer zu Nutzer, wie bei einem Virus – daher der Name „viral".

WordPress
Weit verbreitete Blog-Software.

XFBML
Steht für Cross-FBML. Genutzt, um die Facebook-eigene Skriptsprache FBML (s. oben) auf externen Websites verwendet werden.

Stichwortverzeichnis

A

Administrator 20, 66
Aktivitäten-Plug-in 216
Aktivitätenprotokoll 21
Altersbeschränkungen 69
Anwendungen 106
App ID 115
App Secret 115

B

Beiträge 20, 75
Beitragstyp 78
Berichte 181
Bild 60
Bildbearbeitungsprogramm 85
Bildcollagen 87
Bilderpuzzle 85
Bilderrätsel 80
Bild hochladen 59
Bild von Website laden 59
Bing 32
bit.ly 187
Blockliste für Moderatoren 69
Blog 125
Budget 156
budurl 190
Business-Page 53, 56

C

Call-to-Action 85
Chat 44
Check-in 31

Chrome 122
Chronik 20
Community 69
Content-Pläne 101
CPC (Cost per Click) 157
CPM (Cost per Mille) 157
CR 184
Creatives 151
  erstellen 162
CSS 116
CTR (Click-Through-Rate) 184

D

Demografische Angaben 176
Drag&Drop 134

E

E-Commerce-Shop 131
Edge-Rank. 16
Eigene Anwendungen 112
Eigene Gewinnspiele 143
E-Mail-Anbieter 60
E-Mail-Kontakte 61
Empfehlungen 35
Entwickler 107
Entwickler-Status 113

F

Facebook-Banner 196
Facebook Connect 223
Facebook-Datenschutzrichtlinien 164

Facebook-E-Mail-Adresse 45
Facebook-Fragen 77
Facebook-Gruppen 64
Facebook-Kommentare 205
Facebook-Kontakte 60
Facebook-Ort 29
Facebook-Page 55
Facebook-Statistiken 171
Facebook-Suche 63, 14, 34
Facebook-Werbekampagne 167
Facebook-Werberichtlinien 163
Fans 58
FBML 117
Fotoalben 79
Foto importieren 59
Freunde finden 17
Freunde von Fans 173
FTP-Programm 117

G

Gefällt mir-Angaben 173
Gefällt mir-Banner 196
Gefällt mir-Button 200
Gesponserte Meldungen 153, 184
Gewinnspiele 139
Google Analytics 190
Google Analytics-Konto 229
Google Analytics-Tracking-Code 226
Google URL Builder 190

H

Halalati 146
Hauptmeldungen 22
Hervorgehobene Meldungen 15, 76
Hootsuite 192
HTML 116
HTML-Banner 196
HTML-Editor 117
HTML-Widgets 198

I

Ideen für Beiträge 77
iFrame 202
iFrame-Anwendungen 116
Impressionen 183
Involver 123
Iwipa 122

J

JavaScript 116
JavaScript SDK 203

K

Kategorie 56
Klout 193
Kommentare moderieren 209
Kontaktdatei 61
Kontaktdaten 61
Konversation 69
Kurzbeschreibung 63
Kurzmeldungen 41

L

Ländereinschränkungen 69
Lujure 124

M

Marke 56
Meta-Tags 209
Metriken 172

N

Nachrichten 42
Neuigkeiten 15
Neuigkeiten-Feed 62
Nutzerkonto 10
Nutzername 65
Nutzerprofil 20
Nutzungsbestimmungen 57

O

Open Graph-Objekt 219
Open Graph Protocol 217

P

Page 56
Page-Administrator 66
Page-Tabs 112
Page-Titel 64
Payvment 132
Personen, die darüber sprechen 173
Pinnwand 62, 75
Pinnwand-Reiter 69
Plug-in 125
Pop-up 59

Privatsphäre-Einstellungen 27
Profilbild 23, 58
Promotions 140

Q

QR-Code 190
Quelldatei 117

R

Reichweite 175
Richtlinien für Facebook-Seiten 57
Richtlinien für Promotions 140

S

Secure Browsing 117
Seite löschen 69
Seitenbanner 197
ShopShare 133
Sichtbarkeit 69
Sichtbarkeitseinstellungen 26
Skriptsprachen 116
Slug 188
SMS 65
SMS-Dienst 47
Social Commerce 131
Social Sharing 205
Social signals 200
Soziale CTR 185
Soziale Impressionen 184
Soziale Klicks 184
Soziale Plug-ins 199
SSL 117
Standort 31
Status-Updates 77, 91

T

Tablet-PC 79
TabPress 123
Tabs 105
Targeting 154
Teilen 49
Ticker 41
Titelbild 23
Tracking 192
Tracking von Links 186

U

Upload 59
URL 59, 65
URL-Shortener 187
URLs kürzen 187

V

VendorShop 136
Veranstaltungen 96
Verbindungen 184
Verlinken 41
Virale Inhalte 101
Viralität 176

W

Webadresse 65
Webserver 117
Website 60
Werbeanzeigen 150
wer-kennt-wen.de 39
Wildfire 121
Wildfire-App 143

Willkommen-Seite 13
Wöchentliche Reichweite insgesamt 174
WordPress 125
WordPress-Blogs 198
WordPress-Themes 199
Work-Profil 68
World Wide Web 68
Wortlisten 69

Z

Zielgruppe 68
Zitate 92

Bibliografische Information Der Deutschen Nationalbibliothek
Die Deutsche Nationalbibliothek verzeichnet diese Publikation in der
Deutschen Nationalbibliografie; detaillierte bibliografische Daten
sind im Internet über http://dnb.d-nb.de abrufbar.

10 9 8 7 6 5 4 3 2 1

13 12

ISBN 978-3-8273-3146-5

© 2012 Addison-Wesley Verlag,
ein Imprint der PEARSON DEUTSCHLAND GmbH,
Martin-Kollar-Str. 10-12, 81829 München/Germany
Alle Rechte vorbehalten
Lektorat: Birgit Ellissen, bellissen@pearson.de
Korrektorat: Marita Böhm, München
Herstellung: Claudia Bäurle, cbaeurle@pearson.de
Satz: Ulrich Borstelmann, Dortmund (www.borstelmann.de)
Einbandgestaltung: Marco Lindenbeck, webwo GmbH, mlindenbeck@webwo.de
Druck und Verarbeitung: Firmengruppe APPL, aprinta-druck, Wemding
Printed in Germany